111 Gründe, Hamburg zu lieben

W0047305

Ann-Christin Zilling | Torsten Lindner

111 Gründe, Hamburg zu lieben

Eine Liebeserklärung
an die großartigste Stadt der Welt

Schwarzkopf & Schwarzkopf

INHALT

Hamburg gern gesehene Dauergäste sind | Weil man in Hamburg am Weihnachtsmarkt nicht vorbeikommt | Weil man um null Uhr richtig Gänsehaut kriegt in der Silvesternacht

Kapitel 7: HIER PRICKELT'S

Weil es sich lohnt, der Liebe wegen nach Hamburg zu kommen. Insbesondere, wenn man die Liebe noch gar nicht gefunden hat | Weil die Hamburger echte Sportskanonen sind | Weil aus Hamburg die Hamburgerinnen kommen | Weil das Schulterblatt im Sommer ein einziges Straßenfest ist | Weil Schlager in Hamburg zum guten Ton gehören | Weil der Sommer in den Beachclubs doppelt so heiß ist | Weil in Hamburg auf dem Wasser alles geht | Weil auf der Reeperbahn jedes Auge seine Faust findet | Weil im Familieneck schon manche Familie gegründet wurde | Weil die Vorfreude auf das Fest der Liebe in Hamburg am geilsten ist

Kapitel 8: NUR HIER

Weil die Elbe eine ganz heiße Geliebte ist | Weil man hier eine Rundfahrt über die Stadt machen kann | Weil die besten Segelreviere direkt vor der Haustür liegen | Weil Hamburg Heidelneuschwansteinberg in den Schatten stellt | Weil Hamburg am Meer liegt | Weil man in Hamburg Auge in Auge mit den Giganten lebt | Weil die Hamburger regelmäßig stiften gehen | Weil Hamburg Verkehrsteilnehmer entschleunigt | Weil hier Träumer nah am Wasser bauen können | Weil die Blankeneser ihre ganz eigene Art zu rodeln haben

Kapitel 9: MENSCHLICH

Weil man sich von einem Hanseaten so manche Scheibe abschneiden kann | Weil in Hamburg das Glück auf der Straße liegt | Weil der Hamburger Humor angenehm trocken ist | Weil Hamburger so gelassen sind | Weil wir den prominentesten Briefträger haben | Weil die Hamburger sich nicht nur alle vier Jahre zu Wort melden | Weil es die Hamburger Tafel gibt | Weil geborene und gebürtige Hamburger sich gegenseitig gelten lassen | Weil man in Hamburg an jeder Ecke Gutes tun kann | Weil: Lotto find ich gut!

Kapitel 10: FEUCHTE AUGEN S. 241

Weil Hamburg eine Heimat ist, auf die man stolz sein kann | Weil diese Stadt ihre Heimkehrer glanzvoll empfängt | Weil mit Möwen im Garten jeder Tag ein Urlaubstag ist | Weil die Sonne hier wonnige Schauer auslöst | Weil diese Stadt sich regelmäßig duscht | Weil es in Hamburg immer etwas zu flaggen gibt | Weil Hamburg seinen eigenen Schwanensee hat | Weil Hamburger ihre Bäume zu schätzen wissen | Weil das Potenzial für zwei Fußball-Bundesligavereine reicht | Weil in Hamburg nach Hause zu kommen eine Wucht ist

Kapitel 11: TOR ZUR WELT S. 263

Weil Hamburg den feinen Duft in die gute Stube bringt | Weil Hamburgs Kontorhäuser mehr zu bieten haben als andere Büroadressen | Weil Hamburg sein Image nicht dem Zufall überlässt | Weil Hamburg ein Turbo für Unternehmensgründer ist | Weil ein Hamburger Bankier nicht nur Aktien-Werte kennt | Weil Hamburg inspiriert und schlau macht | Weil in Hamburg jeden Tag ein mediales Feuerwerk hochgeht | Weil die Hamburger sogar Werbung erträglich machen | Weil die Hamburger das Trostpflaster erfunden haben | Weil Hamburg nachweislich super ist | Weil der Flughafen an der Alster liegt und nicht am Po der Welt

Vorwort

Ein Buch mit 111 Liebesbekundungen über Hamburg zu schreiben macht dreierlei: erstens Arbeit, zweitens Spaß und drittens Sinn.

Zunächst zur Arbeit: Probieren Sie es selbst. Zum Beispiel, um die Wartezeit beim Arzt oder im Stau sinnvoll zu nutzen. Oder vor dem Einschlafen. Überlegen Sie sich 111 Gründe, Ihre Stadt zu lieben. Als Hamburger finden Sie schnell über zweihundert Gründe. So war es auch bei uns Autoren. Die Arbeit bestand darin, die für uns persönlich schönsten Gründe auszusuchen. Wir mussten uns also für oder gegen etwas entscheiden. Dann wurde recherchiert. Das war der Teil, wo die Arbeit zum Spaß wurde. Es machte Spaß, weil die Hamburger einfach herzliche und hilfsbereite Menschen sind. Das durften wir bei jedem Recherche-Termin, jedem Telefonat und jedem Besuch einer Sehenswürdigkeit erfahren. Sobald wir erklärten, was für ein Buch zu schreiben wir angetreten waren, hellten sich die Mienen unserer Ansprechpartner auf. Und es war ein Vergnügen, weil man jeden Tag Neues entdeckte. Während der Arbeit an diesem Buch kamen immer weitere Gründe hinzu, Hamburg zu lieben.

So mag dieses Buch unvollständig sein, diskutabel und natürlich total subjektiv. Aber gerade dadurch ist es auch anregend und durchweg unterhaltsam. Finden zumindest unsere Freunde und Verwandten.

Und da sind wir auch schon beim Sinn des Buches: Es macht Sinn für alle, die neu nach Hamburg gezogen sind. Vielleicht haben Sie ja etwas Wehmut, weil Sie eine andere Stadt verlassen haben. Dieses Buch zeigt Ihnen, warum Sie in Hamburg richtig sind, was diese Stadt Ihnen zu bieten hat und wie Ihre neuen Nachbarn »so drauf sind«. Als Besucher bekommen Sie Eindrücke und Informationen, die Sie so in keinem Reiseführer finden. Und als Ur-Hamburger wird Ihnen mal wieder bewusst, warum Sie sich glücklich schätzen können, in dieser Stadt zu leben. Nebenbei erfahren Sie auch noch das ein oder andere, was Sie noch gar nicht wussten. Ihnen allen soll unser Buch als Anregung dienen, Hamburg selbst zu entdecken und Ihre eigenen Gründe, die Stadt zu lieben, zu finden.

Also: Viel Vergnügen mit diesem Buch und mit Hamburg!

Ann-Christin Zilling und Torsten Lindner

PS: Besuchen Sie » 1 1 1 Gründe, Hamburg zu lieben« auf Facebook und posten Sie Ihre eigenen Gründe, Tipps, Kritik oder Lob. Wir freuen uns auf den Austausch mit allen Hamburg-Liebhaberinnen und -Liebhabern.

KAPITEL 1

FÜR EILIGE

Weil man für Hamburg keinen Reiseführer braucht

Viele Städte offenbaren ihre interessanten Seiten erst, wenn man mit dem aufgeschlagenen Reiseführer vorm Gesicht durch die Straßen läuft wie ein Japaner auf Jahresurlaub. Über Hamburg gibt es mittlerweile bestimmt mehr Bücher als Seiten in diesem Buch. Die allermeisten sind gründlich recherchiert, sehr schön zu lesen und verraten viele nützliche Tipps zu dieser sympathischen Stadt. »Hamburg in 24 Stunden«, »Hamburg für Singles«, »Hamburg für Romantiker«, »Hamburg zum Gruseln« und so weiter. Für jeden ist was dabei. Auch ich habe mir einen Großteil meines Wissens über Hamburg mehr oder weniger mühsam angelesen. Und jetzt die gute Nachricht aus der Stadt der »Tagesschau«: Sie brauchen all diese Bücher überhaupt nicht, um Ihre Zeit in Hamburg sinnvoll zu nutzen und zu genießen.

Ich stelle mir vor, ich besuche Hamburg. Ich habe meine Reisetasche vergessen und alle Buchhandlungen der Stadt haben geschlossen. Sagen wir, weil – äh – »buchfreier Sonntag« ist oder so. Also jetzt nur mal so »in Spiel«. Wie wäre es, wenn ich ohne jedes Info-Material, das mir eine Stadt und ihre versteckten Riemenschneider-Altäre näherbringt, wenn ich Hamburg ohne jegliche intellektuellen Stützräder entdecken könnte? Was würde mir auffallen? Wo würde es mich hinlocken?

Was wäre zum Beispiel, wenn ich ein Manager wäre, der am nächsten Tag zurück nach Baden-Württemberg muss? Dann könnte ich meiner Partnerin und meinen Kindern schnell ein paar Mitbringsel kaufen, die es nur in Hamburg gibt: etwas Elegantes, Luxuriöses für den Hals einer schönen Frau beispielsweise – ein Stück Seife von Nivea. Und für die Kinder – je nach Alter – ein

Schiffsmodell, den Kopf von Klaus Störtebeker oder eine der vielen Gitarren, die John Lennon angeblich dem Hausmeister vom Star-Club geschenkt hat. Wenn ich keine Partnerin und keine Kinder hätte, könnte ich meine Provision gleich nebenan, wo einst der Star-Club war, auf den blondierten Kopf hauen.

Wie wäre es, wenn ich auf Klassenfahrt wäre? Dann könnte ich mein Taschengeld sinnvoll in meine Zukunft investieren: in Computer-Games, CDs, Piercings und Pizza, Döner, Falafel, Pommes/Salbe bis zum Erbrechen. Danach könnte ich die Klassenschönste auf ein Eis am Hafen einladen und meine ersten Erfahrungen machen. Zum Beispiel die, dass die Klassenschönste nur am Eis interessiert ist. Ich könnte aber auch einfach nur meine Digicam mit coolen Quatschfotos vollmachen. Von Pizza, Döner, Falafel … Wie wäre es, wenn ich ein Uni-Professor wäre, der, nebenbei bemerkt, schon längst mal den Nobelpreis verdient hätte? Dann könnte ich in eine der vielen Ausstellungen gehen, Opern, Konzerte und Theater konsumieren. Oder mich einfach auf die nächste Bank setzen, die sehr wahrscheinlich am Wasser oder im Park steht. Da könnte ich dann während des konstruktiven Nichtstuns (den Ausdruck lasse ich mir gleich morgen patentieren) meine Energiespeicher wieder aufladen.

Und wie wäre es erst, wenn ich einer von denen wäre, die New York in den Siebzigern, London in den Achtzigern und Berlin in den Neunzigern erlebt haben? Also einer von den Typen mit den Narben von Fabrikloft-Partys, Disco-Exzessen, Galerie-Events und frivolen Orgien auf Droge im Gesicht? Dann – ja dann könnte ich in Hamburg endlich mal wieder was erleben!

PS: Für Junggesellen-Abschiede ist Hamburg gänzlich ungeeignet. Da empfehle ich lieber eine Kanu-Tour durch den Spreewald oder eine Floßfahrt auf der Isar. Am besten ohne Biene-Maja-Kostüm. *(Torsten Lindner)*

Weil es sich immer lohnt, für den Hamburger Fischmarkt früh aufzustehen

Rituale geben Halt im Leben. Der Fischmarkt ist so ein Ritual. Jeden Sonntag früh raus, im Winter ist es noch Kuhnacht, gerne mit Schneegriesel, Wind von vorn und Glatteis. Dann findet man auch ganz leicht einen Parkplatz. Einfach bis vorne durchfahren und sich nicht von Schranken beirren lassen. Halteverbot? Interessiert keinen, stört keinen, und man braucht seinen Wochenbedarf an Obst und Gemüse nicht so weit zu schleppen. Aber das wissen die aus »PI« oder »OD« zum Glück nicht. Die parken schon auf Höhe »Lust auf Italien«. Und das ist gut so. Wer keine Lust auf Spaziergang hat, der fährt durch und pokert oder steht früher auf. Dafür gilt die Regel: Je schlechter das Wetter, desto länger kann man liegen bleiben; allerdings nicht an Städtetrip-Hochsaison-Wochenenden wie beispielsweise Ostern oder Pfingsten. Ja, kirchliche Feiertage sind dem Fischmarkt herzlich egal. Da läuft's eher besonders gut! Auch kulturelle Feiertage wie beispielsweise HSV-Heimspiele haben keinen Einfluss auf die Parkplatzsituation: Gewinnt der HSV am Samstag, lecken die Gäste sonntags schon wieder zu Hause ihre Wunden. Verliert er, fallen sie nach den ausgiebigen Feiern auf der nahe gelegenen Reeperbahn direkt und zu Fuß auf dem Fischmarkt ein.

Der Fischmarkt ist eine Institution, die bei unseren Gästen immer so lange ganz oben auf der Erlebnis-Wunschliste steht, bis man die Öffnungszeiten bekannt gegeben hat. Denn morgens um halb zehn ist alles vorbei, zu einer Zeit also, zu der man sich am Sonntag nach nochmaligem Umdrehen gern mit dem Gedanken an ein spätes Frühstück anfreundet. Also: erst Fischmarkt, dann Frühstück? Ach nee …!

Doch! Und bitte etwas Respekt vor diesem Timing, immerhin hat es doch eine lange Tradition. Die frühe Marktzeit liegt nämlich darin begründet, dass der fromme Marktbesucher auf jeden Fall pünktlich zum Kirchgang um zehn Uhr alles erledigt und verstaut haben sollte. Das war zur Gründung der Fischmarkttradition im Jahre 1703 umso wichtiger, als es zu der Zeit auf dem Fischmarkt hauptsächlich Fisch zu kaufen gab. Dass man diese Einkäufe nicht so gern unter der Kirchenbank gelagert sehen wollte, kann man sich ja vorstellen. Heute ist das übrigens anders. Der Fischmarkt müsste heute eigentlich Fisch-Blumen-Obst-Kaffee-Autopolitur-Kartoffeln-Geflügel-Käse-Nudel-Kitsch-Mützen-Fischerhemden-Wurst-Salat-Tapas-Schmuck-Windspiele-Gummisüßkram-Socken-Markt heißen. Wobei man im Winter die Hälfte abziehen kann, denn da sind nur die hartgesottenen Marktbeschicker am Start. Im Sommer hingegen denkt man, über die große Elbstraße von Westen kommend, man stehe in einer einzigen großen Gärtnerei. Nimmt man jedoch von der Stadtseite Anlauf, läuft man Gefahr, sofort den Versuchungen von Nudel-Olli, Käse-Tommi und Aal-Kai zu erliegen und viel zu früh unter der Last von »Alles-zehn-Euro-Scheißegal-Chef-nix-da-Tüten« zusammenzubrechen. Wer kann dazu schon Nein sagen!

Besonders populär und vielfach angeboten werden Bastkörbe randvoll gefüllt mit Obst und etwas Gemüse zu zehn Euro. Da kann's schon mal Stress geben, wenn die Ausflügler, die gleich ihren Bus nach Chemnitz kriegen müssen, schnell noch ein paar Körbe abgreifen wollen. Denn da kommt noch eine Banane drauf, noch eine Melone und noch ein Körbchen ägyptischer Erdbeeren. Das zieht sich! Oder es wird eng und stachelig im Bus, denn wer seine Yucca-Palme daheim satt hat und ein kühler Rechner ist, wird sich dem Charme der holländischen Pflanzenhöker nicht entziehen wollen. Die magische Zahl ist auch hier die Zehn oder andere überschaubare runde Summen. Dafür gibt's dann aber auch gleich einen gar nicht handlichen Karton voll mit Ficus-benjamini-

Orchideen-Drachenbaum und noch einen Bonsai obendrauf. Das alles auf den Knien bis nach Chemnitz ... na, viel Spaß!

Nachtschwärmer lieben den Fischmarkt, denn nach durchtanzter Nacht fängt er dich auf: mundgerecht gestückelte süße Ananas, dazu ein Kaffee mit Karibik-Feeling oder ein frisch gepresster Karottensaft; oder lieber ein Fischbrötchen? Oder nach dem ganzen Bier endlich was Fettiges, zum Beispiel Calamari mit Knoblauchsoße? Der Fischmarkt stillt Hunger und Durst, deckt Vitaminbedarf und vertreibt den schlechten Geschmack im Mund. Oder du gehst mit einem kühlen Astra in die Verlängerung. Dazu heiße Rhythmen in der wunderschönen Fischauktionshalle. Einfach weitertanzen, weitertrinken, weiterknutschen.

Wer nicht den Bus nach Chemnitz erwischen muss, der lässt sich für seine Einkäufe bis allerkürzestens vor Marktschließung Zeit. Denn dann gibt's viele verderbliche Waren zum Schleuderpreis. Wenn man keine Uhr um hat, dann merkt man das daran, dass plötzlich viele Menschen mit Hackenporsche anrücken, die wahrscheinlich für den wöchentlichen Salatbedarf im Dönerimbiss oder für alle Bewohner ihres Mehrfamilienhauses einkaufen. Da gibt es dann den ganzen Karton Tomaten, Trauben oder Blattspinat für einen Euro, 15 Mangos für zwei und Paprika oder was sonst noch weg muss, hinterhergeschmissen. Oder es ist mal wieder Physalis-Time, dann gibt es die kleinen Kästchen im Zwölfer-Karton zum Preis von einem bei Rewe. Um 9.30 Uhr kommt dann die strenge Durchsage, der zufolge alle Verkaufstätigkeit sofort einzustellen und alles abzubauen ist. Was bleibt, ist das supergute Gefühl einer erfolgreichen Schnäppchenjagd, und das am heiligen Sonntag.

(Ann-Christin Zilling)

Weil der Michel geliebt wird

Du bist für mich der höchste Punkt an meinem Hamburger Horizont. Dein schönes Kupferdach, Dein Turm, Deine Uhr – mit acht Metern Durchmesser die größte Turmuhr Deutschlands –, auf der man auch von weitestem Weiten die Zeit lesen kann. Und Deine Geschichte, die eine zum Bewahren und Fortschreiben ist. Du Stehauf-Kirche, Du! Du Willkommen-Heißer, Du Gewinner, Du Herzen-Eroberer und Ort der Treueschwüre, der Begegnungen, der Ruhe und der Freude. Du bist mehr als ein Wahrzeichen. Du bist das Innerste, Du gibst den Puls vor, der in der Stadt schlägt. Mein Michel.

St. Michaelis ist neben St. Petri, St. Jacobi, St. Nikolai und St. Katharinen die fünfte Hauptkirche Hamburgs. Niemand sagt St. Michaelis zum Michel. Es ist der Michel, der seit 350 Jahren Trost und Schutz spendet, wenn Pest, Kriege oder Franzosen die Stadt heimsuchen. In diesem Zeitraum ist er mehrfach abgebrannt. Zum ersten Mal 1750 bei einem Gewitter durch Blitzschlag, dann 1906 wegen einer Benzinlötlampe und noch einmal im März 1945 im Bombenhagel. Und immer wieder stand er auf. Dies war und ist nicht zuletzt das Verdienst vieler Hamburger Bürger und Unternehmen. Sie wissen, was sie an ihrem, an unserem, Michel haben.

Als ich meinen Michel kennenlernte, stellte er sich mir vor als Michel, der mehr Kirche mit anderen als Kirche für andere sein wollte; nicht nur Programme bieten, betreuen und versorgen, sondern Formen des Miteinanders entwickeln, offen und verbindlich sein, Identität wahren und Freiheit leben. Auch wenn ich Gott zwar in mir weiß – diese schöne Formulierung hat meine liebste Freundin Jussi dafür gefunden –, mit seinem

Bodenpersonal konnte ich vordem nie viel anfangen. Mein Michel hat mich eingefangen.

Heute besuche ich ihn gelegentlich, wenn gerade nicht so viele Touristenbusse davor stehen. An einem heißen Tag finde ich den Weg direkt in die Krypta, vielleicht schaue ich mir zum x-ten Mal den schönen Film über die Geschichte an. Mit Gästen nehme ich die Treppe nach oben. Wenn's aus welchen Gründen auch immer der Fahrstuhl sein soll, ist Geduld gefragt, denn wie lang die Schlange ist, das offenbart sich erst, wenn man das Ticket schon gekauft hat. Aber der Weg nach oben lohnt sich allemal. Ein Heiratsantrag beispielsweise, auf dem Michel vorgetragen, wird mit Sicherheit angenommen. Denn der Liebsten von auswärts wird hier oben klar: Mit ihrem Ja wird sie Hamburgerin, und das wiegt schwer! Ein Blick rundum genügt, um festzustellen, dass man es nicht besser treffen könnte. Irgendwo habe ich neulich den Spruch aufgeschnappt: Wenn man sich selbst liebt, ist es egal, wen man heiratet. Ich möchte hinzufügen: Ein Hamburger sollte es schon sein.

Hier oben gibt's nicht nur auf 82 Metern Höhe den göttlichsten Ausblick über die schönste Stadt der Welt. Hier oben gibt's auch eine Bar. Ja, eine Bar im Kirchturm. Das ist mein Michel. Meistens, wenn ich allein komme, zieht es mich jedoch gar nicht hoch hinauf. Manchmal komme ich auch ganz gezielt, wenn es ein Problem zu lösen gilt, wenn ich aufgewühlt bin, oder krank. Dann setze ich mich einfach in eine der Bänke. Der Michel gilt als eine der schönsten Barockkirchen Norddeutschlands. Wieso nur Norddeutschlands? Auf jeden Fall strahlt mein Michel. Und was auch immer ich auf dem Weg hinein mit mir geschleppt habe, auf dem Weg hinaus ist es leichter geworden, oder ich aufrechter, stärker, gewappnet? Danke, mein Michel. *(Ann-Christin Zilling)*

Weil der Hamburger Hafen so nah liegt

Anders als in vielen anderen Hafenstädten, liegt der Hamburger Hafen direkt in der Stadt, wächst mit der Stadt und verändert sich ständig. Man muss nicht von auswärts sein, um eine Hafenrundfahrt zu lieben. Und bei einer einzigen Rundfahrt bleibt es meist auch nicht. Dafür gibt es einfach zu viel Spannendes und immer wieder Neues zu erleben. Entsprechend gibt es auch unzählige Angebote: mit Speicherstadt, mit Punsch oder Glühwein, mit Olivia Jones, unter dem Gesichtspunkt der Stadtentwicklung, nachts, zu Themen wie Containerumschlag oder Logistik, mit Musik, Fischbrötchen oder einfach nur so. Und da ständig irgendeine »in wenigen Minuten« startet, muss man sich auch keinen Kopf machen, sondern lässt sich an den Landungsbrücken einfach, wie auf der Reeperbahn in die Tabledance-Schuppen, in eine Barkasse kobern, wenn man so weit ist.

Wir entscheiden uns heute für eine Tour mit der Barkasse »Tanja«. Tanja ist fünfzig, ein echtes Arbeitspferdchen und prima in Schuss. Was keiner zu fragen wagt, beantworten wir hier gleich mal von vornherein: Steuerbord ist rechts, Backbord ist links. Und ja, es gibt ein Klo an Bord, Getränke auch, ja.

Allein der Blick auf die HafenCity und die Elbphilharmonie vom Wasser aus ist atemberaubend. Hier eine Penthousewohnung, das wär's. 12.000 Menschen sollen hier mal wohnen, 40.000 hier arbeiten. Unser Guide Jens kennt die Quadratmeterpreise, bei denen einem der Atem stockt.

Wir vergleichen mittels Fotografien und Plänen den Hafen von vor hundert Jahren mit heute. Damals war Hamburg nach New York und London weltweit der größte Hafen. Im Hansahafen lernen wir, was ein Roll-on-Roll-off-Terminal ist, an der

»50er Strecke« mit den alten Kränen hören wir etwas über die großen Veränderungen, die es mit sich brachte, als erstmals direkt vom Kai aufs Schiff verladen wurde anstatt mit Zubringern. Man kann von Glück sagen, dass diese Relikte noch da sind, denn Hamburg wird auch zärtlich die Freie und Abriss-Stadt Hamburg genannt. Wir erfahren, dass der sogenannte »Koller« auch aus der Seefahrt kommt; wenn es nämlich den Heizern an Bord zu heiß wurde, bekamen sie den Koller und rannten raus, um sich hoffentlich nicht in die Fluten zu stürzen.

Hafenrundfahrt, das ist nicht einfach nur wunderschöne Aussichten an sich vorbeiziehen lassen. Das sind interessante Details, die viel über die Stadt Hamburg, die Geschichte und die globale Weltwirtschaft erzählen. Und das kurzweilig, gespickt mit Anekdoten und ebenso vielen Aaahs wie Ahas. Was muss man beim Bananentransport beachten? Was ist der Bilbao-Effekt? Warum spielen Seeleute, die ein paar Stunden frei haben, so gerne Billard und Tischfußball? Wie funktioniert ein Schwimmdock? Warum steht mitten im Hafen ein goldenes Kalb? Um wie viel unterscheidet sich der Wasserstand maximal zwischen Ebbe und Flut?

Oder kennen Sie die traurige Geschichte der Zwangsarbeit im Hamburger Hafen? Wissen Sie, wann Wilhelmsburg eingemeindet wurde? Oder: Wie funktioniert das modernste Containerterminal der Welt ohne Menschen? Warum steht mittendrin eine Kirche? Das Wasser der Elbe – ist das Süßwasser oder Salzwasser? Und warum? Was sind Dockschwalben und warum dürfen die nicht mehr an Bord kommen? Nach welchem System werden Schiffe mit Containern beladen? Was heißt das eigentlich für die Umwelt, wenn die Elbe-Fahrrinne immer tiefer ausgebaggert wird? Fragen über Fragen, die Jens uns fachkundig und mit viel Detailwissen beantwortet. Ist ja klar, dass wir hier keine Antworten geben, denn das wäre ja, wie wenn man im Kino am Anfang des Films erzählt, wie er ausgeht. Und wir sind ja keine Spielverderber. Also: Leinen los, Augen und Ohren auf! *(Ann-Christin Zilling)*

Weil man in Hamburg ganz einfach ins Fernsehen kommt

Talkshows, Kochshows, Rateshows – was am Bügelbrett oder auf der Couch gelegentlich unerträglich peinlich ist und zum Fremdschämen einlädt, ist live ein großer Spaß. In Hamburg werden mehrmals täglich Shows aufgezeichnet. Ob man nun den schnieken Markus Lanz liebt oder bei Dr. Eckart von Hirschhausens Gedächtnistest mitfiebern möchte – mit fünf Euro ist man dabei. Die Fernsehmacher machen's möglich. Ich entscheide mich heute für den charmanten Steffen Henssler und die Sendung »Topfgeldjäger«. Geschlechterkampf am Herd: Zwei Frauen kochen mit zwei Männern um die Wette. Es ist nicht mein erstes Mal, und ich weiß, wie's geht, damit die Kamera mich in den Fokus nimmt und meine Oma sich am Bildschirm freut: Was cooles Farbiges anziehen, nichts Kleinkariertes, dem Make-up mehr Aufmerksamkeit als sonst schenken und ausstrahlen, dass man gern und mit großem Interesse dabei ist. Das kriege ich hin. Damit habe ich gute Chancen, bei der Einlasskontrolle ein Platzkärtchen überreicht zu bekommen, das mich als Statistin gut in Szene setzt.

Wieder geschafft: Reihe eins. Oma, ich komme! Vorher gibt's so viel Prosecco, wie man will. Ich will lieber nicht, denn während der Aufzeichnung aufs WC ist nicht. Und schon geht's los. Wir üben Klatschen, wie man die Kandidaten für den Weg auf die Bühne in Sicherheit wiegt, wie man den Moderator mit frenetischem Applaus begrüßt, wie man auch beim vierten Mal noch völlig aufgekratzt ist, wenn der Name des Juroren Frank Rosin fällt, und wie ein großes »MMMMHHH!« zu intonieren ist. Der Einpeitscher Niels bestätigt uns: Wir sind das beste Publikum, das je da war. Und er erinnert uns daran, dass wir – für die Kamera

– bitte jederzeit den Eindruck erwecken sollten, freiwillig hier zu sein. Schon die Niels-Warm-up-Show lohnt den Weg. Die Steffen-Henssler-Show sowieso: Alles geht Schlag auf Schlag. Die Kandidaten haben vierzig Minuten Zeit, ein Drei-Gänge-Menü zu zaubern, zwischendurch erspielen sie per Quiz Zutaten, Henssler selbst kocht en passant in drei Minuten fünf ein leckeres Feierabendschmankerl aus Graubrot, Pfifferlingen, Tomaten, Schnittlauch und Basilikum. Die Dame neben mir darf probieren – Mist, vielleicht hätte ich mich mit einem anderen Blüschen für diesen ersten Platz qualifizieren können? Oder bin ich zu dünn? Sie ist eher der Genießer-Typ ... Es duftet lecker, gegen Ende der vierzig Minuten kommt Endspurthektik auf, das Publikum tobt. Die Männer schieben in der letzten Sekunde ihren Aprikosenjoghurt unter die Nachtisch-Haube. Die beiden Damen aus Österreich sind zu dem Zeitpunkt schon am Aufräumen. Und zu Recht schlagen sie die Jungs aus Pinneberg haushoch. Frank Rosin fällt ein eindeutiges Urteil.

Auf dem Weg nach Hause eile ich noch schnell zu Rewe. Pfifferlinge, Sahne, Graubrot. Die Show als Vorabendprogramm, jetzt mit der Gewinner-Hauptspeise zu Hause punkten! Und Oma anrufen: »ZDF, schon übermorgen. ... Ja, ganz vorne, mit dem T-Shirt, das du mir zu Weihnachten geschenkt hast. ... Ja, ganz sicher!«

Mal sehen, was es nächste Woche bei »Lafer!Lichter!Lecker!« gibt – live, versteht sich!   *(Ann-Christin Zilling)*

Weil es in Hamburg Juwelen
wie die Strandperle gibt

Die Perle als solche ist eine Metapher, die häufig zum Einsatz kommt, wenn etwas ganz besonders Schönes und Wertvolles gemeint ist. Zwangsläufig gehört die Perle in Hamburg zu den meistverwendeten Wörtern. Ein paar Beispiele: Lotto King Karl singt »Hamburg, meine Perle« und die ganze HSV-Gemeinde kann den Text in allen Variationen auswendig. Eine Reihe von Gebäuden am Elbufer Altonas, zwischen Övelgönne und dem früheren Englandterminal, nennt sich »Perlenkette am Hafenrand«. Auf der Schanze gibt es einen kleinen Designer-Laden mit dem schönen Namen »Perle«, die Handwerkerinnenagentur »Perle« vermittelt seit 1999 Handwerkerinnen und Handwerker aus dreißig Fachbereichen. Und dann gab es da mal eine treffsichere Werbeanzeige, die drei Schmuckstücke zeigte, jedes stand für eine Stadt: ein funkelndes für Düsseldorf, ein buntes für Berlin und eine Perle für Hamburg. Die Perle steht also für das Beste, und da ist es ja nur logisch, dass man das schönste Strandplätzchen am Elbufer die Strandperle nennt!

Für Besucher, die zum ersten Mal nach Hamburg kommen und deshalb noch nicht wissen, dass sie besser mehr Zeit eingeplant hätten, stellt sich ja die Frage: Wie kann ich in 24 Stunden möglichst viel Hamburg erfahren? Der Elbestrand ist ein Highlight für den eiligen Besucher, birgt allerdings die Gefahr, dass man hier hängen bleibt. Hamburg-Kenner wissen, dass es an der Elbe eine Reihe dieser Plätze gibt, an denen man sommers sofort sein Zelt aufschlagen möchte und winters einfach hofft, dass der Glühwein nie zur Neige gehen möge. Augen schließen, den Schwallwellen lauschen und das Strandurlaubsgefühl von den sandigen Zehen bis in die vom Wind zerzausten Haarspitzen ansteigen lassen, bis man ganz durchflutet ist. Dann kommt ein leichtes »Aah« über die Lippen und das Herz sendet Signale ans Hirn: »Hier will ich bleiben!«, und das Hirn antwortet mit »Ja, ich auch!«. Und schon ist man hängen geblieben. Kann ja sein, dass man noch einen Koffer in Berlin hat, aber das Herz hängt an der Elbe.

Genau das passiert an einem Ort wie der Strandperle, und zwar schon seit Beginn des letzten Jahrhunderts, als es noch die »Altonaer Milchhalle« war. Nach dem Zweiten Weltkrieg hieß dieser magische Ort »Lührs Gaststätte«, seit 1973 ist es die »Strandperle«. Ein Strandlokal, direkt an der Elbe gelegen, mit einem großartigen Sandstrand und einem grandiosen Blick auf den Hafen. In dieser Strandbude ist immer was los. Seit Winter 2010 sogar ganzjährig.

Mein Freund aus einer anderen Stadt, welche ist ja egal, sitzt neben mir im Liegestuhl und will gar nicht mehr weg. Das geschäftige Treiben an den Terminals auf der anderen Elbseite fasziniert ihn. Ihn loszueisen kostet einiges an Überzeugungskraft. »Komm schon, ich zeige dir gleich einen Ort, der dich genauso beseelt, an dem du genauso viel zu staunen hast und an dem du dich genauso wohlfühlst wie hier!« Mein Gast schaut mich zweifelnd an. »So schön wie hier? Glaube ich nicht.« »Doch, klar, na los, du wirst schon sehen!«

In dem Moment weiß ich zwar noch nicht, wo wir als Nächstes hingehen. Aber da wir in Hamburg sind, kann ich meinen Gast gar nicht enttäuschen. Oben an der Treppe angekommen, steigen wir ins Auto und fahren die Elbchaussee entlang. Ein überraschtes »Wow« kommt vom Beifahrersitz. Wie gut, dass man beim Fahren nicht hängen bleiben kann! *(Ann-Christin Zilling)*

Weil man nirgendwo sonst
so schön im Stau steht

Ich weiß nicht, ob die Elbchaussee in Hamburg die schönste Straße Deutschlands ist. Jedenfalls ist sie eine der beliebtesten. Jeden Tag fahren 40.000 Autos auf ihr hin und her. Manche sogar mehrmals. Trotz Navi. Das führt zu Staus. Der erste findet jeden Werktagmorgen zwischen acht und zehn Uhr statt, beginnt bei der vom »Feinschmecker« ausgezeichneten Fleischerei Otto Meinert in Blankenese und reicht bis zum Altonaer Rathaus. Der zweite dauert von ungefähr 17.30 bis 19.45 Uhr, startet am Altonaer Rathaus und führt wieder bis zur vom »Feinschmecker« ausgezeichneten Fleischerei Otto Meinert in Blankenese. Vor hundert Jahren musste man auf der Elbchaussee die Höchstgeschwindigkeit noch per Verkehrsordnung auf 15 bis 25 km/h begrenzen. Das ist zu den Stoßzeiten heute nicht mehr nötig. Es geht eh nicht schneller.

Manchmal beschleicht mich der Verdacht, dass der eine oder die andere sich absichtlich in den Stau einreiht. Die wollen eigentlich nirgendwohin. Die wollen nur im Stau stehen. Das kann verschiedene Gründe haben, die ich sehr gut nachvollziehen kann:

Da ist die schöne Manager-Gattin, die sich tagsüber allein in ihrem goldenen Käfig fühlt. Im Stau in der Gemeinschaft mit Gleichgesinnten ist sie dann nicht mehr so einsam. Und falls doch, kann sie mal mit einem Klaps auf die Hupe auf sich aufmerksam machen. Ich hupe, also bin ich. Und da ist der schöne Playboy mit den grauen Schläfen, der nach seinem letzten Belastungs-EKG zeigen will, dass er immer noch eine Sportskanone, dass er ein Sieger ist. Das zeigt er mit seinem Porsche. Der Oldtimer-Freak mit seinem Aston Martin oder Jaguar E-Type ist natürlich auch dabei. Der macht schon lange kein EKG mehr mit. Außerdem sind ein Haufen Schöngeister dabei, die sich einfach an den Sehenswürdigkeiten der Prachtstraße Elbchaussee nicht satt sehen können. Und Sehenswürdigkeiten gibt es einige.

Auf unserer Tour d'Honneur kommen wir an Sterne-Restaurants vorbei, an stolzen Herrenhäusern mit und ohne Elbblick, sogar an einer geheimnisvollen Säulenvilla. Nebenbei bemerkt: Die geraden Hausnummern liegen an der Nordseite der Elbchaussee, die ungeraden an der Südseite. Letztere haben folglich den besseren Blick auf die Elbe. Das sollten Sie als Hamburg-Kenner unbedingt wissen. Lessing und Brahms können Sie getrost vergessen, aber das mit den Hausnummern an der Elbchaussee ist irrsinnig wichtig.

Wir rollen an einer ehemaligen Brauerei vorbei, die heute als Stützpunkt einer Reederei dient. Und zwischendurch immer wieder an Parks, die uns zurufen: »Anhalten! Aussteigen! Und einen Spaziergang machen!« Das Gleiche gilt für die Aussichtspunkte mit Blick auf den neuen Container-Hafen mit seinen Unmengen an Kränen und der Köhlbrandbrücke im Hintergrund.

Vor uns schöne Menschen. Hinter uns schöne Menschen. Rechts und links schöne Villen und schöne Bungalows. Zum Teil mit Auffahrten, in denen die schönen Kinder der schönen Herrschaften schön ihren Führerschein machen könnten. Sofern sie sich eines Tages mal selbst hinters Lenkrad setzen möchten. Und zwischendurch immer wieder der Blick auf die Elbe mit allem, was sich darauf tummelt. So macht Im-Stau-Stehen Spaß. Da kann es vor lauter Ablenkung schon mal zu einem Auffahrunfall kommen. Hoppala.

Wenn Sie Glück haben, ist Ihnen der Playboy hinten drauf gefahren. Wenn Sie Pech haben, sind Sie auf die gelangweilte Manager-Gattin aufgefahren. Dann kann Ihnen auch das schönste Elbpanorama nicht mehr helfen. Deshalb an dieser Stelle mein Tipp: Abstand halten! In jeder Beziehung.

Übrigens: Auch außerhalb der Stauzeiten lohnt sich eine Fahrt über die Elbchaussee. Dann läuft der Verkehr eigentlich ganz flüssig. Man kann endlich auch mal Auto fahren und die Polizei kann endlich auch mal blitzen. *(Torsten Lindner)*

Weil die »Ritze« eine für alle ist

Der Name ist pure Verwirrung. Wer hier einen Puff erwartet, liegt völlig falsch. Aber was will man machen? Die gespreizten Beine, mit denen sich Erwin Ross, der »Rubens der Reeperbahn«, an der Eingangspforte ein Denkmal gesetzt hat, befeuern die Erwartungshaltung. Und der Name »Zur Ritze« übt auf alle Besucher die Strahlkraft des Anrüchigen aus. Das Beste ist, man macht sich selbst ein Bild von dieser Kiezkneipe. Schließlich: »In der Ritze waren wir auch« – dieser Satz macht den Hamburg-Reisebericht erst rund! Keine geführte Tour über die Reeperbahn geht hier vorbei, sondern immer hinein. Rein in die Mutter aller Pilskneipen, in der die Zeit seit der Eröffnung Anfang der Siebziger stehen geblieben zu sein scheint. Rein in eine Hamburger Institution, die alles ist, von Kiez light bis Kiez ganz hart. Kiez light, weil man hier durchaus harmlos und unbehelligt sein Bier trinken kann, urgemütlich dem Herzschmerz-Gedudel aus der Jukebox lauschen und einfach nur gucken. Denn selbst wenn die Kneipe noch leer ist, ist sie voll. Voller Erinnerungen an fast vierzig Jahre Leidenschaft und Leere, strahlende Prominenz und stumpfes Elend. Alles hier ist echt. Und man kann gar nicht anders: Eine Art Ehrfurcht steigt in mir auf, während ich mich an meinem Bier festhalte und die Damen hinter dem Tresen beobachte. Denen ist nichts Menschliches fremd. Das sind Profis. Und die sind auch nicht erst seit 14 Tagen in dem Job. Was man tunlichst vermeiden sollte, das sind Sätze wie »Ich habe Sie im Fernsehen gesehen« oder interessierte Nachfragen à la »Wie lange machen Sie das hier schon?«. Das stört. Wie oft Monika oder Inge die Sätze schon gehört haben? Unzählbar oft.

Die Ritze ist aber auch Kiez ganz hart. Zum legendären Box-keller geht es die Treppe hinunter. Der Boxring hat seine eigene Geschichte. Hier trainierten Profis wie Henry Maske und Dariusz Michalczewski. Hier trainiert aber auch das Milieu. Oder Jungs und Mädels einer Schauspielschule. Ritze-Gründer Hanne Klein war Mittelgewichtsboxer der DDR-Nationalmannschaft. 1967 kam er aus Magdeburg nach Hamburg. Die Kombination aus Boxring und Kneipe machte aus der Ritze von Anfang an etwas Besonderes. Immer noch, auch wenn die Beine rechts und links der Pforte nichts Skandalöses mehr haben.

Es ist Samstagabend nach zehn. Die Ritze ist brechend voll. Irgendeine geführte Tour macht hier Station. Rein, raus, dann kriegt man auch wieder Luft, davon mal abgesehen, dass dies eine Raucherkneipe ist. An einem der Tische singt eine Damenrunde fünfzig plus »Ein Bett im Kornfeld«, weil das gerade in der hippen Malle-Plus-Version aus der Jukebox tönt. Weiter hinten sitzen ein paar Herren, die ihre Stühle wahrscheinlich schon seit Jahr-zehnten beehren. Dazwischen die unvermeidlichen Jungs aus dem Vorort, die T-Shirts tragen, auf denen steht »Schade, dass man Bier nicht ficken kann«, sowie der vierzehnte Junggesellen-Abschied an diesem Abend. Monika und Inge hinter dem Tresen schaffen sie alle. Gelegentlich betritt eine Gruppe junger Männer die Szene. Als sie merken, dass sie den Altersschnitt dramatisch senken und hier auch kein nackter Busen in Sichtweite ist, drehen sie ab.

Meinen Barhocker gebe ich nicht mehr her, heute nicht. Es bleibt spannend. Man weiß ja nie, wer uns als Nächstes in den Schoß fällt. Warum auf dem Kiez flanieren – hier kommen doch ohnehin alle vorbei! *(Ann-Christin Zilling)*

Weil die 112 in Hamburg
eine ganz heiße Nummer ist

Sie denken an den Notruf, stimmt's? Super, dass Sie die Nummer im Kopf haben. Das sollte man! Hier und jetzt geht es allerdings um eine andere 112. Und zwar um die Buslinie zwischen Neumühlen/Övelgönne und Braune Brücke. Als Stadtrundfahrt für kleines Geld ein heißer Tipp.

Nach meinem Elbufer-Spaziergang steige ich am Museumshafen in Övelgönne in den Bus und setze mich entgegen der Fahrtrichtung, damit ich den Elbberg hinauf den besseren Blick über den Hafen genießen kann. Auf dem Altonaer Balkon grüßt die Bronze-Skulptur des Künstlers Gerhard Brandes. Schon seit 1965 winken mir die Fischer zu. Mein Geburtsjahr. Ich schenke ihnen deswegen auf meinem Weg immer ein Lächeln. Wir passieren das weiße Altonaer Rathaus, ursprünglich das Bahnhofsgebäude der Altona-Kieler Eisenbahn-Gesellschaft. Das Reiterstandbild von Wilhelm I. wurde 1898 im Beisein des Kaiserpaares eingeweiht. Kaiser Wilhelm überblickt den Platz der Republik, den wir entlangfahren und auf dem der Stuhlmannbrunnen die nächste Attraktion darstellt: Zwei Zentauren ringen um einen Fisch. Eine Allegorie auf die Konkurrenz um den Fischfang zwischen den Nachbarstädten Altona und Hamburg. Am Bahnhof Altona sticht das grünlich schimmernde Bürohaus ins Auge, das man schon sieht, wenn man auf der anderen Elbseite in den Elbtunnel fährt. Dieser »Kaiserhof« ist eines der höchsten Gebäude im Hamburger Westen.

Am Bahnhof Altona ist Sesselwechsel im Bus. Ich nutze die Gelegenheit, um es mir auf der Rückbank bequem zu machen. Der Bus quält sich in Richtung Große Bergstraße, in den sechziger

Jahren Deutschlands erste großstädtische Fußgängerzone. An der Haltestelle Fischmarkt (siehe Grund Nr. 2) sehe ich zwischen den Häusern das Kreuzfahrtschiff »Mein Schiff« im Dock liegen. Dann geht's weiter entlang der Elbe, wo ich den Blick über die Kaimauern genießen kann. Das geht eben nur vom Bus aus. Rechts die Hafenkulisse, links die farbenfrohen Hafenstraßenhäuser, die seit den Hausbesetzerzeiten der Siebziger bis heute immer wieder für Schlagzeilen sorgen. An der Haltestelle Landungsbrücken lege ich einen Zwischenstopp ein. Da mir die U-Bahn zum Baumwall gerade vor der Nase wegfährt, darf's ein Schoko-Cappuccino sein, Größe M, das reicht zur Überbrückung. Denn die U-Bahn fährt ja alle fünf Minuten. Auf der kurzen Fahrt zwischen den zwei schönstgelegenen U-Bahn-Stationen Landungsbrücken und Baumwall genieße ich die Szenerie: Der Frachtsegler Rickmer Rickmers liegt hier, ebenso das Museums-Frachtschiff Cap San Diego, auf der anderen Elbseite sehe ich das Musical-Theater »König der Löwen« und über allem die Elbphilharmonie. Am Baumwall, an dem auch das an ein Schiff erinnernde Verlagsgebäude von Gruner+Jahr liegt, steige ich aus. Mein Ziel ist das Kontorhaus Stubbenhuk 10, Sitz der Henri-Nannen-Schule für Journalisten und diverser Gruner+Jahr-Redaktionen. Dieses historische, ab 1923 erbaute Kontorhaus hat eine herrliche Klinkerfassade und ein beeindruckendes, holzvertäfeltes Treppenhaus.

Wenn ich dasselbe Stück U-Bahn in die andere Richtung fahre, schweift mein Blick über die Elbe hinaus Richtung Nordsee. Ich sehe die großen Containerfrachter kommen und gehen. Wieder an den Landungsbrücken, fällt mein Blick auf das Hotel Hafen Hamburg, oberhalb der nach dem Eigentümer benannten Willi-Bartels-Treppe. Das Hotel Hafen Hamburg beherbergt unter dem spitzen Glastürmchen eine Bar mit großartigem Ausblick. Willi Bartels, dem viele Immobilien auf dem Kiez gehörten, wurde auch »König von St. Pauli« genannt und war Vorbild für den gleichnamigen Film von Dieter Wedel. Er starb 2007 im Alter von 92 Jahren.

Mein Bus 112 fährt auf den Millerntorplatz zu, wo mir unser großes Volksfest, der DOM, entgegenblinkt. Der Bus hält als Nächstes am Museum für Hamburgische Geschichte, dem größten städtehistorischen Museum Deutschlands. Hier kann man sich über Schifffahrt, Hafen, Auswanderung, bürgerliche Wohnkultur, Mode, Musik- und Theatergeschichte sowie die Geschichte der Juden in Hamburg über den Zeitraum der letzten 1200 Jahre umfassend informieren. Die nächste Haltestelle: Handwerkskammer. An der Außenfassade fallen Skulpturen von Oskar Ulmer auf, die verschiedenen Handwerke personifizierend. An der Haltestelle Johannes-Brahms-Platz blickt man auf Hamburgs große Musikhalle, die Laeiszhalle. Sie wurde der Stadt im Juni 1908 von dem Hamburger Reeder Carl Laeisz übergeben.

An der nächsten Haltestelle, Stephansplatz, könnte man auch aussteigen, wenn man durch die Colonnaden bummeln, die Staatsoper besuchen oder eine besonders köstliche Currywurst im Curry Club zu sich nehmen wollte (siehe Grund Nr. 22). Oder wenn gerade das Oktoberfest im nahe gelegenen Hofbräuhaus an der Alster stattfindet. Das ging jedoch gerade zu Ende, und so genieße ich jetzt ohne Pause die folgende Strecke über die Lombardsbrücke mit dem schönsten Blick über die Binnenalster. Der Name »Lombardsbrücke« geht übrigens auf ein Pfandleihhaus zurück, das hier 1651, als Teil der Stadtbefestigungsanlagen, stand. Die vier gusseisernen vierarmigen Kandelaber mit fünf Glaskugeln auf der Brücke habe ich schon auf vielen Postkarten verschickt.

Vorbei an der Hamburger Kunsthalle, am Hauptbahnhof, an den Deichtorhallen – natürlich könnte man hier aussteigen und neben den Museen auch viele schöne Kontorhäuser besuchen –, vom Bus aus sieht man den Sprinkenhof – und plötzlich befinden wir uns, wie es scheint, in der Bronx Hamburgs. Autohändler, Reifenhändler, Tankstellen, am Großmarkt vorbei. An der S-Bahn-Haltestelle Hammerbrook City Süd bin ich versucht, zurück in die City zu fahren. Aber ich will's wissen. Und es lohnt sich.

Während der Bus das Hochwasserbassin überquert, erhalte ich in der Abenddämmerung einen spektakulären Einblick in das Bürogebäude Berliner Bogen. An der nächsten Haltestelle in der Wendenstraße könnte man aussteigen, um beim Unilever Lagerverkauf Keks- oder Kosmetik-Schnäppchen zu erstehen. Ansonsten passieren wir noch mehr Autoteilehändler und einen FKK-Club, bis wir die Endhaltestelle Braune Brücke erreichen. Hier steht das Elbschloss an der Bille, ein Nachbarschaftszentrum und Mehrgenerationenhaus. Wo bin ich hier? Das Viertel heißt Osterbrookviertel und sieht an diesem trüben Novembertag trister aus, als es ist. Eigentlich ist es hier sehr grün, es gibt Kanäle und die niedrige Backsteinbebauung ist gediegen vorstädtisch. Für mehr Eindrücke vom normalen Hamburger Wohnen reichen die zwei Minuten Aufenthalt an dieser Endhaltestelle jedoch nicht. Auf der Rückfahrt fällt mir das Störtebeker-Haus auf – es macht wirklich nichts, eine Strecke in beide Richtungen abzufahren, es tun sich immer wieder neue Perspektiven auf. Dieser Bürokomplex sieht mit seinen Stuckarbeiten, Balkonen, Wappen, Drachenfischen und Ornamenten aus wie ein Hamburger Kontorhaus, das für einen amerikanischen Freizeitpark konzipiert wurde. Überladen, aber dennoch traditionell. Tatsächlich wurde es erst 2006 eröffnet. Auf der Weiterfahrt ist mir klar, dass hier die ganzen Plastikkärtchen »Wir kaufen Ihr Auto« ihr Nest haben müssen. Da kommen wir an der Schokoladenfabrik Wendenstraße vorbei. Die Schokoladenfabrik ist heute ein Wohn- und Bürohaus im Loft-Stil und tatsächlich einer der wenigen Überreste aus dem dicht besiedelten Hammerbrook vor dem Zweiten Weltkrieg. Hier wohnt man nett am Kanal, mit eigenem Bootsanleger. Vielleicht war der erste Eindruck, die Bronx, doch etwas zu hart.

An der S-Bahn Hammerbrook City Süd nehme ich die S31 nach Altona. Diese überirdisch verlaufende Strecke ist ein schöner Abschluss meiner Rundfahrt. Durch die City Süd auf einer Hochtrasse, von der aus man direkt in die Büros sehen kann. Angesichts der beisammen stehenden Arbeitskollegen beschleicht mich, als allein arbeitende Freiberuflerin, immer ein wehmütiges Gefühl. Ist doch schön, nicht ganz auf sich allein gestellt zu sein.

Wo ich auf der Hinfahrt über die Lombardsbrücke einen optimalen Blick über die Binnenalster hatte, bietet die Rückfahrt den besseren Blick über die Außenalster. Am Bahnhof Dammtor könnte man wieder aussteigen, um den angrenzenden Park »Planten un Blomen« zu besuchen, wo es unter anderem den größten Japanischen Garten Europas gibt, oder den Dammtorbahnhof selbst besichtigen. Früher der Paradebahnhof für Staatsbesuche, daher auch Kaiserbahnhof genannt, steht er heute mit seiner Jugendstil-Bahnhofshalle unter Denkmalschutz. An der nächsten Haltestelle, Sternschanze, könnte man aussteigen, um sich das Mövenpick-Hotel im Wasserturm anzusehen. Wenn man hineinkommt, steht man in den historischen Wasserspeichern aus der Zeit noch vor dem Bau des Wasserturms. In den stimmungsvoll illuminierten hohen Kreuzgewölben hört man es tropfen. Ein anderes Ziel für den Aussteiger an dieser Haltestelle könnte Tim Mälzers »Bullerei« sein (siehe Grund Nr. 23), wo man mittags und abends gut essen kann (reservieren!). Oder doch weiterfahren? An der nächsten Haltestelle, Holstenstraße, liegt das Musicaltheater Neue Flora, zwei Straßen weiter kann man an der Schule für Schauspiel in Kurzseminaren oder Kursen sein Bühnenpotenzial erproben.

Am Busbahnhof Altona angekommen, steige ich wieder um in die 112. Zurück an meinem Ausgangspunkt, hat mich diese facettenreiche Hamburg-Tour – mit Abstecher und Umsteigen – drei Stunden gekostet. Das ist doch eine 112, die man sich merken kann, oder? Gute Fahrt! *(Ann-Christin Zilling)*

Weil man sich freuen kann,
wenn man den Zug verpasst

Während in anderen deutschen Städten durchaus Frust aufkommt, falls man die Wartezeit auf den nächsten Zug irgendwie überbrücken muss, ist das in Hamburg ein Grund zur Freude. Wenn man nicht an Zufälle glaubt, könnte man es sogar als Wink des Schicksals mit dem Zaunpfahl werten. Oder so.

Das Hamburger Bahnhofsviertel ist nämlich anders. Es ist nicht das Milieu, in dem der Privatdetektiv eines Freitagskrimis seine Nachforschungen anstellt. Nee. Stattdessen gibt es in Laufweite zum Hamburger Hauptbahnhof Kunst, Kultur und Kommerz zu entdecken.

Da steht an erster Stelle die Mönckebergstraße direkt vis-à-vis. Das ist so etwas wie die Hamburger Konsumrennstrecke. Hier kann man noch mal schnell das in den Koffer stopfen, was man zu Hause nicht bekommt: zum Beispiel einen feinen Anzug, Fischbrötchen, handgedrehte Zigarren, ein Buddelschiff.

Und von dort aus ist es nur ein Katzensprung ins Hamburger Kontorhausviertel. Das Kontorhausviertel ist schon allein ein Grund, Hamburg zu lieben. Bei uns hat er die Nummer 102.

Wem es in der Mönckebergstraße zu betriebsam ist, der findet auf der anderen Seite des Bahnhofes im Stadtteil St. Georg bestimmt ein gemütliches Café. Die Lange Reihe weiß dem Flaneur zudem immer noch mit einigen Ateliers, Boutiquen und Werkstätten der Hamburger Kunsthandwerker zu gefallen.

Sollte es in Hamburg ausnahmsweise einmal regnen, ist das kein Grund, den Schirm aufzuspannen, sondern eher dafür, mal wieder ins Museum zu gehen. Direkt neben dem Hauptbahnhof thront die Hamburger Kunsthalle. Hier gibt es Kunst vom frühen

Mittelalter bis zur Moderne zu bestaunen. Alte Meister genauso wie Meisterwerke aus dem 19. Jahrhundert von Caspar David Friedrich oder Philipp Otto Runge. Die Abteilung »Klassische Moderne« zählt mit Werken von Beckmann, Picasso und der Werkgruppe »Der Blaue Reiter« zu den bedeutendsten ihrer Art in Deutschland.

Wer es gerne noch moderner mag, gelangt durch einen Tunnel trockenen Hauptes in die benachbarte »Galerie der Gegenwart« mit ihrer hochkarätigen Sammlung internationaler Kunst von 1960 bis heute. Regelmäßige Sonderausstellungen beeindrucken selbst verwöhnte Kunstfreunde stets aufs Neue. Nicht vergessen wollen und dürfen wir an dieser Stelle das Museum für Kunst und Gewerbe am Steintorplatz mit seinen vielfältigen und erstklassigen Sammlungen von der Antike bis zur Gegenwart.

Wechselnde Ausstellungen zu Moderner Kunst, Fotografie und Design machen auch den Besuch der Deichtorhallen am anderen Ende der Kunstmeile immer wieder spannend. Die nördliche Deichtorhalle gilt als Europas größte zusammenhängende Ausstellungshalle für aktuelle Kunst. Damit bietet sie Raum für spektakuläre Großausstellungen zu Künstlern wie Marc Chagall oder Erwin Wurm. Und das ist ja nun mal 'ne Bandbreite.

Direkt vor diesen beiden ehemaligen Markthallen liegt oder besser gesagt »schwebt« Hamburgs höchster Aussichtspunkt: Der angeblich weltgrößte Fesselballon »HighFlyer« bietet in 150 Metern Höhe einen wirklich eindrucksvollen Überblick über Hamburg. Da ist es gut möglich, dass man zu dem Entschluss kommt, den Aufenthalt in dieser schönen und spannenden Stadt noch um ein paar Stunden zu verlängern. Oder ein paar Jahre …

(Torsten Lindner)

KAPITEL 2

SHOPPING
GROSS GESCHRIEBEN

Weil man in Hamburg auch drinnen hervorragend ausgehen kann

Es hat sich ja mittlerweile herumgesprochen, wie heiß, sonnig und blendend wundervoll die Sommer in Hamburg sind. Grundsätzlich. Von April bis Mitte September kein Wölkchen am Himmel. Da man sie permanent auf der Nase trägt, fängt die Sonnenbrille an zu drücken; und mittlerweile weiß man auch schon gar nicht mehr, wie das Dach des Cabrios wieder zu geht. Wer gelegentlich gern ein Dach über dem Kopf hat, dem sei eine Tour durch die Einkaufspassagen Hamburgs ans Herz gelegt.

Nur wenige Schritte unter freiem Himmel liegen zwischen den eleganten Shopping- und Flaniermeilen unter Glas oder in geschichtsträchtigen Kontorhäusern. Hier lässt sich mühelos ein ganzer Tag verbummeln. Ein guter Start ist das Frühstück im Levantehaus (Mönckebergstraße 7). In der »Rösterei« schmecken sortenreine Kaffees zu Armen Rittern. Die Deutsche Levante-Linie war die erste Mieterin, als dieses Kontorhaus Anfang des 20. Jahrhunderts eröffnet wurde. »Levante« heißt übrigens »dem Sonnenaufgang entgegen« – die Beleuchtung und die technischen Anlagen werden heute mittels einer eigenen Solar-Anlage betrieben. Anders als andere Passagen, ist das Levantehaus keine Abkürzung zwischen zwei Straßen. Irgendwie entschleunigt.

Nach dieser geruhsamen Stärkung wandern wir die quirlige Mönckebergstraße hinunter und über den Rathausmarkt in Richtung Alsterarkaden. Diese Open-Air-Passage mit den venezianisch anmutenden Säulen beherbergt exklusive Geschäfte und nette Plätzchen, um den Blick auf das Alsterfleet mit den schneeweißen Schwänen zu genießen. Das letzte Mal, als ich mit Gästen hier war, hätte die Tour durch die Passagen beinahe ein vorzeitiges

Ende gefunden, weil ich meine Freundin und deren Kinder einfach nicht mehr aus diesem Crocs-Laden herausbekam. Es hat mich viel Überredungskunst gekostet, bis ich die ganze Familie in die von den Alsterarkaden abzweigende Mellin-Passage (Neuer Wall 13) gelotst hatte. Das ist Hamburgs älteste und kleinste Passage. Einfach mitten hinein stellen und die Wand- und Deckenmalereien bewundern; ein Blick zurück zum Fleet, ein Blick nach vorn zur Edel-Shoppingmeile Neuer Wall – da geht's jetzt weiter. Der Neue Wall ist übrigens ein eigener Grund, Hamburg zu lieben (Nr. 14). Lassen Sie ihn jetzt ausnahmsweise links liegen und wenden Sie sich dem Jungfernstieg zu. Auf der Höhe Hausnummer 26 bis 30 tritt man in die Passage Hamburger Hof. Dieser Ort startete seine Passagen-Karriere bereits im Jahr 1842 als glanzvollste Passage Europas mit dem schönen Namen »Sillems Bazar«, nach dem Kaufmann Wilhelm Sillem benannt. Nur vierzig Jahre später wich die Passage dem Luxushotel Hamburger Hof. Erst Ende der siebziger Jahre wurde das Hotel in ein Geschäftshaus umgebaut, mit der heutigen Ladenpassage. Wenn Sie ungeschminkt sind oder sich so fühlen, dann können Sie das in der hier ansässigen unabhängigen Parfümerie ändern. Viel Spaß!

Immer schön den Jungfernstieg entlangflaniert, und schon steht man am Gänsemarkt. Die Gänsemarkt-Passage (Gänsemarkt 50) verbindet den Gänsemarkt mit den Collonaden. Die haben zwar kein Dach, lohnen aber auch einen Spaziergang. Am Passagen-Ausgang Collonaden verweile ich gern im Eiscafé San Remo. Während ich den Minzbecher vertilge, sehe ich die Besucher die Rolltreppe in den ersten Stock nehmen. Der junge Mann streichelt versonnen den runden Hintern seiner Freundin, die eine Stufe höher steht. Sie küsst ihn liebevoll auf den Mund. Tja, beim Einkaufen muss man die Männer bei Laune halten. Auf dem Gänsemarkt wurden übrigens noch nie Gänse verkauft, ein Markt war es auch nicht. Der Name geht entweder zurück auf einen gewissen Ambrosius Gosen, den Grundbesitzer um 1600, oder auf eine vor dem nicht weit entfernten Dammtor gelegene Gänseweide.

Mittlerweile ist nun schon Mittagszeit. In Hamburg eine leckere Stärkung zu finden ist wirklich keine Kunst. Getreu dem Motto dieses Kapitels soll's natürlich in einer Passage sein. Wenn wir schon mal hier am Gänsemarkt sind, bietet sich die Passage »Neuer Gänsemarkt« an. Schon von Weitem sieht man das Schild »Essen & Trinken« an der Fassade prangen. Wer nach dem Eisbecher im San Remo keinen Hunger hat, der dreht einfach nur eine Neugier befriedigende Runde und tritt am Ausgang Poststraße wieder heraus.

Jetzt ist es gar nicht weit ins Hanse-Viertel. Das ist Hamburgs längste Einkaufspassage. Die Glaskuppeln und das Flair erinnern die Shopping-erfahrene Dame von Welt vielleicht an die Mailänder Galleria. Die Architekten des Hanse-Viertels ließen sich nämlich von dieser inspirieren. Dass wir nicht in Italien sind, belegen die kunstvollen Einlegearbeiten im Boden. Sie verweisen auf die Hanse, ebenso der sehr hamburgische Hummer-Stand. Hier ist jetzt ein schönes Gläschen Wein fällig. Ich nehme mir hier gern die Zeit, entweder vom Hummer-Stand aus die Besucher des gegenüberliegenden Café Rouge zu besichtigen, oder andersrum. Hier passen die Schuhe zur Handtasche, die Handtasche zum Portemonnaie und das Portemonnaie macht seinem Namen alle Ehre.

Vom Hanse-Viertel aus muss man nur die Straße Große Bleichen überqueren, und schon steht man in der Galleria (Große Bleichen 21), der schönsten aller Hamburger Passagen. Der Eingang mit gerafften Tüchern in Bleiverglasung verheißt bereits den großen Auftritt. Die ausgezeichnete Art-Deco-Architektur aus schwarz-weißem Marmor, Glas und Chrom macht die schmale Passage zum Laufsteg. Was die Galleria auszeichnet: Hier gibt es Geschäfte, die gibt es sonst nirgends. Hier gibt es das Kultlabel Pyrate Style und die Glitzershirts »Hanserocker«, dazu die Bar Tabac und das Edelrestaurant Petit Délice.

Direkt nebenan: die Passage Kaufmannshaus (Bleichenbrücke 10). Das Kontorhaus wurde 1905 im hanseatischen Gründerzeitstil erbaut. Rund um das schöne, lichtdurchflutete Atrium findet man eine Menge sehr edler Stoff-, Einrichtungs-, Kunst- und Bekleidungsgeschäfte. Aber vielleicht möchten Sie ja irgendwann auch mal wieder raus? Vielleicht ist es ja jetzt auch nicht mehr ganz so heiß, oder Sie haben sich unterwegs eine neue Sonnenbrille gekauft, die schmetterlingshaft kaum spürbar auf Ihrer Nase federt? Also raus. Sollte es mal regnen, grau und trüb sein, bietet sich die Passagen-Vielfalt natürlich auch an. Hereinspaziert! Und vergessen Sie Ihre Kreditkarten nicht. *(Ann-Christin Zilling)*

Weil Design aus Hamburg
immer und überall in Mode ist

Die Kundin kommt aus Boston und hat es eilig. Sie ist nur kurz in Hamburg und steuert schnurstracks die Boutique in der Marktstraße 39 an. Das muss sie der Designerin persönlich sagen. Nämlich Folgendes: Sie sitzt in einem Café in Boston an der Westküste der USA und trägt ihre Lieblingsjacke von Sabine Ortland. Am Nebentisch sitzt eine fremde Frau und trägt ein Modell, das – da gibt es keinen Zweifel – auch von Sabine Ortland sein muss. Eine kurze Aussprache gibt Gewissheit. Die Fremde hat ihr feines Teil ebenfalls im Karoviertel auf St. Pauli erworben.

Diese Geschichte zeigt zweierlei. Erstens: Die Mode der Designerin aus Hamburg wird auf der ganzen Welt getragen. Zweitens: Der durch Collagen inspirierte Stil von Sabine Ortland ist so unverwechselbar, dass er auch in einem kleinen Café irgendwo in den USA eindeutig erkannt wird.

Ähnliches gilt auch für Ines Schneider. Die Winterhuder Designerin entwirft sämtliche Muster ihrer hochwertigen Stretch-Stoffe selbst. In ihrem Atelier – einer ehemaligen Hinterhof-Schreinerei – stapeln sich Rollen über Rollen mit den ausgefallensten Mustern. Das Ergebnis sind einzigartige Bademoden sowie Kostüme und Kleider, die sich herrlich angenehm wie eine zweite Haut tragen lassen. Versichert mir zumindest eine Bekannte.

Ines Schneider liebt eben ihre Kundinnen. Und die Kundinnen lieben sie. Darunter viele Prominente. Erhältlich sind die Modelle ihrer Linie W.E.T. und der etwas exklusiveren Linie Schneider in vielen Boutiquen in Hamburg, aber auch in den meisten anderen deutschen Städten, wie ihre Internetseite verrät. Bei aller Weltläufigkeit bekennt sich Ines Schneider klar zu ihrer Heimatstadt

Hamburg. Berlin würde sie heute »raschelig« machen. Hamburg sei dagegen ideal zum Ausbrüten.

Das findet auch Tonja Zeller und schaut lächelnd aus dem Fenster Richtung Köhlbrandbrücke. Ihre Atelier-Boutique liegt direkt am Beginn der Elbchaussee. Die junge, schon preisgekrönte Designerin ist froh, hier zu sein, und kann sich nach zwanzig Jahren in Hamburg gar nichts anderes mehr vorstellen. Tonja Zellers puristischer, zeitlos-eleganter Stil passt zu den stilbewussten Hamburgerinnen aber auch wie der Knopf zum Knopfloch. Ein Blazer, ein Kostüm oder ein Abendkleid von Tonja Zeller sind eine erschwingliche Investition, die eigentlich in den Kleiderschrank einer jeden Hanseatin gehört. Tonja Zeller betont, wie wichtig es ihr ist, dass die Kundin ihre Mode auch noch in zehn Jahren tragen kann, ohne dass sie dann unmodern wirkt.

Ein Anspruch, den auch Ines Schneider und Sabine Ortland an ihre Mode stellen. Dabei stehen die drei hier vorgestellten Designerinnen nur stellvertretend für das hohe Niveau und die unglaublich kreative Vielfalt der gesamten Hamburger Mode-Zunft. Und das ist ja das Schöne an Hamburg: In den unzähligen Boutiquen der Stadt wird jede modebewusste Frau ihre ganz persönlichen Lieblinge entdecken. Dafür kann sie sich dann in Paris auf den Louvre und in Mailand auf die Scala konzentrieren.

(Torsten Lindner)

Weil es die schärfsten Schuhe
auf der Reeperbahn gibt

Bei Talkmaster X auf der Couch sitzt wieder so ein Sternchen und man denkt: Verdammte Hacke, wo kriegen solche Leute nur ihre phänomenalen Schuhe her? Wir reden hier nicht über die »Sex and the City«-Kollektion, die man mittlerweile sogar in Husum bekommt. Wir reden über wirklich Spektakuläres. Rote Lack-Schnürstiefel bis zum Po, Hochplateaus für den Griff ins oberste Regal und Overknees zum Niederknien.

Für das Besondere in Sachen Schuhe kommen Schuhfetischisten, Künstler, Stars, schlichtweg Verrückte oder ganz normale Menschen von weither nach Hamburg zur ersten Adresse für Gehen und Beim-Gehen-gesehen-Werden: Schuh Messmer auf der Reeperbahn, 1842 gegründet, ist Hamburgs ältester und schrillster Schuhladen. Huren zählten schon immer zu den Stammkunden, mit den Jahren wurde das Sortiment immer mehr verfeinert. Die früher recht große Auswahl an Boxerschuhen ist beispielsweise einer breiteren Auswahl an Fetisch-Schuhwerk gewichen. Im Gegensatz zu anderen Schuhgeschäften wird hier jederzeit ein Ganzjahres-Sortiment vorgehalten, vom großen Stiefel bis zum Swarovski-Schläppchen für den Karibik-Urlaub. Gefragte Marken wie Manolo Blahnik oder Icone Teodori haben ihren festen Platz im Angebot. Gelegentlich wird saisonal bedingt angepasst, beispielsweise, wenn in ganz Süddeutschland alle Anwälte und Zahnärzte zumachen, um anlässlich der Harley Days nach Hamburg zu brettern. Dann gibt es bei Schuh Messmer ausgefallene Westernstiefel. Aber nicht jede Party wird mitgemacht: Obwohl gerade beim Schlagermove (siehe Grund Nr. 65) bis zu fünfzig Besucher mit kaputten Schuhen im Laden stehen und dringend günstigen Ersatz haben wollen, möglichst in Orange, lässt man sich dieses Geschäft durch die Lappen gehen. Billigen Ramsch gibt es hier nicht. Aber Preisschilder über 1000 Euro sind auch selten. Wofür man in New York das Dreifache hinlegt, das gibt es hier im Fachgeschäft zum Kiez-Preis in bester Qualität, in feinstem italienischen Design und mit hervorragendem Service. Sie stellen fest, dass Sie mit ihren 25-Zentimeter-Hochplateaus doch nicht laufen können? Dann gibt's einen Gutschein für was Flacheres. Zu schmale Stiefelschäfte werden mit der Dehnungsmaschine passend gemacht, zu hohe oder zu weite Schäfte gehen zum Lederschneider.

Natürlich werden auch Herren bei Schuh Messmer fündig. Und zwar nicht nur die, die mit normalen Slippern hereinkommen und den Laden dann mit Pumps Größe 43 am Fuß verlassen. Gerade Musiker oder andere Bühnenprofis finden hier Modelle, die zum Image passen. Nur für Kinder gibt's hier nichts und soll es auch nicht geben. Für Kinder ist das ohnehin nicht der richtige Ort. Insbesondere dann nicht, wenn vor der Tür eine Edelkarosse hält und eine geschätzte Kundin zum Einkauf erscheint: Sie probiert grundsätzlich splitterfasernackt und der vor ihr schnallenschließend kniende Verkäufer hat freien Blick in den Elbtunnel. Das schockiert hier jedoch niemanden.

Generell ist man extravagante, exaltierte Kundschaft gewöhnt. Am liebsten sieht man natürlich die Schnellentschlossenen und Unproblematischen. Die hoch geschätzte Stammkundschaft bestellt auch viel telefonisch, wenn das aktuelle Sortiment auf der Website steht – in der Kundendatenbank sind Waden- und andere Maße hinterlegt. Da wird der bestellte Schuh vor dem Versand nach Marbella oder Florida noch schnell passgenau optimiert, damit es kein unnötiges Hin-und-Her-Schicken gibt.

Viermal jährlich geht das Schuh-Messmer-Team in Italien auf Einkaufstour: Messen, Mailand und die schärfsten von rund 5000 italienischen Schuhfabriken sind das Ziel. Denn: »In Deutschland gibt es nichts«, erklärt Geschäftsführer Hans-Peter Walter. Insgesamt hat Schuh Messmer dauerhaft rund 10.000 Paar Schuhe auf Lager, von Größe 34 bis 46, von jedem Modell jedoch meistens nur bis zu sechs Paar in unterschiedlichen Größen. Der Qualitätsanspruch ist hoch. Das ist auf dem Kiez umso wichtiger, als gerade Schuhwerk im horizontalen Gewerbe viel aushalten muss. Wenn etwas kaputtgeht, sind es laut Hans-Peter Walter meistens die Absätze. Natürlich wird dann repariert. Gelegentlich würde versucht, solche Verschleißerscheinungen zu reklamieren. »Da steht dann der Zuhälter vor mir und wirft die Pumps empört auf den Verkaufstisch.« Damit kommt bei Schuh Messmer jedoch keiner durch. »Wir erkennen sofort, was das Problem ist. Ein Stiefel, der an der Stange abgerieben wurde, oder ein Absatz, den die Domina beim Reiten gebrochen hat, das ist nicht zu reklamieren, nur zu reparieren.« Jahrzehntelange Erfahrung. Und die wird von den Kunden geschätzt. Eine der ältesten Kundinnen sei eine Hure von der Herbertstraße, die – selbst irgendwo in den Sechzigern – seit über vierzig Jahren ihren Schuhbedarf im Laden deckt.

Siebzig Prozent aller Kunden sind Touristen, die, einmal drin im Laden, aus dem Staunen nicht mehr rauskommen. Das Sortiment ist die pure Verführung und der Service sowieso. Während ich noch den einen probiere, stehen schon flugs drei weitere Vorschläge vor mir, die entweder zu meiner Hose passen, meinen nicht ganz so schwindelerregenden Höhevorstellungen entsprechen oder einfach im Moment das unwiderstehlichste Schnäppchen schlechthin sind. Ich kann nicht anders. Mit drei Paar der geilsten Schuhe, die ich je gesehen habe, verlasse ich diese Stätte der Schuh-Lust. Es ist kurz vor 23 Uhr am Samstagabend. Irgendwann wollen die ja auch zumachen für heute. Vielleicht komme ich morgen, am Sonntag, noch mal vorbei. Schuh Messmer hat nämlich dann auf, wenn ich Zeit und Muße zum Schuhkauf habe. Auch das ist Service, der begeistert. *(Ann-Christin Zilling)*

Weil am Neuen Wall in Hamburg alles gut und teuer ist

Jede Einkaufsstraße hat das Publikum, das es sich verdient hat, dort einzukaufen. Der Neue Wall ist die teuerste Einkaufsstraße Hamburgs. Ein Stück Laufsteg für die Reichen und die Schönen, die niemals auf der Mönckebergstraße gesichtet werden. Wo heute flaniert wird, wurde im 16. Jahrhundert ein neuer Wall zur Befestigung der Hamburger Westgrenze aufgeschüttet, der den alten Wall ablöste. Böse Zungen lästern auch gern über Wall-Fahrten zu den High-End-Deluxe-Flagship-Stores. Dabei ist das doch gar nicht so abgehoben. Wer am Neuen Wall einkaufen möchte, oder zumindest mal bummeln und so tun, als hätte er auf der goldenen Amex noch Luft, sollte einfach drei Regeln beachten. Dann klappt das, man fühlt sich wohl, schön, reich und hat Spaß.

Erstens: was Ordentliches anziehen. Es muss gar nicht die neueste Wunderkind-Kollektion sein. Doch auf gar keinen Fall darf es nachlässig wirken. Wobei natürlich auch Vintage, gezielt eingesetzt, absolut durchgeht. Kleider machen Leute, das gilt auch und ganz besonders am Neuen Wall. Schuhe lassen tief blicken, insbesondere der mehr oder weniger abgelatschte Absatz. Ideal: Die Handtasche passt zum Schuh. Wenn Sie das berücksichtigen, werden Sie bei Unger am Eingang freundlich begrüßt und dürfen im Untergeschoss mit dem zauberhaften jungen Verkäufer darüber sinnieren, ob die Philipp-Plein-Lederjacke, die schon von 5799 auf 3850 Euro runtergesetzt ist, eventuell demnächst noch mal im Preis reduziert wird. Und dann nehmen wir noch den kleinen Strohhut für einen nicht ganz so kleinen Preis mit. Dieser wird an der Kasse liebevoll in Seidenpapier gewickelt und in eine große Unger-Tragetasche gelegt. Und dann reicht mir dieser zauberhafte junge Mann diese Tasche – natürlich nicht über den Tresen, sondern davor –, begleitet mich noch bis zur Tür und gibt seinem Bedauern Ausdruck, dass es Unger-Treuepunkte auf die schwarze Kundenkarte erst ab hundert Euro Umsatz gibt. Ob ich noch mal schauen möchte? Klar will ich, aber die Zeit …

Zweitens: Fordern Sie das Verkaufspersonal, die können das ab. Als Nespresso-Kaffeeliebhaber ist man natürlich bereits mit der Vielfalt der 16 Grands Crus vertraut. Dennoch bleiben zum Thema Kaffee immer noch genügend Fragen offen, um die Nespresso-Kathedrale aufzusuchen. Hier geht's zu wie beim Juwelier. An den Tischen liegen unter dem Glas der Tischplatte kleine bunte Döschen. Auf den Flatscreens erhalte ich urbane Inspiration und etwas verstohlen wird mir klar, dass ich keinen Zutritt zum Kern des Ganzen habe: dem Nespresso Club mit einzigartigen Privilegien. Hinter der Wand erhasche ich einen Blick auf ein Clubmitglied am Laptop. Er kann beispielsweise rund um die Uhr an sieben Tagen pro Woche Kaffeedöschen bestellen. Betroffen wende ich den Blick von diesem very important Kaffeeliebhaber ab und werde Zeugin eines Eklats. »Der Milchschaum wird mit der Maschine nichts. Wir müssen immer unseren alten Milchaufschäumer nehmen!« Sie ist laut geworden. Vielleicht liegt es auch an den sehr unbequemen spitzen Pumps. Ihm in Karohose zur Samtjacke ist das ein wenig peinlich. »Die Milch bleibt unten immer flüssig«, legt sie noch mal nach. Dieser Skandal rechtfertigt natürlich die Lautstärke ihres Organs. Und was macht der Verkäufer? Kein »Ja, da weiß ich jetzt auch nicht« (Mönckebergstraße) oder »Du, ich frag mal meine Kollegin« (Schanze) oder »Können Sie heute Nachmittag noch mal vorbeikommen?« (Blankenese). Vielmehr folgt ein beeindruckender Vortrag über den Eiweißgehalt der Milch in Korrelation mit der Effizienz des Milchaufschäumers, der selbst unbequeme Pumps besänftigt.

Drittens: Gehen Sie langsam. Am Neuen Wall wird nicht gerannt. Wenn's hilft, ziehen Sie ein paar High Heels an, das verlangsamt automatisch den Schritt und lässt Sie ohnehin gleich mehr nach Grandezza aussehen. Und das ist hier angebracht. Nur wer langsam geht, nimmt die vielen schönen Details wahr, die dem eiligen Besucher verborgen bleiben. Kluge Werbebotschaften zum Beispiel: »Wir haben etwas Unglaubliches entdeckt: Jede Frau ist anders.« Oder die zauberhaft, regelmäßig neu bepflanzten Terrakottatöpfe entlang der Schaufenster. Oder die Schönheit der drei Kontorhäuser Gutruf-Haus (Neuer Wall 10), Hildebrandt-Haus (Neuer Wall 18) und des barocken Görtz-Palais (Neuer Wall 86).

Die Hauptsache sind und bleiben die insgesamt etwa achtzig Geschäfte. Der Mix macht's: Es gibt die traditionsreichen Hamburger Häuser wie Felix Jud, Jil Sander, die Ewige Lampe und Marlies Möller. Daneben die großen Marken von Akris bis Tiffany. Schuhe, Uhren, Handtaschen, Schreibgerät, Schönheit, Licht, Bücher, Schokolade, Dessous, Haare, Möbel, Musik, Schmuck, ach ja, Kleidung natürlich auch. Zum Beispiel bei Fahnen Fleck. Am meisten ist hier los kurz vor dem Schlagermove (siehe Grund Nr. 65). Auch Junggesellen-Abschieds-Gangs kleiden sich hier ein, denn hier ist the home of grüne Perücken, Fake-Mikros und Federboas. Das ist auch Neuer Wall.

Der Neue Wall ist auch Rückzugsgebiet, wenn es anderswo zu laut wird. Biegt man mal nach links oder rechts ab, bemerkt man, wie idyllisch der Neue Wall zwischen Alsterfleet und Bleichenfleet liegt. Am Platz des Bürgermeisters Carl Friedrich Petersen lässt es sich im Schatten der riesigen Topfbäume wunderbar verweilen. Und wem um die Weihnachtszeit alles zu viel wird, der findet hier direkt neben der Cravatterie einen kleinen unabhängigen Glühweinstand, wo man ganz »entre nous« einen picheln kann (siehe Grund Nr. 59). Durst ist generell kein Problem am Neuen Wall. Auch wer bei Windsor oder Laurèl »nur schaut«, es gibt einen Espresso, und sobald man die eine oder andere Bluse in Erwägung zieht, wird ein Prosecco daraus. Insbesondere um die Weihnachtszeit, wenn alle in Geschenkelaune sind, sollte man allerdings vorsichtig sein. Da der Champagner bei van Laack so gut schmeckt, wird die Einkaufstüte schnell von S auf XL hochgestuft. Was natürlich nichts Schlechtes ist!

Alles hat ein Ende, der Neue Wall hat zwei. Wer sich also wirklich auch beim besten Willen und unter großen Zugeständnissen an seine Kreditwürdigkeit nichts leisten will, für den gibt es am Ende Stadthausbrücke die Möglichkeit, sich bei einem Drink in der Steigenberger Bar genüsslich zu erholen. Oder am Ende Jungfernstieg das Weite zu suchen. *(Ann-Christin Zilling)*

Weil Hamburg 1000 Töpfe hat

Was du willst.« Das wäre das richtige Versprechen, in Werbe-sprech »Slogan«, für das Hamburger Kult-Kaufhaus 1000 Töpfe. Denn was den Gründer Helmut Kertscher im Mai 1949 bewog, aus einem Eisenbahnwaggon heraus Töpfe aus Flugzeug-blechen zu verkaufen, war der schiere Bedarf der ausgebombten Hamburger Bevölkerung. Heute sagt man dazu Kundenbedürfnis und nennt die unternehmerische Haltung Kundenorientierung, eine Haltung, die viele Unternehmen heute vor sich hertragen wie eine Monstranz – mit gebührendem Abstand. Helmut Kert-scher hatte diese Haltung im Blut. Über die zweite bis heute in der dritten Unternehmer-Generation wird das verkauft, wonach Kunden verlangen, und das wird gut gemacht, mit breitem und tiefem Sortiment, und mit Beratung.

1000 Töpfe ist einerseits sehr Hamburg, nämlich Händler durch und durch, unternehmerisch und geschäftstüchtig. Als in den Sieb-zigern Surfen und Skilaufen in waren, wurde ein entsprechendes Fachgeschäft am Steindamm eröffnet. Als das Fotografieren in den Achtzigern zum Hobby für alle wurde, gab's und gibt es heute noch Camera Shops, die eine treue Stammkundschaft bedienen. 1000 Töpfe ist andererseits kein typischer Hamburger. Dafür ist das mittelständische Unternehmen einfach zu viel Ausrufezeichen. »Vom Frühlingserwachen Schnappschüsse machen!!!« Bei dem Angebot, das Hamburger Haushalten in 1000-Töpfe-Gelb regel-mäßig unterbreitet wird, könnte man kommunikativ wirklich den Fuß vom Gas nehmen. Ein »Wow!!!« weniger – dafür wird einem ja nicht gleich die eigene Bushaltestelle vor der Eingangspforte gestrichen. Auf der anderen Seite ist das auch wieder hemdsärme-lig sympathisch im ansonsten doch so feinen, zurückhaltenden

Hamburg. Hier traut sich einer, seine Werbeprospekte noch selbst zu stricken. Wenn das mal keine Masche ist!!!

Das mit der eigenen Bushaltestelle, das verstehe ich nicht. Man fährt ja auch nicht mit dem Bus zu Ikea, sondern mit dem gemieteten Kleintransporter, damit man beim Den-zahlreichen-Versuchungen-Erliegen keine Angstgefühle entwickeln muss: »Passt das auch noch ins Auto?« Bei 1000 Töpfe ist das genauso. Denn hier gibt es heute nicht mehr nur Töpfe, sondern ungefähr alles, insgesamt 250.000 Artikel auf 20.000 Quadratmetern Fläche. Das Kult-Kaufhaus ist damit zum Beispiel die perfekte Feuerwehr, wenn der oder die Ex-Liebste die Tür der ehemals gemeinsamen Wohnung für immer hinter sich zugeschlagen und Lebenswichtiges mitgenommen hat. Plötzlich ohne Salzstreuer, Bügeleisen, Kaffeemaschine, Staubsauger oder Zahnputzbecher dazustehen kann im entscheidenden Moment extrem sauer aufstoßen. Natürlich könnte man jetzt in die Stadt fahren und eine Budni-WMF-Kaufhof-Depot-Saturn-Tour machen. Und überall einen Parkplatz suchen und überall Parkgebühren bezahlen und den Kram die Rolltreppen rauf- und runterfahren. Oder man geht einmal zu 1000 Töpfe und lässt sich treiben. Mit etwas Glück gibt's gerade eine !!!-Aktion, -Vorführung, -Restposten, -Abverkauf, -Rabatt oder Alt-gegen-Neu-Aktion.

Das Kult-Kaufhaus ist in Deutschlands ältester Teppichfabrik untergebracht, im Stadtteil Bahrenfeld. Die Kundschaft kommt von weither. Die Gefahr, dass ein langer Weg umsonst war, ist klein. Hier wird man fündig. Auch Leute, die für ihr Müsli eine ganz spezielle Kunststoff-Schütte haben wollen; Leute, die sich nicht mit einem raumfüllenden Klapp-Wäscheständer aus ihrem Baumarkt zufrieden geben, sondern den platzsparenden Turm-Wäscheständer suchen. Leute, denen die fertig gerahmten Ikea-Bilder nicht mehr gefallen. Oder Leute, die ohnehin mit dem Kleinlaster unterwegs sind, weil sie um die Ecke noch zum italienischen Großhändler Andronaco oder zum spanischen Pendant

Silca fahren. Oder für Leute, die schon ewig etwas suchen, was es nirgends gibt. 1000 Töpfe wird sich demnächst drei Herausforderungen stellen müssen: eine Tarteform als Springform, ein Zwei-Liter-Kochtopf mit Maßeinheiten innen für das genaue Einkochen von einem Liter gerösteter brauner Zwiebelsoße und eine Parmesanreibe, die gleichzeitig eine Spaghettizange ist. So, nun zeig, was du kannst! Dann nehme ich dir auch deine drei Ausrufezeichen ab. *(Ann-Christin Zilling)*

Weil es hier noch
richtige Schallplattenläden gibt

Ich sitze in einer dreckigen Garage. Auf meinem Schoß liegt ein Stapel Schallplatten (für die Jüngeren: Das sind die großen runden Scheiben, die Papa manchmal auf eine Art Töpferscheibe legt. DJs scratchen damit). In meiner linken Hand halte ich einen Fön. Während ich damit den Klebstoff erwärme, knibbele ich mit der rechten Hand vorsichtig das Preisschild von dem Cover. Meine Hand glüht schon von der Hitze. Das Nagelbett meines Daumens ist blutig. Alle 15 oder zwanzig Platten stoße ich mir nämlich ein hartnäckiges Preisschild unter den Nagel. Eigentlich habe ich keinen Bock mehr. Aber ich habe ein Ziel: Noch circa zweihundert Stunden Preisschilder abziehen und ich kann mir endlich das Mountainbike leisten. Es ist Ende der achtziger Jahre und ich verdiene mein erstes Geld damit, in einem Schallplattenladen auszuhelfen. Meine Aufgabe ist es, die Ladenhüter, Flops und defekten Tonträger bei den Plattenfirmen zu retournieren. Der Laden kriegt aber nur Geld dafür zurück, wenn die Schallplatten und die CDs in neuwertigem Zustand und ohne Preisschilder zurückgeschickt werden. Bei den CDs geht das relativ leicht. Nur bei den empfindlichen Schallplattencovern muss man richtig vorsichtig vorgehen. Eine Sisyphosarbeit, die wohl dazu beiträgt, dass ich privat sehr bald komplett auf CD-Betrieb umsteige.

Zwanzig Jahre später habe ich mich mit den guten alten Vinyl-Scheiben versöhnt. Ich besitze wieder einen soliden Schallplattenspieler und erfreue mich daran. Daran, wie eine Scheibe aus Vinyl unermüdlich ihre Kreise dreht und dabei Musik von sich gibt. Das ist vergleichbar mit einer fahrenden Modelleisenbahn, einer Dampfmaschine oder einem knisternden Feuer im Kamin. Das kann man nicht rational erklären. Um Musik zu hören, reicht ja heutzutage ein iPhone. Aber bei mir, bei mir, da hört das Auge mit. Das gilt hauptsächlich für Jazz, handgemachte Musik und alles, was ein wenig nach Retro klingt.

Apropos Retro: Meinen alten Schallplattenladen gibt es schon lange nicht mehr. Ebenso wie die meisten anderen auf dieser Welt. Das Internet ist schuld, sagen die einen. Die Jugendlichen daddeln heute lieber, statt Musik zu hören, sagen die anderen. Feststeht: Mit Schallplatten kann man als kleiner Händler schon lange keine schnelle Mark mehr machen. Umso mehr Respekt habe ich vor der unentwegten Schar von Idealisten, die heute noch (oder wieder) ein unabhängiges Geschäft mit CDs und Vinyl-Schallplatten führen. Und von diesen kann Hamburg als eine der letzten Städte in Deutschland eine ganze Reihe anbieten. Die Auswahl ist sogar so groß, dass es für jeden Musikgeschmack ein Spezial-Geschäft gibt. Da gibt es Geschäfte für elektronische Tanzmusik, für Black Music, für Indie & Alternative, für Psychobilly & Garage, für Jazz oder für Allesmögliche. Jedes Geschäft hat dabei auch seinen ganz eigenen Geruch.

Die Schallplattenläden halten sich dort, wo sich noch Menschen tummeln, die Zeit und Geld für Musik haben. Zum einen rund um die Universität, zum anderen im Schanzen- und im angrenzenden Karolinenviertel. Zur Kundschaft zählen Hörer, die einfach keinen Bock haben, Musik im Internet zu kaufen, Menschen, die das Kauferlebnis im Laden brauchen, Menschen, die gerne nach der Nadel im Heuhaufen suchen, und auch ganz normale Spinner. Das sind die, die 150 Euro und mehr für eine vergriffene Vinyl-Ausgabe einer Neuerscheinung (!) ausgeben, die es noch wunderbar auf CD gibt. Für solche »Nerds« hat noch nicht einmal jeder Ladeninhaber Verständnis. O-Ton: »Ich habe auch zu Hause alles voll mit Schallplatten, aber irgendwo hört's doch auf. Letztendlich geht es doch nur um die Musik.« Da hat er recht. Trotzdem suche ich schon seit einiger Zeit nach der Vinyl-Ausgabe von Jarvis

Cockers Debütalbum (»Jarvis«). Ich glaube, das ist mittlerweile nur noch ein Anlass für mich, um mal wieder durch die interessantesten Läden Deutschlands zu stöbern. Dabei höre ich dann endlich die Musik, die einem die Radiosender vorenthalten. Ich freue mich über einfallsreiche Bandnamen und Plattencover. Und ich gehe so gut wie nie allein nach Hause. Meistens habe ich eine Neuentdeckung im Arm.   *(Torsten Lindner)*

Weil Aladin in Hamburg einen auch ohne Wunderlampe magisch anzieht

Auf der Reeperbahn gibt es eine Menge Krimskrams-Läden, die schon von außen ramschig aussehen oder mit irgendwelchen Umhänge-Riesenpenissen bereits im Schaufenster abtörnen. Es gibt aber auch die rühmliche Ausnahme. Das Aladin Center ist der Ort, wo ich hingehe, wenn ich ein Geschenk suche für jemanden, der alles hat. Oder wenn ich zu einem speziellen Outfit ein Accessoire in einer ganz bestimmten Farbe haben will. Oder natürlich, wenn der Schlagermove ansteht und die alte Perücke juckt.

Im Aladin Center braucht's keine Wunderlampe, hier werden auch mehr als drei Wünsche erfüllt. Natürlich kann ich ohne die aufblasbare Gitarre im St.-Pauli-Look leben und auch ohne den Riesenklunkeranhänger mit dem goldenen Glitzerglimmertotenkopf und seinen Wackelknochen; aber mit Letzterem weiß ich doch auch zu fortgeschrittener Stunde noch, wo vorne und hinten ist. Nein, ich trage keine Leggings im Jeanslook oder satinschwarz mit silbernen Buchstaben. Aber wenn ich sie haben wollte, hier bekäme ich sie unschlagbar günstig. Hier gelingt es auch, ein komplettes Outfit Ton in Ton zusammenzustellen. Von den türkisfarbenen Stay-ups bis zur Federboa, Brille und Kette im gleichen Ton. Na klar gibt's hier auch die passende Handtasche dazu.

Furore machte neulich ein Email-Anhänger in Form eines alten VW-Busses. Der kam in ein Weihnachtspäckchen für eine Freundin, die der Hippiekultur anhängt. Eine amerikanische Freundin freute sich über einen optimistischen grünen Anhänger mit der Aussage »YES!«. Es gibt Modeschmuck in unterschiedlichsten Varianten, den gleichen in vielen brauchbaren Farben Rot, Gelb, Blau, Grün, Weiß, Schwarz, alles, alles, alles. Und das ist nicht das

Übliche. Wer trägt schon betende Hände um den Hals? Hier gibt es Anhänger zum Anbandeln, zumindest sorgt man auf der Party für Gesprächsstoff.

Und dann sind da noch viele schöne Dinge, von denen ich nicht genau weiß, wofür sie sind. Ich vermute, man hängt sie ans Handy. Geldbörsen in Form von Socken gibt's auch. Wenigstens sind das Börsen, bei denen man nach dem Erwerb auch noch Geld übrig hat zum Reintun. Und Schuhe natürlich. Schuhe für eine Nacht, für einen One-Night-Stand-Herum oder einen One-Night-Dance. Wenn man sich gelegentlich fragt, wo die Jungs von dieser zu lauten Nachwuchsband ihre Klamotten her haben, lautet eine mögliche Antwort: aus dem Aladin Center. Könnte zumindest sein. Denn hier gibt es auch die paillettenbesetzten Hüte und Shirts, die echt Mut erfordern. Und es ist nicht so, dass hier nur die Jugendlichen unterwegs sind, die vor ihrem Heimweg von der Klassenfahrt noch mal ein schrilles Mitbringsel suchen. Hierher kommen alle gern und bringen auch noch welche mit, um dann gemeinsam über kreischend grünen Riesenbrillen in Verzückung zu geraten. Und auch wenn man, so wie ich, nichts braucht, im Aladin Center findet man immer etwas. *(Ann-Christin Zilling)*

Weil im grünen Hamburg
noch kreative Biotope entstehen

Löwenzahn. Das ist diese schöne Blume, die an den scheinbar ungünstigsten Orten wächst und gedeiht. Sie passt sich ihrem jeweiligen Umfeld perfekt an und blüht.

Jede wirklich große Stadt hat diesen Löwenzahn. In Form von Cafés, kleinen Läden und Hinterhof-Galerien. Abseits der bekannten Konsum-Gegenden mit den Designer-Flagship-Stores und den Marken-Niederlassungen, die überall auf der Welt zu finden sind, da sprießen sie: das Café mit dem selbst gebackenen Kuchen und dem mackigen Sammelgeschirr. Der kleine Fahrradladen, der die Velos noch auf Kundenwunsch zusammenfrickelt. Der unvermeidliche Secondhand-Plattenladen mit dem Geruch von tausend Partys an den Schallplatten. Die kleine Mode-Boutique mit den geblümten Eigenkreationen. Und die Galerie mit den noch frisch riechenden Werken, bei denen die Nachwelt erst entscheidet, ob es große Kunst ist. Hier regiert (noch) nicht das große Geld, sondern vor allem die Kreativität. Daraus entsteht eine bunte Mischung gegen Langeweile und Tristesse in der Großstadt.

In London gab es das mal in Notting Hill, bevor der Film in die Kinos kam. In Saint Germain in Paris auch. In der Umgebung der Bleeker Street in Manhattan gibt es das zum Teil noch heute. Auch die Kastanienallee und die Torstraße in Berlin sind solche Beispiele. Immer dort, wo die Ladenmieten in den Metropolen noch erschwinglich sind und ein interessantes Publikum an den Schaufenstern vorbeikommt, entstehen solche Großstadtpflänzchen. Das Traurige am Löwenzahn ist nur wie bei allen schönen Blumen: Irgendwann werden sie von Menschenhand weggepflückt. Und so kann man sich als Hamburger wirklich glücklich schätzen, wenn man hier noch solche legendären Künstlerviertel lebendig vorfindet. Das ist zum Teil der Fall im Schanzenviertel oder rund um die Marktstraße im sogenannten Karoviertel und – vor allem – auf St. Pauli zwischen dem Neuen Pferdemarkt und der Seilerstraße. Hier muss man keine Sorgen haben, von einem Porsche Cayenne oder einem Audi Q8 zum Krüppel gefahren zu werden. Eher wird man hier mit dem Fahrrad oder dem Kinderwagen angerempelt. Muss jeder für sich entscheiden, was er lieber will.

Ich finde einen Spaziergang durch die Wohlwillstraße, die Clemens-Schultz-Straße, die Hein-Hoyer-Straße oder die Annenstraße mit ihren wunderschönen alten Gründerzeit- und Jugendstilhäusern immer sehr belebend. Da gibt es Läden mit solch lustigen Namen wie »Lockengelöt« oder »Suicycle«, ein gemütliches Restaurant names »Jolie«, ein anderes mit wirklich empfehlenswerten Toiletten, das sich doppeldeutig »Freudenhaus« nennt, und eine Personalberatung für Kreativagenturen mit dem originellen Namen »stelldichein«. In den Schaufenstern entdeckt man Wandleuchten aus farbigen Schallplatten, Korkenzieher aus Kicker-Figuren oder Baby-Strampler mit dem Aufdruck »Mum, Milk and Rock'n'Roll«. An den Hauswänden und in den Toreinfahrten kleben dazu überall Poster in allen künstlerischen Qualitätsstufen. Bunt und mit einem leicht alkoholhaltigen Hauch von Punk.

Dieses spannende Milieu zeigt jedem Flaneur einmal mehr, dass Hamburg eine aufregende Weltstadt ist. Und nicht Gartenzwergewiesendorf. Obwohl das vielleicht wieder zum Löwenzahn passen würde. *(Torsten Lindner)*

Weil man in Hamburg mitten im Gewühl schlappmachen darf

So ein Nachmittag in der Innenstadt ist ganz schön anstrengend. Völlig egal, ob man sich nur durch die Mönckebergstraße arbeitet, am Neuen Wall gesehen werden will (siehe Grund Nr. 14) oder Wochenendgästen vom Land etwas bieten möchte. Es ist voll, es gibt viel zu gucken und zu allem Überfluss muss man noch zahlreichen Versuchungen vom Schlaraffenland Hamburg widerstehen – kein Wunder, dass viele Ernährungs- und Frauen-Diättipps-Magazine aus Hamburg kommen. Aber das ist ein anderes Thema.

In der Mitte von alldem, am westlichen Ende des Jungfernstiegs, liegt eine Zentrale des Wohlgefühls, wie es sie in Deutschland nur noch einmal gibt, und zwar in einer anderen Stadt, die auch toll ist, wenn auch nicht so toll wie Hamburg. Sei's drum. Hier liegt das Nivea-Haus, weithin sichtbar das Markenzeichen auf der Hausfront. Insider wissen: Im ersten Stock, genau hinter dem Markenblau, steht die Badewanne, von der aus man schaumumspült den Blick auf die Binnenalster genießen kann. Man kann aber auch in der Lounge daneben eine schöne Tasse Tee mit Trockenfrüchten genießen und dem Treiben da unten zusehen. Besonders nett ist das an einem der seltenen Schietwetter-Tage, wenn sich Regenschirme im Wind aufstülpen und die Hose knie-hoch nass geworden ist.

Voraussetzung dafür, diese Oase betreten zu dürfen, ist ein Termin für eine Behandlung. Und jetzt kommen zwei wichtige Tipps: Glauben Sie nicht der Werbung, dass Sie sich ganz spontan für eine Für-immer-jung-Anwendung entscheiden können, quasi zwischen dem Stiefel-Shoppen und dem Espresso danach. Viel besser ist es, Sie vereinbaren für Ihren Hamburger Shoppingtag im Voraus ein kleines Zeitfenster, in dem Sie sich hier verwöhnen lassen. Und der zweite Tipp: Bringen Sie für eine Beratung gute Laune mit. Denn wenn Sie Ihr Haar und Ihre Hautschüppchen unter dem Mikroskop sehen, dann müssen Sie ganz, ganz tapfer sein. Es sei denn, Sie haben ohnehin perfekt glänzendes Haar und reine, saftig frische Haut. Dann können Sie sich das Nivea-Haus aber auch sparen und gleich zum Prosecco im Hanse-Viertel (siehe Grund Nr. 11) übergehen.

Andererseits: Wenn Sie nach dem Schock mit dem Mikroskop dann erfahren, dass sich all Ihre Probleme mit diesen und jenen absolut erschwinglichen Nivea-Produkten lösen lassen, ist wieder alles gut. Um den Schock zu verkraften, gönne ich mir heute eine »Geheimrezept«-Behandlung, die mir einen sofort spürbaren Lifting-Effekt verspricht. Nach neunzig Minuten Streicheleinheiten, begleitet von einer sanften Verkaufsshow, untermalt von leiser Pling-Pling-Musik, fühle ich mich frisch und umfassend informiert. Mit einem Zehn-Prozent-Rabattgutschein stehe ich alsbald ein Stockwerk tiefer im Shop. Mir war vorher gar nicht klar, wie viele Nivea-Produkte es gibt. Ich entscheide mich heute für nichts. Denn auch wenn meine Nivea-Kosmetikerin schmerzhaft das Gesicht verzog, als ich die von mir bisher verwendeten Marken nannte, ich brauche die erst mal auf. Und dann kann ich mich ja immer noch mit meiner neuen Rundum-Nivea-Empfehlung aufpolstern und straffen lassen. *(Ann-Christin Zilling)*

Weil man auf der Home & Garden-Ausstellung nur staunen kann

Ich liebe Hamburg! Vor allem die Elbvororte. Da ist man unter sich und der Plebs bleibt in den Stadtmauern. Früher war es umgekehrt. Da war der Plebs außen vor und die Oberschicht da, wo der Hofnarr musizierte. Irgendwann wurde es dann in den Stadtmauern einfach zu eng. Zu eng für Villenauffahrten, Lustgärten und Teichanlagen. Und dann ständig dieser Lärm. Einfach nur »disgusting«, wie meine Cousine immer zu sagen pflegt. Nein, ein Garten muss einfach sein. Ein Garten mit schönen Dingen, die man einfach haben muss. Wer dazu mal wieder so richtig entspannt unter seinesgleichen einkaufen will, dem kann ich nur die jährliche Ausstellung Home & Garden im Derby-Park in Klein Flottbek empfehlen. Das muss aber unter uns bleiben. Nicht weitersagen!

Gleich am Eingang zeigen wir unsere VIP-Tickets bei einer Art Concierge. Und kaum schreiten wir durch den Eingang, stehen wir auch schon dort, wo sonst die Reitersleut mit ihren Reitgerten ihre edlen Rösser über die Balken und Gräben des Parcours lenken. Wie prickelnd. Wir flanieren erst einmal über das Geläuf, um uns einen allerersten Eindruck von der größten Home & Garden-Ausstellung in Deutschland zu verschaffen, und folgen dem Aufruf des Grußwort-Verfassers aus dem Ausstellungskatalog, der da schreibt: »Lassen Sie sich für einige Stunden entführen.« Das klingt irgendwie aufregend. Die weißen Zelte stehen dicht aneinander und beherbergen ein vielfältiges Angebot. Hier ist für jeden Geschmack etwas zu finden. Und wenn ich Ihnen sage »jeden«, meine ich auch »jeden«. Eben alles für Home & Garden. Was wäre das Home beispielsweise ohne Designer-Ohrringe und -Schmuck für die Dame des Hauses? Oder ohne das Maßhemd für den Gutsherrn von Welt? Überhaupt Maßhemden: Maßhemden sind das Maß aller Dinge. Finden Sie nicht auch? Und was wäre der Garden ohne geschmiedete Giraffen und Nashörner in Lebensgröße für nur ein paar Tausend Euro? Oder ohne die antiken Adonis-Skulpturen, die mich ein wenig an unseren Gärtner Herrn Luan aus dem Kosovo erinnern? Falls dieser mal im Urlaub sein sollte, der Rasen aber auf den Urlaub von Herrn Luan keine Rücksicht nimmt und trotzdem weiter wächst, bietet die Home & Garden die Lösung: einen ferngesteuerten Rasenmäher! Der lässt sich lenken und steuern wie ein Spielzeugauto. Genial. So macht Rasenmähen Freude. Ich kaufe aus Freude am Rasenmähen gleich drei Stück davon. Einen für den Rasen vor unserem Haus, einen für den Rasen hinter unserem Haus und einen für unser kleines Ferienhaus auf Sylt.

An einem Obststand gönne ich mir in der sommerlichen Hitze erst einmal einen frischen Lemon-Juice. Köööstlich!, sage ich Ihnen. Und dann könnte ich plötzlich vor freudiger Erregung fast schon schreien: Entdecke ich doch einen Laura-Ashley-Stand! Laura Ashley!!! Die Stoffe sind bei uns in Deutschland schon seit Jahren nicht mehr zu bekommen. Da muss ich einfach zugreifen. Die hinreißende Verkäuferin zeigt Verständnis für meine Euphorie.

Jetzt wird es aber Zeit für eine kleine Gaumenfreude. Schließlich kocht hier ja nicht irgendwer in den Zelten. Sondern die Crème de la Crème der hanseatischen Sterneküche. Ist das nicht ein hinreißendes Wortspiel? Da wird der Burger auch nicht einfach aus einem gewöhnlichen Hausrind hergestellt, sondern aus Hackfleisch von einem japanischen Kobe-Rind. Den muss man einfach jetzt genießen. Dazu ein Gläschen Crémant – und der Tag ist mein Camarade …

Fragen Sie mich jetzt aber bitte nicht, wie man zum Ausstellungsgelände kommt. Ihr Fahrer weiß schon, wo er Sie absetzen und wieder abholen muss.   (Torsten Lindner)

KAPITEL 3

WOHL
BEKOMM'S

Weil hier der Fisch den Kater killt

Kennen Sie auch dieses unangenehme Gefühl im Mund von zu viel Alkohol am Vortag? Das kommt so: Man trifft einen oder, wenn man hat, auch mehrere Freunde, scherzt, lacht, wechselt die Lokalitäten und damit auch die vielfältigen Biersorten. Man lebt nur einmal, so jung kommen wir nie wieder zusammen, auf einem Bein kann man nicht stehen, der Klügere kippt nach, was du heute kannst entkorken, das verschiebe nicht auf morgen, einer geht noch und so weiter.

Die mehr un- als angenehme Folge ist dieses widerliche Gefühl im Mund nach dem Aufwachen. Es fühlt sich etwas pelzig an. Und muffig. So als hätte man einen alten Socken im Mund.

In einem ersten Reflex nimmt man erst einmal einen großen Schluck Wasser. Der hilft schon mal gegen die Trockenheit im Mund. Aber der schlechte Geschmack bleibt leider. Also geht man ins Bad – falls man nicht schon dort ist – und quetscht mit zitteriger Hand eine extragroße Portion Sensodyne auf die Zahnbürste. Man versucht diesen üblen, fahlen Geschmack regelrecht wegzuschrubben und wegzugurgeln. Was nur zum Teil gelingt. Dafür quittiert das Zahnfleisch die Extrabehandlung mit Bluten.

Jeder erfahrene Gelegenheitstrinker hat in dieser Situation sein Patentrezept, um zur Morgenstund wieder das Zahngold im Mund zu schmecken. Der eine schwört auf eine Mixtur aus Tomatensaft, Worcestersoße, Pfeffer, Salz und Ei. Ein anderer auf einen großen Teller gebundene Ochsenschwanzsuppe aus der Dose (natürlich erhitzt). Wieder ein anderer braucht jetzt eine Portion Rührei mit Speck. Ich weiß nicht, was Sie bevorzugen, aber ich rate in diesem Fall zu einem frischen Fischbrötchen – oder auch »Friesen-Döner«, wie ich immer zu sagen pflege. Die gibt es in allen Ausführungen und mit den unterschiedlichsten Belägen. Makrele, Schillerlocke, Matjes, Krabben, Lachs, Fischfrikadelle und Bismarckhering sind die Klassiker. Ich bevorzuge Letzteres. Bei Biernachgeschmack im Mund gibt es nichts Besseres als ein Fischbrötchen mit Bismarckhering. Der pikant-würzige Geschmack belebt die Geschmackszellen und gibt dem Gaumen Saures. Das kann man exakt in Nährwerten ausrechnen. Kann man aber auch sein lassen. Was interessieren mich am Tag danach Nährwerte? Ich bin froh, dass sich mein Mund allmählich wieder wie ein Mund anfühlt. Der Bismarckhering, und jetzt wird es lehrreich, besteht aus Heringslappen, die in eine saure Marinade aus Essig, Speiseöl, Lorbeerblättern, Zwiebeln und Senfkörnern eingelegt wurden. Übrigens die gleiche Marinade, die auch für Rollmöpse verwendet wird. Der Bismarckhering war im 19. Jahrhundert eine neue Chance, Fisch lange haltbar zu machen und so zu konservieren, dass er auch noch gut schmeckt. Die positive Nebenwirkung der Essigkonservierung besteht darin, dass dadurch kleinere Gräten in der Marinade aufgelöst werden. Steht zumindest so in dem Wikipedia-Beitrag, aus dem ich es einfach abgeschrieben habe.

Marinierter Hering statt Thunfisch, dazu ein knackiges Salatblatt statt Algen, Zwiebel statt Ingwer, ein Sahnedressing statt Sojasoße und Wasabi, eingebettet in helles Weizengebäck von goldener Knusprigkeit: Das ist Sushi für Fortgeschrittene!

Falls Sie sich jetzt mit dem Gedanken an den käuflichen Erwerb eines Fischbrötchens tragen, kann ich Ihnen die Exemplare empfehlen, die auf dem Schiffsanleger-Ponton in Blankenese zur Rechten und zur Linken feilgeboten werden. Allerdings hat der Kiosk des Fischclubs meines Wissens nur am Wochenende seine Luke geöffnet. Ein Stückchen weiter Richtung Leuchtturm gibt es auch sehr leckere Fischbrötchen an der Kajüte SB 12 (Straßenverkauf). Sollte Ihnen der Weg von den Landungsbrücken nach Blankenese zu weit sein, probieren Sie guten Gewissens die Fischbrötchen an

Brücke 10. Auch der Stand am Anleger Neumühlen und einige Fischhändler an der Großen Elbstraße sollen sehr zu empfehlen sein. Aber verklagen Sie mich bitte nicht, falls Sie an einer Gräte ersticken. Friesen-Döner aus anderen Bezugsquellen wissen zuweilen nicht so zu begeistern, erfüllen aber durchaus auch ihren Zweck. Und die Ärzte sagen ja auch immer, dass man regelmäßig Fisch essen soll. Von wegen Jod und so. Na denn: Guten Appetit!

PS: Man kann das Fischbrötchen natürlich auch genießen, ohne vorher nächtelang die Leber, die Hirnzellen und die Geschmacksnerven ruinieren zu müssen. *(Torsten Lindner)*

Weil die Currywurst in Hamburg vom Feinsten ist

Ein triftiger Grund, Hamburg zu lieben, ist die Currywurst-Kultur. Denn hier gibt es Currywurst, die man einfach lieben muss, selbst wenn man Currywurst für gewöhnlich lieber links liegen lässt, beispielsweise als Grillhähnchen-Liebhaber (siehe Grund Nr. 25). Seit 1993 weiß man mit Gewissheit, dass die Currywurst in Hamburg entdeckt wurde. Der Autor Uwe Timm hat das in seiner Novelle »Die Entdeckung der Currywurst« festgeschrieben. Seit damals wurde die Currywurst in Hamburg jedoch kulinarisch weiterentwickelt. In verschiedene Richtungen von Barmbek bis nach Eppendorf, auf der Basis unterschiedlicher Philosophien, von »Love is in the Wurst« bis »Wie viel Scoville dürfen's denn sein?«, und mit viel, viel Hingabe von Machern, die mit Leib und Seele auf die Wurst gekommen sind.

Beispielsweise Bianka Habermann und Sascha Basler, zwei Quereinsteiger aus der Musikbranche. Im November 2007 eröffneten die beiden im feinen Eppendorf mit der Curry Queen eine beliebte Anlaufstelle nicht zuletzt für Journalisten mit dem Spezialgebiet »Essen und Trinken«. Von der »FAZ« bis zum »Gault Millau« sind diese sich einig: God save the Curry Queen. Auf dem Lavagrill verlieren feinporige Kalbsbratwürste (Bio-Metzger) zunächst einmal etwas Fett, um dann mit einer hausgemachten Tomatensoße und von Sternekoch und Gewürz-Guru Ingo Holland entwickelten Currypulver-Kreationen weiter veredelt zu werden. Cleveres Angebot: das Degustationsmenü mit sechs verschiedenen Currysoßen zur Wurst inklusive erklärendem Fahrplan, der die edlen Ingredienzien aufzählt und mir erläutert, was die mit mir machen. Auf diese Weise erfahre ich, dass ich mit den Curry-Variationen meine Abwehrkräfte stärke, meine Nerven beruhige, Galle und Darm anrege, meine Durchblutung fördere, Rheuma vorbeuge und meinen Körperfettanteil verringere. Hurra, denke ich mir, Currywurst macht nicht nur satt, sondern auch schlank und ist obendrein gesund!

Eine zweite erste Adresse in Sachen Hamburger Currywurst-Kultur sind seit September 2008 die Curry Pirates in basic Barmbek-Süd, Komponistenviertel. Sofort möchte man eine Lobeshymne schreiben: Hier werden alle Würste, Soßen und Pommes selbst gemacht. Jaaa, auch die Würste! Das macht sonst keiner! Das Wurst-Logbuch an der Wand legt Zeugnis davon ab, dass hier echte Wurst-Designer am Werk sind. Die Currywurst ist ein köstlicher Klassiker, der es in sich hat, unter anderem getrocknete Aprikosen. Aber auch die Vielfalt der weiteren Kreationen ist reinster Wurst-Rock'n'Roll. Warum nicht mal eine fettarme Truthahnbratwurst mit Auberginen-Kaviar und Paprika-Rouille oder The German Ox – Ochsenbratwurst mit Apfelwürfeln und Wasabisoße. Für Inhaber Michael Weißenbruch, seit dreißig Jahren Koch, und seine Partnerin Monika Hamann ist dieser Imbiss derzeit Ouvertüre, äh, Versuchsküche in Vorbereitung eines Franchisekonzepts. Mit dem Konzept »Jede Woche eine neue Wurst« begeistert er eine treue Gästeschar: Fünfzig Prozent der Kunden kommen wegen der wöchentlichen Specials regelmäßig. Ich würde auch wegen der Currywurst immer wiederkommen. Die gibt echt Tinte auf den Füller.

Nicht minder lecker und noch einiges edler geht es im Alsternahen Curry Club zu. Wer mag, hängt sich ein zum Mahl gereichtes Lätzchen um, damit die schmackofatzig fruchtig-scharfe Soße nicht auf dem feinen Zwirn landet. Das passiert schnell, wenn man beim Currywurst-Genuss den Kopf in den Nacken legt, um edle Kristall-Lüster oder das irre Deckengemälde zu betrachten. Gleich Harry Potter auf der Jagd nach dem goldenen Schnatz fliegen hier Putt-Engelchen auf Löffelchen hinter Farfallelchen her oder zersägen safrangelbe Würstchen. Insider wissen: Das

Gemälde zeigt den Kampf zwischen Nudel und Currywurst mit Familienmitgliedern des Inhabers Mario Manni mitten im Getümmel. Ein feines Plätzchen für eine Party im Freundeskreis, in dem es ja auch öfter mal heißt: »Nicht lang schnacken, Kopf in Nacken!« Hier lohnt sich das wenigstens. Auch Mario Manni ist ein Seiteneinsteiger mit fundiertem Know-how beispielsweise in der Fitnessbranche. Als Ernährungsexperte legt er nicht nur Wert auf garantiert gnubbel- und zipfelfreie Wurst, hier können sich auch Allergiker über eine gluten-, geschmacksverstärker- und laktosefreie Zone freuen.

Wo der Bär tobt, da muss es auch Currywurst geben. Und natürlich gibt's auf der Schanze eine der besten. Der lütt'n grillimbiss delüx ist weit über die Grenzen des pulsierenden Hamburger Stadtteils bekannt. Eigentlich für seine halben Hähnchen, die für 24 Stunden in ein großes Geheimnis aus 16 Kräutern eingelegt werden, bevor sie auf den Grill dürfen. Und nirgends werden halbe Hähnchen derart radikal abgeknabbert wie hier. Auch die Currywurst erhält hier nicht nur von uns, sondern auch von der Imbiss-Bibel »Hamburg Rot-Weiss« höchste Punktzahl. Dafür stellt man sich hier gern in die Schlange. Oder man stellt sich in dem winzigen Raum an die Wand, liest die vielen Lobeshymnen und lässt Wurst essende Prominenz auf sich herabblicken – so winzig der lütt'n grill auch ist, so groß ist er schon rausgekommen. Daraus ist eine sehr persönliche Tapete geworden. Inhaber Harry Schulz ist einer der ganz großen Currywurst-Ambassadeure in Hamburg. Dabei übt er das perfekte Understatement und gibt sich selbst als »Pommesdealer« aus. Ganz schön hanseatisch. Nebenbei macht er als Restauranttester von sich reden. Und zwar Tacheles.

Für heute reicht's mir jetzt mit der Currywurst. Ich kann echt nicht mehr. Herbert Grönemeyer hat recht: »Gehst du in die Stadt, was macht dich da satt? Ne Currywurst!« Oder zwei oder drei …

(Ann-Christin Zilling)

Weil Hamburgs Köche in der Gunst des Publikums ganz oben stehen

Essen muss man. Und wenn man schon in Hamburg ist, der Stadt der vielen Köstlichkeiten, warum dann nicht auch das Essen zu einem Höhepunkt des Aufenthalts machen? Nicht irgendwo schnell etwas reinmampfen und weiter geht's zum nächsten Punkt auf der Liste. Nein! Hamburgs Köche allein sind nämlich schon die Reise wert.

Eine repräsentative Umfrage des Online-Meinungspanels mafo. de aus dem Jahr 2010 hat ergeben, dass drei der beliebtesten deutschen Fernsehköche in Hamburg zugange sind. Christian Rach, den man aus »Rach, der Restauranttester« kennt, betreibt zum Beispiel das Slowman im Chilehaus. Der Restaurantname erinnert an den Chilehaus-Bauherrn Henry B. Sloman, man könnte aber auch eine Verbindung zur Philosophie des Slowfood herstellen, die für den bewussten Genuss mündiger Konsumenten steht. Hier im Chilehaus ist auch Rachs Restaurantschule zu Hause. Christian Rach hat über dieses Projekt zwölf Arbeitssuchenden eine Chance für einen Berufseinstieg gegeben, wie auch auf RTL zu verfolgen war. Der Besuch im Slowman lohnt sich also unter mehreren Aspekten: Essen, Lage, Initiative, Promi-Faktor. Den Hunger kann man sich auf einem ausgedehnten Spaziergang durch die benachbarte HafenCity und die Speicherstadt holen. Auch wenn Ihnen vom Paternoster-Fahren in einem der umliegenden Kontorhäuser (siehe Grund Nr. 102) etwas flau im Magen ist: Der Mittagstisch im Slowman wird's wieder einrenken.

Wer auf der Reeperbahn Lust auf was frisches Knackiges entwickelt, der hat's nicht weit zum schnuckeligen Steffen Henssler, den man vielleicht schon als Moderator der »Topfgeldjäger«

(ZDF) gesehen hat (siehe Grund Nr. 5). Sein Restaurant Henss-ler & Henssler am Fischmarkt ist bekannt für Sushi und abends immer voll. Also lieber reservieren! In der erwähnten Umfrage ebenfalls ganz vorn: Tim Mälzer. Sein Restaurant »Die Bul-lerei« liegt auf der Schanze, praktischerweise direkt neben der S-Bahn-Haltestelle. Die Kombination aus einem rustikalen Deli und einem Abendrestaurant ist gelungen, denn hier findet jeder etwas, der keine Lust auf die schnelle Pommes am Schulterblatt hat und schon durch alle netten kleinen Boutiquen auf der gegen-überliegenden Straßenseite gebummelt ist. Mit etwas Glück ist der Meister persönlich anzutreffen. Das wären dann jetzt drei von vielen Locations mit Promi-Faktor, die sich einfach gut auf der langen Liste »Da waren wir auch!« machen.

Wer kulinarische Meisterleistungen sucht, ist in Hamburg na-türlich auch gut aufgehoben, auf Wunsch auch mit Stern: Mit 32 vom Magazin »Der Feinschmecker« empfohlenen Restaurants ist Hamburg mit Abstand Deutschlands Gourmet-Hauptstadt (Ber-lin: 26, München: 22). Cornelia Poletto, ebenfalls eine bekannte Fernsehköchin und Kochbuch-Autorin, gehört dazu. Allerdings hat sie ihr Sterne-Restaurant gerade geschlossen, zugunsten eines Großstadt-Italieners mit hohem Anspruch, aber einfacher Zu-bereitung. Es gibt immer wieder Neues zu entdecken! Das ist Ihnen trotzdem alles zu Schickimicki, und Sie wollen jetzt endlich mal ein großes Stück Fleisch? Deutschlands Steak-König Eugen Block ist auch in Hamburg zu Hause. Und ein BlockHouse finden Sie in der Stadt an 14 Standorten. So ein schönes T-Bone-Steak mit knusprigem Fettrand und dazu ein Knoblauchbrot, das erdet. Ob kulinarischer Höhenflug mit Stars oder Sternen, ob Schicki oder Ofenkartoffel – Hamburg macht auch in dieser Disziplin glücklich und zufrieden. *(Ann-Christin Zilling)*

Weil es nur in Hamburg
genug Franzbrötchen gibt

Das Franzbrötchen ist ein appetitliches Plunderteilchen aus Zutaten, die ausschließlich Gutes verheißen: Butter, Zucker, Zimt und Hefeteig, Liebe, noch eine Prise mehr Zimt, Salz, Zitronenschale und noch eine extra Prise Zimt. Und auf gar keinen Fall den Zimt vergessen! Und jetzt kommst du und fragst zu Recht: Wieso Hefeteig? Blätterteig ist doch auch lecker! Eine spontane Umfrage im Business-Netzwerk Xing zeitigt eine knackige Antwort. Helge J. aus Hamburg – woher denn auch sonst – sagt: »Franzbrötchen aus Blätterteig? Das ist ja ungefähr wie ein saftiges Steak aus Tofu!«

Und dann gibt es da noch die Freestyle-Franzbrötchen mit vermeintlich artfremden Zutaten wie Rosinen, Streuseln, Nusscreme, Mohn oder Marzipan und Bittermandelöl. Nicht zu vergessen die biologisch-dynamischen mit Vollkorn-Dinkelmehl. Klar ist: Das Franzbrötchen polarisiert. Ich kenne zwar keinen, aber es soll tatsächlich Leute geben, denen es zu süß oder zu klebrig ist. Hamburger können das nicht sein.

Wie es sich für einen liberalen Handelsplatz gehört, existieren viele verschiedene Franzbrötchen-Versionen in Hamburg friedlich nebeneinander. Jeder darf selbst wählen und für Feldversuche gibt es wahrlich Gelegenheit, denn das Franzbrötchen ist ein allgegenwärtiger, echter, alteingesessener Hamburger, dem man an jeder Ecke begegnet. Und das ist auch gut so. Ursprünglich eine Hamburger Spezialität und nur im Stadtgebiet erhältlich, haben Migrationsbewegungen und Exil-Hamburger erfreulicherweise dafür gesorgt, dass das Franzbrötchen mittlerweile auch in anderen Teilen Deutschlands und sogar vereinzelt auf anderen Kontinenten erhältlich ist.

Das perfekte Franzbrötchen gibt es nicht. Die einen mögen es luftig, zart knusprig und eher etwas trocken. Die anderen bevorzugen es innen klitschig, als würde man ungebackenen Kuchenteig naschen. Sicher kommt es auch auf die Verzehrsituation an. Morgens um sechs auf dem Fischmarkt darfs gern etwas weich sein. Dazu Kaffee und danach Calamaris, da sind die Mai Tais des vergangenen Abends endgültig verschmerzt. Beim Sonntagsfrühstück – natürlich gibt's auch sonntags frische Franzbrötchen! – darf es knuspern, damit die Sonntagsfrühstück-im-Bett-charakteristischen Krümel nicht fehlen. Und da tun dann viele was, was ich nicht verstehen kann: Ein extra Klecks Butter kommt drauf. Aber wie gesagt: Jeder, wie er mag.

Woher das Franzbrötchen genau kommt und wie lange es diese Köstlichkeit schon gibt, darum ranken sich zahlreiche Legenden. Eine davon macht in Hamburg stationierte Truppen Napoleons mit ihrer Vorliebe für Croissants verantwortlich. Nach Abzug der Franzosen sollen die Hamburger versucht haben, das begehrte Leckerli nachzubacken, was aber nicht gelungen ist. Um das Ergebnis dennoch annehmbar zu machen, wurde es mit Zucker und Zimt veredelt. Eine zweite Überlieferung besagt, dass ein Hamburger Bäcker mit einem länglichen Franzbrot – ähnlich dem Baguette – in der Pfanne mit Fett experimentierte. Früheste Erwähnungen datieren auf das Jahr 1825 zurück. Der überlieferte Geburtsort des Franzbrötchens ist die Große Bergstraße Nr. 9 in Altona. Eine Adresse, die es heute nicht mehr gibt, denn dieser Straßenteil mit den niedrigen Hausnummern existiert nicht mehr. Daher gibt es auch keine offizielle Pilgerstätte, die Franzbrötchen-Liebhaber aufsuchen könnten. Ob es jemals das seit Langem geforderte Franzbrötchen-Denkmal geben wird, das ist ungewiss. Vielleicht lässt sich Hamburgs Flashmob-Community (siehe Grund Nr. 53) ja wenigstens mal zu einem Franzbrötchen-Flashmob hinreißen! Leute, wie wär's, lasst uns mit Kamps reden – immerhin im Wettbewerb um das beste Franzbrötchen Hamburgs 2010 auf Platz zwei – vielleicht machen die da was locker!

Wer mehr über seine Zukunft mit oder ohne Franzbrötchen wissen will, kann das Franzbrötchen-Orakel befragen, das man im Internet auf der Seite franzbroetchen.de findet. Wer für den eigenen Feldversuch Anleitung braucht, der kann sich entweder auch auf dieser Seite schlaumachen, wer den diesjährigen Wettbewerb »Das Beste Franzbrötchen« gewonnen hat oder der »Tour de Franzbrötchen« auf Qype folgen. Natürlich gibt es auch ein Buch zum Thema: »Das Franzbrötchen – Wunderbarer Plunder aus Hamburg«, das die Leckerei auf immerhin fast 180 Seiten beschmatzt. Es wird schon von einigen Tausend Franzbrötchen-Fans konsultiert, das ist zumindest die Auflage.

Niemand muss in Hamburg mit leerem Mund dastehen. Niemand wird ohne Franzbrötchen im Regen stehen gelassen oder bestellt und nicht abgeholt. Jedem sein Franzbrötchen. Ich bin dafür!

(Ann-Christin Zilling)

Weil es hier schweinegeile Grillhähnchen gibt

Ich habe mich lange geweigert. Trotzdem ist mein Portemonnaie inzwischen voll mit diversen Kärtchen. Die EC-Karte braucht man halt. Krankenversicherungskarte auch. Natürlich habe ich auch eine Payback-Karte. Wegen der tollen Prämien, die ich bis jetzt noch nie eingelöst habe. Und eine Rabatt-Karte eines beliebten Modelabels hab ich auch. Und seitdem ich Patenonkel eines prächtigen Neffen bin, habe ich sogar eine Lego-VIP-Karte. Aber die wichtigste Karte von allen haben nur die allerwenigsten. Ich spreche nicht von einer goldenen Kreditkarte. Die kriegt ja jeder Popanz ab einem gewissen Gehalt oder mit dem richtigen Partner. Nein, diese Karte ist nicht golden. Auf der Vorderseite liegt ein illustrierter Gockel auf einem grünen Badelaken am Strand und sonnt sich. In der linken Kralle hält der Hahn eine Flasche »Sun Oil«, in der rechten ein Getränk, an dem er via Strohhalm zieht. Dazu trägt er eine Sonnenbrille in Regenbogenfarben. Darüber steht in ockerfarbenen Buchstaben groß »Hähnchen-Pass«. Der Text auf der Rückseite klärt uns auf: »Lassen Sie sich jedes Mal, wenn Sie bei uns ein Hähnchen genießen, einen Stempel geben. Wenn der Hähnchen-Pass voll bestempelt ist, geht das nächste Hähnchen auf Kosten des Hauses. HURRA«

Ich klappe den Pass auf und sehe auf der linken Seite meinen Namen und den Stempel des Grill Imbiss Iserbrook. Auf der rechten Seite fehlen mir nur noch drei von zwölf Stempeln für mein nächstes halbes Gratis-Hähnchen. Hurra.

Dieser Grill Imbiss in Iserbrook – für Insider auch »Iserbrooklyn« – ist ein echter Glücksfall. Also für mich. Nicht für die Hähne. Letztere schmecken nämlich weit und breit nirgendwo so gut wie an diesem eher unscheinbaren Grill Imbiss in der Espenreihe 15.

Die Hähnchen hier sind erstens zart, zweitens saftig, drittens würzig, viertens knusprig, fünftens angenehm groß und sechstens tierisch lecker. Ich gebe zu: Dies ist kein Kapitel für Vegetarier.

Ein Grillhähnchen essen – das hat was von Obelix. Das befriedigt meine primärsten Instinkte. Da kann ich noch mal Urzeitmensch sein. Der Anthropologe mag das als Atavismus bezeichnen. Manchmal brauche ich jedenfalls diese Grillhähnchen so dringend wie die Schwangere einen Eisbecher mit Essiggurke. Dabei will ich nicht behaupten, dass es nicht auch woanders in Hamburg einen Imbiss gibt, der ähnlich leckere Hähnchen grillt. Ich kenne nur keinen. Hier in Iserbrook stimmt einfach die Mischung aus Würze, Saftigkeit und Format. Kein Vergleich zu den Hähnchen am Imbisswagen vor dem Supermarkt. Man schmeckt einfach, dass diese Flattermänner ein glückliches Leben geführt haben müssen. Jetzt machen sie mich glücklich. Und dazu noch dieser Einfall mit dem Gratis-Hähnchen, einfach genial! Ohne meine Kreditkarte komme ich schon seit Monaten aus, seitdem ich sie habe sperren lassen, weil irgendwelche merkwürdigen Beträge von einer Firma in Georgien abgebucht worden waren. Auf meinen Hähnchen-Pass dagegen könnte ich nur höchst ungern verzichten. Da lachen ja die Hühner, werden Sie jetzt sagen. Und ich werde antworten: Wer zuletzt lacht, lacht am besten.

Nicht, dass man zu den Mega-Grillhähnchen noch eine Sättigungsbeilage bräuchte. Aber ich bestelle trotzdem fast immer eine Portion Pommes dazu. Denn die sind hier ebenfalls konkurrenzlos lecker. Hier werden nur frische Pommes frittiert, nie tiefgefrorene. Man schmeckt, dass das Fett noch keine zwölf Stunden alt ist. Und dann die Geduld, mit der die lieben Frauen dort hinter der Theke immer das Salz extra für mich auswechseln. Ich hasse nämlich dieses eklige rote Pommes-Salz. Das dient meiner Meinung nach nur dazu, sich die Geschmacksnerven endgültig zu ruinieren. Aber viele wollen das halt. Ich bestelle meine Pommes dagegen immer extra mit normalem Salz. Kein Problem für die Damen vom Grill. Die Pommes sind dann so lecker, dass ich sie nicht mal mit Ketchup oder Mayo (Fachjargon: »Salbe«) verkoste. Diese Pommes esse ich pur. Aber Vorsicht: Bevor Sie im Grill Imbiss Iserbrook eine doppelte Portion bestellen, sollten Sie erst einmal die »normale« Größe kennenlernen. Die ist schon so groß, dass hier auch halbe Portionen angeboten werden.

Und noch ein letzter Tipp: Gehen Sie doch mal auf Erkundungstour. Vielleicht haben Sie ja auch einen solchen Grill Imbiss in Ihrer Nähe. Ein solch verstecktes Juwel. Vielleicht sind Sie dann bald auch stolzer Inhaber eines Hähnchen-Passes. *(Torsten Lindner)*

Weil Hamburg schon immer die Bars mit den besten Aussichten hatte

Hamburg-St. Pauli, nachts um halb eins. Selbst wer Hamburg überhaupt nicht kennt, verbindet damit gern Genussvolles zu später Stunde. Und damit liegt man ja auch goldrichtig. Schon vor hundert Jahren boten Hamburger Bars ihren Gästen exquisite Aussichten, zum Beispiel auf leicht bekleidete Damen hinter und vor dem Tresen. Außerdem beste Aussichten auf eine Cocktail-Vielfalt, wie es sie in Deutschland kein zweites Mal gibt, und drittens allerbeste Aussichten auf die schönste Stadt der Welt. Denn wer sich in einer Bar mal so richtig schön fallen lassen will, kann dies hier auch ganz oben tun!

Bars haben in Hamburg Tradition. In der Hafenstadt wimmelte es früher von Seefahrern, die ihre Heuer auf St. Pauli ausgaben. Der Handel mit exotischen Alkoholsorten, Früchten, Gewürzen, Kaffee, Tee und Kakao schlug sich auch im Getränkeangebot nieder. Gäste von auswärts brachten Ideen und Wünsche mit, der Hafen lieferte die Zutaten und Hamburger Barkeeper waren schon immer geschäftstüchtig und kreativ genug, um das alles in klingende Münze zu verwandeln. Diese natürlichen Standortvorteile haben Hamburg zu einer Welthauptstadt des Cocktails gemacht. Und daran wird sich auch nichts ändern, denn die Überzeugungstäter, die hier am Werk sind, strotzen nur so vor Innovationskraft und Geschäftssinn. Sehr zum Wohl der Hamburger, die Genuss und feine Lebensart zu schätzen wissen. Und sehr zum Wohl der vielen Gäste, die wie eh und je Ideen und Wünsche aus aller Welt mitbringen.

Einer der Ambassadeure der Hamburger Barszene ist Uwe Christiansen, der neben der klassischen Bar Christiansens auch eine Tanzbar auf der Reeperbahn, Das Herz von St. Pauli, und die Zigarrenlounge Bar Cabana betreibt. Drei ganz unterschiedliche Barkonzepte, die zeigen: Bar ist nicht gleich Bar! Als Insider empfiehlt er für den besten Ausblick die Bar 20up, neunzig Meter über der Elbe im 20. Stockwerk des Empire Riverside Hotels gelegen. Wer Weltstadtflair sucht, ist in der Yakshi Bar des East Hotels bestens aufgehoben. Die sicher coolste Bar: die Alpha Noble Icebar im Restaurant Indochine. Hier herrschen konstante −5 Grad Celsius. Beste Aussichten auf die Binnenalster genießt man in der Bar CIU Die Bar; edel geht es zu im Le Lion – Bar de Paris. Besonders kreative Cocktail-Tüftler sind hier am Werk: 3 Freunde. Und wer sich zum späten Absacker Live-Musik wünscht, taucht in Angies Nightclub ab. Bar ist wirklich nicht gleich Bar!

Das macht's für Uwe Christiansen auch aus: »Ob Cocktails oder Barkonzepte, aus Hamburg kommen immer wieder gute Neuigkeiten!« Derzeit der Renner: Cocktails mit Kaffee- oder Tee-Infusion. Für mich klingt das nach »Hallo wach!« mit Schuss. Na, das sind doch Aussichten! *(Ann-Christin Zilling)*

Weil Erika's Eck von 17 Uhr bis 14 Uhr geöffnet hat

Die letzte S-Bahn ist schon vor Stunden gefahren. Und es dauert noch weitere Stunden, bis die nächste S-Bahn fahren wird. Es ist drei Uhr morgens. Auf Trinken und Party hat man grad keine Lust mehr. Das hat man zufällig schon die ganze Nacht hinter sich. Jetzt hat man nur noch eines: Hunger. Problem 1: Wenn schon keine S-Bahn mehr fährt, hat auch kein Restaurant mehr geöffnet. Problem 2: Die eigene Küche ist zu weit weg, um dorthin zu laufen. Problem 3: Nun fängt es auch noch an zu regnen. Dabei braucht man jetzt endlich etwas »Vernünftiges« in den Magen. Der stundenlange Alkoholgenuss hat die Magensäure angeregt. Da ist Deftiges gefragt. Für Problem 1 gibt es eine Lösung. Erika sei Dank: Erika's Eck in der Sternstraße 98. Da ist die Küche von 17 Uhr bis 14 Uhr geöffnet und warm. Und liefert Rumpsteak XXL mit Folienkartoffel oder Pommes, Schnitzel 250 gr. mit Pfefferrahmsoße und Bratkartoffeln, Gulaschsuppe mit Brötchen, Bauernfrühstück oder Spaghetti Bolo (natürlich XXL). Erika's Eck im Hamburger Schlachthofviertel hat alles, was der Bauch begehrt. Bei belegten Brötchen ab neunzig Cent muss man über die Preiswertigkeit der Speisen nicht mehr diskutieren. Trotzdem ist das alles unbezahlbar. Erika selbst gibt es schon lange nicht mehr. Dafür ein eingespieltes Team, das auch bei noch so viel Stress die Ruhe und ein Lächeln behält. Und Stress gibt es eigentlich von 17 Uhr bis 14 Uhr. Da wird in drei Schichten gearbeitet. Wer nicht reserviert hat, muss Glück haben. Das hat überhaupt nichts mit Schickimicki zu tun. Im Gegenteil. Erika's Eck verzichtet auf Chichi in den Gasträumen. Stattdessen gibt es Linoleum-Fußboden und Kunstleder-Polster auf der Bestuhlung. Bei dieser wohltuenden Form von Erlebnis-Gastronomie findet das Erlebnis halt auf dem Teller und am Gaumen statt. Hier lässt es sich aushalten. Mindestens bis die erste S-Bahn wieder fährt und einen mit vollem Bauch und einem zufriedenen Lächeln nach Hause bringt.

Philosophische Erkenntnis des noch jungen Tages: Wenn man etwas unbürgerlich lebt, weiß man gutbürgerliche Küche besonders zu schätzen.

(Torsten Lindner)

Weil der Pannfisch
die ideale Beilage zur Senfsoße ist

Für Nicht-Hamburger: »Pannfisch« ist keine bestimmte Fischart aus dem Panamakanal. »Pannfisch« heißt zunächst einmal lediglich, dass der Fisch in der Pfanne (Pann) angebraten wird. Das waren ursprünglich Fischreste ohne Kopf, die in der Pfanne verbraten wurden. Dazu gehören Bratkartoffeln und Senfsoße. Im Laufe der Zeit wurden die Rezepte vielfach abgewandelt, sodass es mittlerweile Pannfisch-Gerichte mit den verschiedensten Arten von Fischfilet gibt. Welcher Fisch in der Pfanne landet, ist abhängig vom Tagesangebot und vom Koch. Was ich sehr löblich finde, da ich mir so den Pannfisch nicht leid esse.

Der Hamburger Pannfisch mit Bratkartoffeln und Senfsoße ist so ein bisschen die Holzfällerplatte unter den Fischgerichten. Ideal für alle, die sich nicht für eine bestimmte Sorte Fischfilet entscheiden wollen. Seelachs, Kabeljau oder Scholle? Nehmen wir doch einfach alle. Dazu eine pikante Senfsoße statt ausgelassener Butter oder einer ausgepressten Zitrone. Da macht man nichts falsch. Wobei ja das Schöne ist, dass die Pannfisch-Zusammenstellung je nach Angebot variiert. Da kann auch schon einmal ein Pangasius-Filet, eine Dorade, ein Zander oder ein Wildlachs den Weg von der Angel zum Teller finden. Wäre man Koch, könnte man am Pannfisch so richtig sein Können zelebrieren. Kaum ein Fischgericht lässt einem so viel kreativen Freiraum. Das fängt mit der Wahl der Fischsorten an, geht über die Frage, ob paniert oder unpaniert, bis hin zur Komposition einer raffinierten Senfsoße. Schließlich erkennt man ja an der Qualität der Soße die Qualität des Koches. Auch die »Interpretation« des Themas Bratkartoffeln ist immer wieder interessant. Man mag es kaum glauben.

Und so serviert jedes Restaurant in Hamburg eine etwas andere Form von Pannfisch. Pannfisch-Gerichte gibt es schon für weniger als zehn Euro. Man wird aber selten mehr als zwanzig Euro dafür bezahlen müssen. Sollten Sie also als immer herzlich willkommener Hamburg-Besucher Lust auf Fisch haben, aber sich nicht so recht für eine bestimmte Spezies entscheiden können, liegen Sie mit der Bestellung »Einmal Hamburger Pannfisch, bitte!« immer richtig. Aber nicht vergessen: »Fisch muss schwimmen!«

(Torsten Lindner)

Weil in Hamburg
das Schlaraffenland vor der Tür liegt

Es ist Apfelerntezeit und das merkt man ganz besonders, wenn man in Blankenese am Fähranleger einen sonnigen Nachmittag vertrödelt. Die Fähre Altona nimmt jede Menge Radfahrer an Bord und ein paar Stunden später spuckt sie diese wieder aus; mitsamt Plastiktüten und Rucksäcken, aus denen Apfelbäckchen rot und golden schimmern und beulen. Direkt gegenüber von Blankenese befindet sich ein wunderschönes Obstanbaugebiet: das Alte Land. Und jetzt zählen wir zwei und zwei zusammen. Was läuft hier?

»Äppel klaun« oder wenigstens so zu tun, als würde man gern, das gehört in Hamburg zum guten Ton. Kaum ein Hamburger Volksschauspieler, von Heidi Kabel bis Jan Fedder, der nicht schon vor der Kamera oder auf der Bühne den Hamburger Gassenhauer »An de Eck steiht'n Jung mit'n Tüddelband« intoniert hätte. Im Refrain heißt es dann »Ja, ja, ja, klaun, klaun, Äppel wüll we klaun, ruck zuck übern Zaun. Ein jeder aber kann das nicht, denn er muss aus Hamburg sein!«

Dass Äpfelklauen so populär ist, das liegt an der Versuchung. Die liegt hier einfach zu nah, nur einen Katzensprung über die Elbe. Hier wachsen die köstlichsten Apfelsorten, und wer sie auf den Hamburger Wochenmärkten bei den Apfelbauern bekommt, der kann sich freuen, denn frischer geht's wirklich nicht. So ein herzhafter Biss in einen knackig-saftigen Elstar, das spritzt im Mund! Mit dem Alten Land, seinen rund achthundert Apfelbauern und zig Apfelsorten ist bestens für die Gesundheit in Hamburg vorgesorgt. Was wir Hamburger nicht verzehren, das wird anderswo verkauft. In Deutschland verläuft unsere Apfel-

Exportgrenze etwa bis zum Main. Darunter liegt der Markt fest in der Hand der Bodensee-Äpfel und anderer. Bei uns werden aber auch wahre Exportschlager angebaut: Nach England geht vor allem der knackige Braeburn, in Russland bevorzugt man rotfruchtige Äpfel, vor allem den dunklen Jonagold oder den Gloster. Sogar nach Skandinavien wird exportiert, hier vorzugsweise die alte Sorte Ingrid Marie.

Äpfel aus dem Alten Land gibt es nicht nur auf den Wochenmärkten. Sogar die Discounter bieten diese Lecker-Äpfel an, und zwar zunehmend. Laut Obstbau-Versuchs- und Beratungszentrum in Jork machen heimische Äpfel gegenüber weitgereisten immer mehr Boden gut. Aber solange es noch Abnehmer für Granny Smith oder Golden Delicious gibt, werden eben auch Äpfel aus Holland, Italien oder Neuseeland importiert. Und auch jahreszeitlich bedingt haben Äpfel, bei denen die Erntezeit in unserem Frühling liegt, ja eine gewisse Berechtigung. Aber schöner ist es doch so direkt vom Baum in den Mund. Am schönsten vom eigenen Baum. Das geht mit einer Apfelbaum-Patenschaft – ein tolles Geschenk für alle, die schon alles haben. Zwanzig Kilo Mindestertrag sind garantiert.

Damit hier keine Missverständnisse aufkommen: Äpfel zu klauen oder Fallobst aufzulesen ist natürlich nicht erlaubt. Auch das Fallobst findet Verwendung, zum Beispiel in Saft. Und wer mit dem Fahrrad und seinen Tüten aus der Altona steigt, der, tja, der muss von Hamburg sein! Ja, ja, ja, klaun, klaun … Oder sich damit rausreden, dass diese Äpfel eine Sünde wert sind. Sind sie natürlich. Feiner ist es allerdings, beim »Tag des offenen Hofes« (September), bei den Altländer Apfeltagen (September, November), Herbstmärkten, individuellen Festen der Apfelbauern oder beim Apfel- und Kürbisfest (Oktober) mitzufeiern. Das ist, schmeckt und hält knackfrisch!   *(Ann-Christin Zilling)*

Weil ... Prost!

Anfang des 19. Jahrhunderts war die Biertrinker-Welt in Hamburg noch in Ordnung. Allein am Rödingsmarkt soll es über siebzig Brauereien gegeben haben. Da war für jeden Geschmack etwas dabei. Heute sieht das anders aus. Wer in Hamburg, das sogar einst als »Brauhaus der Hanse« galt, kein Bier trinken möchte, das mit Peepshow-Besuchern und Artverwandten wirbt, schaut ins leere Glas. Senatoren und ähnlich arrivierte Persönlichkeiten müssen ihr Premium-Pils aus Friesland oder gar Bremen importieren, wenn sie nicht auf dem Trockenen sitzen wollen. So kann es echt nicht weitergehen.

Das dachte sich auch ein Hamburger Jung, der einmal für die Ratsherrn Brauerei gearbeitet hat. Ratsherrn, das war einst der Hamburger liebstes Bier. Mit 150.000 Hektolitern Jahresumsatz, zu dem der ein oder andere Leser sicher seinen Teil beigetrunken hat. Ratsherrn Pils – das war nicht nur vom Namen her edel. Das war ein richtig feines Premium-Pils. Frisch, leicht herb und zugleich herrlich »süffig«. Und dann kam der Tag, den jeder Biertrinker fürchtet. Die Mayas haben ihn eigentlich erst für 2012 vorhergesagt. Das ist der Tag, an dem man in die Stammkneipe kommt und der Wirt einem eine neue Biersorte serviert. »Was ist das denn?« »Das neue Bier!« »Und wo ist mein altes?« »Gibt's nicht mehr. Brauerei wurde aufgekauft.« Gegen so eine Nachricht ist die Auflösung von Take That gar nichts. So geschah es auch mit dem kühl begehrten Ratsherrn Pils. Die Brauerei an der Elbchaussee wurde geschlossen und die Marke Ratsherrn wurde von einem ignoranten Konzern zum nächsten geschubst.

Aber was hat das alles mit dem oben erwähnten Hamburger Jung zu tun? Nun, jener Hamburger Jung ist inzwischen zum Chef einer großen friesischen Brauerei aufgestiegen und er hätte dort wohl auch in Ruhe seiner Rente entgegenmanagen können. Wenn – ja wenn er nicht so einen Heißdurst auf ein frisch gezapftes Ratsherrn gehabt hätte. Deshalb hat Wolfgang Speth, so heißt der Mann, bei seiner Brauerei in den Gerstensack gehaun. Sein Lebenswerk besteht fortan darin, das gute alte Ratsherrn Pils wiederzubeleben. Und so hat die Brauerei ihren Sitz jetzt endlich wieder in Hamburg. Und das auch noch in den angesagten Schanzen-Höfen am Schlachthofviertel. Ratsherrn Pils kommt also wieder aus Hamburg. Frisch und angenehm herb wie einst. Die Biertrinker-Welt in Hamburg ist wieder in Ordnung. Prost!

(Torsten Lindner)

KAPITEL 4

SCHAU MAL!

Weil in Hamburg die Gehwege begehbar sind

Hundekot ist scheiße. Darüber gibt es nichts zu diskutieren. Die Wahlfreiheit der Hunde, wo sie ihre Notdurft verrichten, ist dabei sehr eingeschränkt. Der Mensch entscheidet das für sie. Denn er entscheidet, ob er einen Hund in der Stadt hält, wo er mit diesem Gassi geht und so weiter. Und so ist es auch nicht die Schuld des Hundes, wenn dabei die Straßen und Gehwege beschissen wegkommen, sondern die Schuld seines Herrchens und Frauchens.

Selten habe ich so viel Hundekot auf den Gehwegen erleben müssen wie in meinen drei Jahren in Berlin. In Friedrichshain gab es Straßenzüge, wo man sich nur per Gummitwist-Technik fortbewegen konnte, um nicht in einen Haufen oder eine Wurst zu treten. Das stinkt zum Himmel. Meiner Sympathie für den Hund als solchen hat das keinen Abbruch getan. Ich bin mit Hunden aufgewachsen und habe sie oft genug ausgeführt. Bei uns zu Hause am Waldrand. Auslaufmöglichkeiten gab es zuhauf. Nicht so in der Großstadt. Das mag mancher schade finden, ist aber leider nicht zu ändern. Wer ein wirklicher Tierfreund ist und sich ein wenig mit Haustieren auskennt, hält sich deshalb auch keinen Hund in der Innenstadt. Zumal die Lärm- und Geruchsbelästigung für jeden Vierbeiner eine Qual ist. Ob Stadtmenschen sich einen Hund nur als nettes Accessoire oder als Partnerersatz halten, lasse ich mal offen. Jedenfalls liegt in Hamburg nicht so viel Hundekot auf den Straßen wie in der Hauptstadt. Das bestätigen mir auch regelmäßig die Besucher aus Berlin. Woran das liegt, darüber sollten sich mal die Berliner Hundehalter einen Kopf machen. Mag sein, dass die Hamburger in der Innenstadt sich weniger Hunde halten. Mag sein, dass es hier mehr Parks und Auslaufzonen (über hundert) gibt. Mag sein, dass die Hamburger eher dazu neigen, ihren (!) Hundekot mit einer kleinen Tüte aufzusammeln und zu entsorgen. Übrigens: Eine kleine Tüte passt in leerem Zustand in jede Tasche und ist in jeder Großstadt erhältlich.

Fakt ist: In Hamburg kann man erhobenen Hauptes durch die Stadt flanieren, weil man nicht ständig auf den Fußweg glotzen muss. So hat man den Blick frei für die Sehenswürdigkeiten dieser wunderschönen Stadt. Und das ist echt dufte. *(Torsten Lindner)*

Weil der Stadtpark ein riesiger Spielplatz für Jung und Alt ist

Wo bist du? Die junge Frau auf dem Fahrrad sucht Paule. Paule seinerseits jagt wohl gerade einem Kaninchen hinterher. Oder irgendetwas anderem, das auf jeden Fall spannender ist als Frauchens Hundepfeife. Wenn man wollte, könnte man sich jetzt an der Jagd beteiligen. Und so Kontakt knüpfen. Zu Paule und seinem Frauchen. Der Stadtpark in Winterhude war ja schon immer ein beliebtes Jagdrevier für Vier- und Zweibeiner.

Ursprünglich jagte hier der Hamburger Großgrundbesitzer Adolf Sierich das Wild durch den Wald. Anfang des 20. Jahrhunderts jagte ihm dann die Stadt das Gehölz gegen Geld ab, um es zu einem modernen Volkserholungspark auszubauen. Ein sozial eingestellter Oberbaudirektor machte aus diesem Gelände dann einen Spielplatz von gigantischem Ausmaß für Menschen jeden Alters. Dass der Hamburger Stadtpark von seinem Flächenausmaß her fast dem Fürstentum Monaco entspreche, wird zwar immer wieder gerne in Hamburg-Büchern (ab)geschrieben, ist aber totaler Unsinn. Monaco ist mit seinen gut zwei Quadratkilometern immerhin rund fünfzig Hektar größer als der Stadtpark mit seinen knapp 150 Hektar. Diese Legende dürfte wohl noch aus der Zeit stammen, als die Rennwagen und Motorräder durch den Park jagten. Wie dem auch sei.

Festzuhalten bleibt: Der Stadtpark ist ein riesiges Vergnügungsareal für Menschen (und Tiere) mit den unterschiedlichsten Interessen. In diesem Labyrinth aus Wiesen, Wäldern und Wegen kann man schon einmal leicht die Orientierung verlieren. Wo bin ich? Den besten Überblick bekommt man zweifellos auf der Aussichtsplattform des Planetariums an der Westseite des Parks. Man sieht von der Dachterrasse dieses ehemaligen Wasserturmes nicht nur den Stadtpark von oben, sondern auch einen Großteil Hamburgs. Die Sicht reicht bis zu den Kränen des Containerhafens. Die Kirchtürme der Stadt sind ebenso zu sehen wie die Alster, die Arena, der Flughafen und natürlich die City-Nord. Ein phantastischer Anblick. Einige Stockwerke weiter unten bekommt der am Großen und Ganzen interessierte Besucher des Planetariums auch gleich die Frage beantwortet: Wo sind wir? Wo ist unser Platz im Universum? Und warum? Das Planetarium im Stadtpark gilt als eines der modernsten auf der ganzen Welt und eignet sich von daher bestens für die Jagd nach Sternschnuppen und intelligentem Leben. Letzteres trifft man zuweilen aber auch im Stadtpark. Zum Beispiel an den Schachplätzen. Nebenbei bemerkt ein Vorzeigebeispiel für gelungene Integration. Ebenso wie die Boule-Flächen und all die Sportplätze am Rande des Stadtparks. Hier ist am Wochenende immer etwas los. Wer es ruhiger mag, legt sich an den Stadtparksee oder sieht seinem Kind beim Spielen auf dem größten Kinderspielplatz zu, den ich kenne. Bis der Nachwuchs hier jedes Gerüst und Spielgerät einmal getestet hat, bleibt reichlich Zeit für ein Stück Kuchen und ein Kännchen Heißgetränk im angeschlossenen Café. In der Zwischenzeit können sich die Kleinen gegenseitig jagen.

Einige hundert Meter weiter hält der Konzertgänger Ausschau: Wo seid ihr? Es ist gar nicht so leicht, unter den Tausenden von Besuchern die Freunde zu finden, mit denen man sich zum Konzertbesuch verabredet hat. Ohne Handy äußerst schwierig. Die Freiluft-Bühne im Stadtpark ist auch bei den erfahrensten Stars der Rock- und Popszene äußerst beliebt. Schließlich gibt es kaum etwas Schöneres, als an einem trockenen Sommerabend in einem grünen Park ein Konzert zu geben. So jagt hier regelmäßig ein Höhepunkt den nächsten: Anastacia, Bloc Party, Stray Cats, Santana, Tracy Chapman, Cyndi Lauper, Snow Patrol, Maximo Park, Pet Shop Boys, Mando Diao, Simple Minds, The Who, Iggy & The

Stooges, Peter Gabriel, Artic Monkeys, The National und Billy Idol sind nur einige der vielen Weltstars, die hier in den letzten Jahren aufgetreten sind. Wer kein Geld für eine Eintrittskarte ausgeben will, macht es sich einfach auf dem Rasen vor dem Gelände bequem, legt sich ein Würstchen auf den mitgebrachten Grill und hört als Zaungast zu.

Und da ist ja auch Paule wieder! Der Grillgeruch hat den Vierbeiner angelockt. Kaninchen hin, Kaninchen her. Nichts duftet unwiderstehlicher als eine zum Verzehr fertige Wurst vom Grill. Die Jagd ist beendet. Zumindest für heute. *(Torsten Lindner)*

Weil hier schon die Straßennamen knuffig sind

Es ist nicht immer alles lustig. Das gilt in diesen Zeiten mehr denn je. Außerdem ist Humor eh Geschmackssache. Was dem einen Feuchtigkeit in die Augen und ins Höschen treibt, treibt dem anderen bestenfalls die Röte des Fremdschämens ins Gesicht. Aber vielleicht werden Sie mir am Endes dieses Kapitels zustimmen, dass einige von Hamburgs Straßennamen, auch wenn sie jetzt nicht unbedingt die Turbo-Brüller sind, doch zumindest zum Schmunzeln anregen. Den Autoren und dem Verlag sind sie auf jeden Fall ein paar Zeilen wert.

Wenn man der Sache auf den Grund geht, stellt man fest, dass ein Großteil der ungewöhnlichen Straßennamen aus Eigennamen zusammengesetzt ist. So gibt es natürlich auch in Hamburg eine Willy-Brandt-Staße. Das ist nichts Besonderes. Doch auffallend häufig werden in Hamburg die Straßennamen nicht aus Vor- und Zunamen, sondern lediglich aus dem Nachnamen gebildet. Dadurch entstehen dann so auf den ersten Blick kauzige Namen wie der Duschweg in Altona. Dieser Weg hat beispielsweise überhaupt nichts mit körperlicher Reinlichkeit zu tun. Der Weg wurde lediglich dem ehemaligen Direktor des Christianeums Jacobus Dusch gewidmet (Quelle: Christian Hanke: »Hamburgs Straßennamen erzählen Geschichte«). Sie werden zugeben: Jacobus-Dusch-Weg klingt nicht so amüsant wie Duschweg. Oder eine Karl-Gustav-Hopp-Straße wäre auch nicht so lustig wie eine Allee Hopp. Die gibt es zwar nicht wirklich in Hamburg, aber immerhin eine Straße mit dem schönen Namen Ole Hoop. Das mit den Familiennamen macht es mir nicht gerade einfach. Ich möchte nämlich niemanden kompromittieren, indem ich jetzt hier seinen Nachnamen durch den Kakao ziehe. Also sortiere ich alle – noch so lustigen – Straßennamen, die vermutlich nach realen Persönlichkeiten gebildet wurden, vorsichtshalber aus. Was bleibt, ist immer noch eine recht lange Liste knuffiger Straßennamen. Die Auswahl ist natürlich rein subjektiv (siehe oben).

Zu meinen persönlichen Favoriten zählt auf jeden Fall die Milchstraße. Das ist nicht nur romantisch, sondern zugleich auch praktisch für jeden Kavalier, wenn er seiner Angebeteten sagen kann: »Heute Nacht will ich mit dir durch die Milchstraße streifen.« Dagegen finde ich es etwas problematisch, wenn man dem Taxifahrer während eines vielversprechenden Rendevouz sagen muss: »Zum Venusberg, bitte!« Da kann es gut passieren, dass sich die Dame schon am Scheideweg absetzen lässt. Ich verkneife es mir, in diesem Zusammenhang auf den Verkehrsweg mit dem Namen Schwengelkamp einzugehen. Unverfänglicher, wenn auch nicht minder merkwürdig im wahrsten Sinne des Wortes, sind da schon Straßennamen wie Schulterblatt oder Ellenbogen. Zu erwähnen wäre da auch noch der Tempoweg, auf dem die Geschwindigkeitsbegrenzung für Kraftfahrzeuge ebenso gilt wie auf der Straße mit dem schönen norddeutschen Namen Wettloop.

Überhaupt wirkt sich die Neigung, den Verkehrswegen norddeutsche Namen zu geben, sehr positiv auf das Straßenbild Hamburgs aus. Was wäre der Stadtplan ohne Knokenholt, Bockhorst, Eddelbüttelkamp, Steckelhörn, Trafenbööm oder Lütte Raak? Meine absoluten Lieblinge sind aber die Straßen Delle, Schwübb und Nöpps. Wie viel Sprachgefühl, Phantasie und lyrisches Talent die Schöpfer dieser Straßennamen doch gehabt haben müssen. Sollte ich das nächste Mal umziehen, werde ich auch die Straßen Herrlichkeit und Hinterm Stern als neue Adresse in Erwägung ziehen. Ganz im Gegensatz zu den Straßen Beim Kugelwechsel und Rutschbahn. Die Rutschbahn trägt allerdings meines Wissens ihren Namen nicht erst seit dem Glatteis-Winter 2009/2010. Dann müsste ja mindestens jede zweite Straße in Hamburg so heißen. Oder so ähnlich. *(Torsten Lindner)*

Weil Museen in Hamburg wie Überraschungseier sind: Spiel, Spaß und Spannung

Ich greife mit beiden Händen tief in den Pfeffersack. Das fühlt sich toll an. Nein, ich bin keine fehlgeleitete Urologin, sondern heute im Museum unterwegs. Im Gewürzmuseum Spicy's, einem Museum zum Anfassen. Das ist etwas für mich ... und andere Kinder, die immer alles anfassen müssen. Denn das ist hier ausdrücklich erlaubt, nein, erwünscht! Ach, was sag ich: Dafür ist das Spicy's überhaupt da! Das einzige Gewürzmuseum der Welt will, dass Sie Gewürze erleben, mit allen Sinnen. Für kleinen Eintritt darf man hier anfassen und schnuppern, und im Eintritt ist sogar noch eine Gewürzmischung enthalten, die zum Selbstkochen einlädt. Bei uns gibt's nächstes Wochenende also Fisch.

Neben dem ganzen Spaß gibt es hier auf 350 Quadratmetern fast 1000 Exponate, zum Beispiel fünfzig Original-Gewürze so, wie sie hier ankommen. Also rein mit den Händen in den großen Sack und wühlen. Herrlich. Okay, man kann sich auch über Geräte informieren, oder über den Bearbeitungsprozess, über Anwendung, Vorratshaltung und Qualität. Meistens haben Kinder ja auch Eltern dabei. Die können hier auch einen Kochkurs belegen und ein abwechslungsreiches Veranstaltungsprogramm sorgt dafür, dass die ganze Familie immer mal wieder reinschneit und seinen Majoran ... äh, Senf dazugibt.

Das Gewürzmuseum liegt in der Speicherstadt, die als Umschlagplatz ja eine große Tradition hat. Wenn Sie gerade schon hier sind, dann nutzen Sie doch die Gelegenheit, um gleich noch ein ähnlich spannendes Museum zu besuchen, das Speicherstadt-Museum.

Auch dies ist ein Museum zum Anfassen. Kautschukballen, Kaffeesäcke – in dem über hundert Jahre alten Lagerhaus wird die Geschichte des weltweit einzigartigen Baudenkmals Speicherstadt lebendig. Der Handel mit Kaffee und Tee, die Ewerführerei – man transportierte die Waren auf Lastkähnen (Schuten) zu den Speichern, heute im Zeitalter des Containers von demselben verdrängt –, darum geht es hier; um das Leben der Quartiersleute, die seit dem 17. Jahrhundert hochwertige Importgüter wie Gewürze oder Kakao begutachteten, sortierten und einlagerten. Bei öffentlichen Tee- und Kaffeeverkostungen kann man heute seine Geschmacksnerven auf die Probe stellen. Der Museumsshop ist nicht nur für Teeliebhaber eine Fundgrube. Und die Kaffeeklappe ... Aber das müssen Sie sich selbst ansehen!

Heute schon gestaunt? Also, wenn Sie sowieso schon hier sind, dann gehen Sie doch noch mal um die Ecke ins Zollmuseum! Auch hier kann man viel lernen und erfahren, etwa über die Arbeit der Bundeszollverwaltung. Dieser Ort hat ebenfalls Tradition. Um 1650 lag hier das Kornhaus als Lager der Hamburgischen Kornvorräte, dann wurde es Wohngebiet, dann kamen die Freihafenbauten, um die vorletzte Jahrhundertwende wurde hier eine Zollabfertigungsstelle eingerichtet. In den zwanziger Jahren hieß der Ort Zollamt Kornhausbrücke, spezialisiert auf Teppiche. Heute gilt er als eines der hundert erlebnisreichsten Museen Deutschlands.

Rund 1000 Ausstellungsstücke wie der VW-Bus T1 als Zoll-Dienstfahrzeug aus dem Jahr 1961 kann man hier bestaunen. Oder die vielen spektakulären Schilder, etwa das Amtsschild der »Kaiserlichen Zollabfertigungsstelle Windhuk« aus dem Jahr 1893, als Windhuk die größte Stadt Deutsch-Südwestafrikas war. Richtig spannend wird es, wenn es um merkwürdige Reisesouvenirs geht. Oder, und das spricht mein eigenes kriminelles Potenzial an: Schmuggelgut und Verpackungen, die Schmuggelgut verbergen. Schon mal Tabletten in ein Kinderbuch eingearbeitet?

Nein? Hier können Sie sich wertvolle Anregungen holen. Müssen Sie natürlich nicht. Und ich habe auch nichts Schlimmes im Sinn. Höchstens, Sie, getrieben von meiner Begeisterung für diese wundervolle Stadt, mit völlig subjektiv ausgewählten Highlights dafür zu gewinnen, diese Stadt in ihr Herz zu schließen. Es gibt natürlich noch viel, viel mehr ernsthafte, humorvolle, unterhaltsame, skurrile, fröhliche, vielseitige, überwältigende Museen in Hamburg. Freuen Sie sich einfach mit mir auf den nächsten Regentag! *(Ann-Christin Zilling)*

Weil schon die Alster alles bietet, was man für ein ausgefülltes Hamburger Leben braucht

Wasser marsch!« kennt man von der Feuerwehr. In Hamburg kann man damit auch zum Sonntagsspaziergang einladen, denn marschiert wird vorzugsweise am Wasser, zum Beispiel an der Elbe, oder rund ums Wasser, um die Alster nämlich. Der Weg um die Außenalster ist mit 7,4 Kilometern genau das Richtige für den Sonntagnachmittag. Machen Sie sich doch mal auf den Weg! Ob links oder rechts herum, das ist egal, verlaufen kann man sich nicht.

An der Alster gibt's zunächst einmal immer viel zu sehen. Wir befinden uns hier nämlich auf Hamburgs beliebtester Jogging-strecke. Hier sind immer, immer, immer Jogger unterwegs, auch nachts um zwei Uhr. Wenn meine Freundin joggen geht, nennt sie das »schöne Körper gucken«, gleichzeitig erhält sie einen Über-blick über die neueste Mode und die Laufschuhmodelle, die »man« jetzt so trägt. Unterwegs gibt es zwei Trinkbrunnen, Wasserstellen, an denen sich die grazilen Gazellen und die kraftvollen Nashör-ner begegnen und, wenn's richtig gut läuft, auf ein gemeinsames Weiterlaufen verständigen. Auf der Hundewiese nebenan treffen sich die Golden-Retriever-Freunde mit guter Chance, Golden-Retriever-Freunde-Liebhaber zu werden. Die Alster verbindet und befördert die Fortpflanzung. Man kann übrigens auch auf einem Alsterdampfer heiraten. Dass es in den über dreißig Hektar Park rund um die Alster genügend pittoreske Kulissen für das Hochzeits-Fotoalbum gibt, ist inbegriffen.

Die Alster macht aber auch satt. Wer hier hungrig eintrifft, kann ja mal folgenden Kurs ansteuern: Skipper-Frühstück bei Bobby Reich (Fernsicht 2), ein paar Schritte gehen und in der

Alsterperle (Eduard-Rhein-Ufer 1) Erbsensuppe oder selbst grillen am Schwanenwik? Im Anschluss ein Käffchen in der Kajüte (An der Alster 10a) und abends dann nach Griechenland und im Kouros (An der Alster 28) schöne Lammkoteletts verspeisen. Zu diesem kulinarischen Kursus bietet die Alster noch mindestens 68 Alternativen, die Sie am besten selbst entdecken.

Sport, Sex, Essen und Trinken. Was braucht es für ein ausgefülltes, genussvolles Hamburger Leben noch? Den Fußball klammern wir hier mal aus (siehe Grund Nr. 99).

Wer sich das alles in seiner ganzen Pracht lieber vom Wasser aus ansehen möchte, der begibt sich ganz bequem an Bord der »Weißen Flotte«. Sie müssen da kein schlechtes Gewissen haben, joggen kann man ja auch noch an einem anderen Tag. Und mit etwas Glück befinden Sie sich vielleicht sogar an Bord der FCS Alsterwasser. Sie ist das weltweit erste Fahrgastschiff mit Brennstoffzellenantrieb und damit vollkommen emissionsfrei.

Die Alster ist aber auch ein kulturell interessanter Ort. Das Literaturhauscafé (Schwanenwik 38) oder die Galerie der Gegenwart (Glockengießerwall) haben dazu noch den schönen Zweitnutzen des kulinarischen Vergnügens. Aber man kann auch ganz still und leise auf den Spuren der Dichter wandeln, die ihre persönlichen Alster-Eindrücke für die Nachwelt in schöne Worte gefasst haben. Heinrich Heine, Paul Schurek, Hans Erich Nossack, Hans Leip; nicht zu vergessen Friedrich von Hagedorn, ein Hamburger Dichter des Rokoko, der die Alster-Hymne verfasste, die auch heute noch gern zitiert wird:

»Der Elbe Schifffahrt macht uns reicher,
die Alster lehrt gesellig sein!
Durch jene füllen sich die Speicher,
auf dieser schmeckt der fremde Wein.«

(Ann-Christin Zilling)

Weil das Treppenviertel das schönste Zuhause ist, das man sich vorstellen kann

Wer im Treppenviertel wohnt, der muss gut zu Fuß sein. Sollte man meinen. Es gibt zwei Straßen und ansonsten Treppen, idyllisch am Elbhang, man kommt sich vor wie in einem Dorf an der Ardèche. Auch hier riecht es intensiv nach Lavendel. Auch hier hört man ein fröhliches Gequatsche aus den Gärten, irgendjemand übt Bandoneon und die Kater der Nachbarschaft versichern sich lautstark ihrer Feindschaft. Tatsächlich wohnen im Treppenviertel viele eher ältere Leute, die leider nicht mehr ganz so gut zu Fuß sind. Warum die das auf sich nehmen, ist klar: Hier ist es so schön. Wer das Privileg hat, hier wohnen zu dürfen, der will nie wieder weg. Und was soll man auch mit dem vielen Geld, das man für sein Haus bekäme, würde man es verkaufen. Die Grundstückspreise hier verschlagen einem den Atem, die Mieten auch, ebenso die Baupreise. Denn ein Bauunternehmer, der jede Dachlatte erst mal 180 Stufen weit tragen muss, der nimmt dafür zu Recht richtig Geld. Als ich zum ersten Mal im Treppenviertel spazieren ging, sagte ich zu mir: Wer hier wohnt, hat's geschafft.

Wer hier wohnt, der ist aber auch schlagfertig oder lernt das ganz schnell. Kaum ein Besucher oder Tourist, der den Kopf mit oder ohne Kamera über den Gartenzaun hängt, kann sich die übliche anerkennende Ansprache verkneifen: »Sie wohnen ja ungeheuer idyllisch hier, aber das mit den Treppen ... da müssen Sie ja viel schleppen, Wasserkästen und so ...!« Die korrekte, Vierteladäquate Antwort: »Wir lassen uns alles bringen.« Damit ziehen die meisten weiter. Hartnäckige wollen dann noch wissen, ob man es nicht sehr weit zu seinem Auto habe. Eine bewährte Antwort darauf lautet: »Nicht weiter als bis zum Strand.« Oder, auch cool:

»Isch abe gar kein Auto, Signorina!« Wer sich als Treppenvierteler dabei erwischen lässt, wie er sein Fahrrad die steile Treppe hoch zur Straße schleppt, sichtbar mühsam, der kann sich anhören: »Sie scheinen ja Ihren Nachbarn nicht über den Weg zu trauen.« Worauf man am besten kontert: »Meinen Nachbarn schon, aber nicht den Touristen!«

Insgesamt gibt es im Treppenviertel immer viel zu besprechen. Gerne auch nonverbal wie neulich, als der japanische Tourist mit seiner Kamera über den Zaun winkte und so um Erlaubnis bat, den Garten fotografieren zu dürfen. Wahrscheinlich wird dieser jetzt in Osaka originalgetreu nachgebaut.

Das Treppenviertel gehört zum ehemaligen Fischerdorf Blankenese. Und dörflich geht es hier auch zu. Das ist ebenso nett wie nervig. Der Friseur beklagte sich neulich bei mir, die Kundinnen kämen mehrheitlich vorbei, um sich »Dorf-fein« machen zu lassen, was so viel bedeute wie »Nichts Extravagantes«. Am besten den blonden Pferdeschwanz Hamburgensis, also keine Herausforderung für einen ambitionierten Haarkünstler. Aber es tut sich was. Im Treppenviertel ragen plötzlich Edelstahl-Schornsteine aus den alten gemauerten, Reetdächer werden neu gedeckt und es gibt interessante Firmenschilder: Feng-Shui-Beratung, Architekt, Künstler. Gerade für Kreative und Freiberufler kann man sich auch kaum einen inspirierenderen Wohnort vorstellen. Die schmalen Treppen entlang zauberhafter, duftender Gärten, in denen teilweise jahrhundertealte Häuschen stehen. Es ist wunderbar still, wenn nicht gerade ein Bus aus Chemnitz hier Station macht. Aber selbst dann: Normale Touristen stürzen sich meistens die Strandtreppe hinunter zur Elbe und denken, sie seien im Treppenviertel gewesen. Das waren dann 163 von insgesamt 4864 Stufen auf 58 Treppen in den zwei Tälern, die das Schmelzwasser der letzten Eiszeit in den Geesthang gespült hat. Wer das Treppenviertel wirklich erleben will, der sollte einfach mal kreuz und quer gehen und die verschiedenen zauberhaften Ausblicke genießen.

Zum Beispiel vom Süllberg auf die Elbe hinunter oder vom Strand ins Tal zwischen Süllberg und Kiekeberg hinauf. Oder von der Ecke Breckwoldtstraße die Broerstreppe hinunter. Ach, es gibt so viele Orte, an denen einem von der Schönheit des Ausblicks ganz schwindelig wird.

Wer so kreuz und quer lustwandelt, der findet allerlei Stätten, zu denen Touristen von weither pilgern. Den Treppenkrämer zum Beispiel, der im winzigen Verkaufsraum Platz für ein erstaunlich breites Sortiment an Lebensmitteln bietet, selbstgemachte Suppen und Kuchen offeriert, und es gibt sogar noch Platz für den direkten Verzehr der Leckerheiten. »Da gehst du einkaufen?«, fragen dann die mitgebrachten Freunde verwundert. Nein, aber ich könnte wohl schon. Das Gemeindehaus des Stadtteils, das Fischerhaus – auch von hier hat man einen phantastischen Ausblick auf den Strom –, steht unter Denkmalschutz. Dennoch kann man hier Kochkurse belegen, und was ein Gemeindehaus eben so zu bieten hat. Am Strand gibt es diverse kulinarische Möglichkeiten, von denen die urigste die Kajüte, die Geschäftsessen-tauglichste der Fischclub und die persönlichste das Bistro Ponton op'n Bulln sind. Wer dann vor lauter Treppen und mit einer großen Portion Pannfisch im Bauch nicht mehr kann, der nimmt die Bergziege – so heißt der kleine Bus, der speziell auf der schmalen Blankeneser Hauptstraße durchs Treppenviertel Dienst tut. Junge, komm bald wieder! *(Ann-Christin Zilling)*

Weil sich Architekten hier mal so richtig austoben können

Erst war das Feuer. Dann kamen die Bomben. Und dann die Parkhäuser. Die Titulierung von der »Freien und Abriss-Stadt Hamburg« macht seitdem die Runde. Ich selbst werde sie mir als »Zugezogener« natürlich niemals zu eigen machen. Trotz der unsentimentalen und merkantil geprägten Einstellung der Hamburger zum historischen Bauerbe sind doch erstaunlich viele schöne alte Häuser und Villen in Hamburg erhalten geblieben. So gilt das Stadtbild Hamburgs als das geschlossenste und architektonisch reichste aller deutschen Großstädte. Dass good old Hamburg auf den ersten Blick gar nicht wie eine moderne Großstadt wirkt, mag an der überschaubaren Anzahl an Bürotürmen liegen. Sieht man von der Alster aus Richtung Elbe, bestimmen immer noch die fünf Hauptkirchen sowie das Rathaus die Skyline von Hamburg. Größenwahn will sich unter den zur Mäßigung neigenden Hamburgern keiner leisten. Die Elbphilharmonie ist ein anderes Thema.

Jedenfalls ist die Anzahl der gut erhaltenen Gebäude doch beträchtlich und betrachtenswert. Da sind die vielen schneeweißen Villen von Forsmann, Hansen & Co. an Alster und Elbchaussee. Welche kleine Prinzessin träumt nicht davon, dort eines Tages mal in einem traumhaften Kleid die Treppe hinunterzuschweben? Eine echte Schönheit sind auch die vielen sanierten Gründerzeit- und Jugendstil-Ensembles in Harvestehude und Rotherbaum. Ebenso in den Straßen rund um den Isebekkanal. Wenn man in der trüben Jahreszeit dort überall Licht in den wohnlichen Stuben sieht, möchte man am liebsten gleich anklingeln. Das ist architektonisch natürlich nicht alles typisch hamburgisch. Aber in dieser Stadt hat das Bürgertum immerhin noch das Geld, um es zu erhalten. Ohne Soli-Zuschlag. Ein echtes Paradebeispiel für vollendete hanseatische Baukunst ist dagegen das Chilehaus mit seiner unverwechselbaren Spitzfront und dem farbigen Klinker. Damit hat Fritz Höger ein Hauptwerk der expressionistischen Architektur geschaffen und der Hansestadt eines der schönsten Wahrzeichen beschert.

Leider ist nicht jeder Architekt mit so viel Ideenreichtum gesegnet. Und so fragt sich mancher Hamburger, wie wohl die modischen Bauten in der HafenCity und Umgebung in wenigen Jahrzehnten wirken werden. Das Gute an Hamburg: Hier muss man sich keine Sorgen machen, dass die einfallslosen Glas-, Beton- und Stahl-Klötze an der Elbe ewig stehen bleiben werden. Wenn sie eines Tages im Weg sind, kommt die Abrissbirne. Kurz und schmerzlos. *(Torsten Lindner)*

Weil der Botanische Garten in Hamburg Vielfalt ist, die begeistert

The best things in life are free. Die besten Dinge im Leben gibt es umsonst. Diesen geldwerten Satz habe ich irgendwann in einem New Yorker Reiseführer gelesen. Die Staten Island Ferry kostet die Gäste nichts. Genauso wie der Botanische Garten. Nichts. Nur eine kleine, Spenden aufnehmende Gießkanne am Eingang erinnert mich daran, dass von nichts nichts kommt.

Nun ist Hamburg ja ohnehin eine enorm grüne Stadt. Man steht irgendwo im Wald, ob in den Elbvororten oder in den Walddörfern, und ist gleichzeitig mitten in der Stadt. Im Botanischen Garten kommt es noch besser. Unvermittelt befinde ich mich in einer Gesteinswüste, ein paar Schritte weiter im Giftpflanzenwald und kurz darauf erreiche ich Japan. Ich frage mich: Warum überhaupt in Urlaub fahren?

Der Garten wird von den Hamburgern geliebt, insbesondere von den Nachbarn rundherum. Das merkt man unter anderem daran, dass hier vieles ehrenamtlich funktioniert. Das eine oder andere Beet wird in Patenschaft von Menschen mit offensichtlich ultragrünen Daumen gepflegt, Kakteen-Enthusiasten betreiben ein eigenes kleines Gewächshaus und im gut sortierten Gartenshop wird man jedes Wochenende von anderen Verkäuferinnen angestrahlt. Alles ehrenamtlich. Der Garten wäre nicht derselbe ohne die vielen ehrenamtlichen Helfer, die Kinderprogramme, Veranstaltungen und vieles mehr unterstützen, um nicht zu sagen, überhaupt ermöglichen. Insgesamt und eigentlich gehört der Garten zur Universität Hamburg. Das wiederum merkt man an kleinen Schildchen, auf denen dann etwa zu lesen ist: »Bitte stehen lassen: Vorlesungsmaterial«. Und an ausführlichen Informationen, die das rein sinnliche Vergnügen mit oft verblüffenden, immer verständlich aufbereiteten Fakten anreichern.

»Bitte auf den Wegen bleiben« – was woanders als Spaßbremse empfunden werden muss, fällt im Botanischen Garten gar nicht schwer, denn die Gärtner hier haben ein untrügliches Gespür dafür, was das Kind im Menschen erkunden will. Immer wieder laden kleine Pfade mitten durch Beete und über Bachläufe dazu ein, der Pflanzenwelt auf den Halm zu rücken. Irgendwo plätschert es eigentlich immer. Vor Wilsons Großblatt-Pappel blühen zarte Himalaya-Himmelsleitern in Blau und Weiß. Daneben steht ein leuchtender Mohn. Kein Schildchen dran. Der ist hier wild. Falsch möchte ich nicht sagen, denn er hat sich einen phantastischen Platz ausgesucht, der Mohn. Und strahlt und leuchtet mit den Himmelsleitern um die Wette. Wie ich so am echten Wermut-Absinth entlangschlendere, eröffnet sich ein neuer Blick über weite Kapuzinerkresse-Hänge. Kleine Pflänzchen, das dauert noch, bevor es hier bunt zugeht. Beete, die am Anfang stehen, machen glücklich. Diese Vorfreude! Es ist, wie wenn man im Mai im Rosengarten steht, alle Knospen ganz, ganz kurz vor dem Aufgehen. Ist da schon irgendwo was offen? Erkennt man Farbe? Wo ist der vorwitzige Erste, der allen zuruft: Kommt raus, wir sind dran! Man möchte jeden Tag vorbeischauen, um ja das erste Aufbrechen nicht zu verpassen. In fröhlicher Erwartung schlage ich mich nach links in die blaue Opulenz von Rittersporn und Akelei, beides reicht mir bis zum Hals. Blau, blau, blau, es summt und der warme Boden sagt: Es wird endlich Sommer.

Im Kameliental finde ich mein Lieblingsplätzchen. Die kleine Lichtung ist vielleicht vier Quadratmeter groß, in der Mitte eine von der Sonne beschienene Bank für zwei. Das müssen verliebte Gärtner sein, die solche Sitzplätze einrichten. Wenig weiter: Eine verschnörkelte Eisenbank unter einem grünen Baldachin. Ein Ort für tuschelnde Feen mit Blumen im Haar. Hier hatte jemand ein Händchen für Inszenierung. Eine riesige Rotbuche erklärt mir, dass sie an einem sonnigen Tag mit ihren rund 200.000 Blättern fast 9000 Liter Kohlenstoffdioxid aufnehmen kann. Aber schon stiehlt ihr ein Acer shirasawanum Aureum die Show, strahlend in der Sonne. Der nächste Höhepunkt in Sichtweite: Die Pfingstrose Paeonia-suffruticosa-Hybride »Hakubanryn« streckt mir ihre großen weißen Blütenblätter glänzend zerknüllt wie Bettlaken nach einer liebestollen Nacht entgegen. Hier scheinen selbst die Gänseblümchen üppiger als anderswo. Der Kranz weißer Blütenblätter – ist der nicht doppelt? Das dauert eine Ewigkeit, bis ich herausgefunden habe, ob er mich denn nun liebt oder nicht.

Mein Eindruck, die Gärtner hätten sich im Marketingseminar zu Herzen genommen »Sex sells«, erhärtet sich im Niederdeutschen Bauerngarten. Die handtellergroßen Blüten des Riesenmohns »Beauty of Livermere« sind geradezu obszön berauschend rot. Die will ich haben. Und ich habe Glück, denn der Gartenshop hat geöffnet und das Saatgut ist vorrätig. Der nur während der Sommermonate und ausschließlich am Wochenende geöffnete Shop ist die reinste Versuchung, der man gern erliegt. Giersch- und Quitten-Gelee, Insektenhotels, Saatgut – vieles, was im Botanischen Garten so anfällt, wird direkt einem nützlichen Zweck zugeführt.

Leider wird es jetzt Zeit für mich. Im Duft- und Tastgarten nehme ich noch eine Nase Lorbeer, Rosmarin, Basilikum und Zimt, streichle zärtlich über Hirschzunge, Wollziest und Fetthennen, wo Anfassen ausdrücklich erlaubt ist, und greife zum Abschied in eines der kleinen geheimnisvollen Kästchen, um mit den Bambushalmen zu klimpern. Ich komme wieder, mein Mammutblatt!

(Ann-Christin Zilling)

Weil der Alte Elbtunnel dieses Kribbeln im Bauch erzeugt

Über den Alten Elbtunnel ist bereits alles gesagt. Oder geschrieben. Wirklich alles? Man erfährt in den unzähligen Büchern und Internet-Artikeln, dass der Alte Elbtunnel 1911, also vor hundert Jahren, eingeweiht wurde und damals eine technische Sensation war. Man erfährt, dass dieser Verkehrsweg nötig war, um die ständig wachsende Anzahl der Hafenarbeiter in den Werften schnell von St. Pauli auf die andere Seite der Elbe nach Steinwerder zu bringen. Man erfährt, dass er 426,5 Meter lang ist und seine Aufzüge 23,5 Meter in die Tiefe führen. Dass ihn jährlich rund 300.000 Fahrzeuge, 63.000 Radfahrer und 700.000 Fußgänger passieren, ist auch nachzulesen. Ist damit wirklich alles gesagt?

Wenn man sich mal das Erlebnis gönnt, mit dem Auto in den Alten Elbtunnel zu fahren, macht man eine Erfahrung, die so nirgendwo beschrieben wird: Beim Start an den Landungsbrücken ist man erst einmal positiv von der kurzen bis gar nicht vorhandenen Fahrzeugschlange überrascht. Dann zieht man am Automaten ein Passier-Ticket, das man direkt darauf beim Tunnelwärter wieder abliefern muss. Der weist einen in den nächsten freien Aufzugkorb ein. Licht aus, Motor aus und schon geht es los. Der Aufzug setzt sich mit Auto, Kind und Kegel in Bewegung. Das ist schon ein komisches Gefühl. Man fährt mit dem Auto nicht vor oder zurück, sondern direkt nach unten. Man hat dabei fast das Gefühl, dass man mit dem Auto sanft in die Tiefe fällt. Wer schon als Fußgänger mit Aufzügen seine Probleme hat, dem dürfte bei dieser Aktion erst recht ein wenig mulmig werden. Unten angekommen, fährt man dann im Schritttempo durch die schmale Tunnelgasse auf die andere Seite. Dort wird das Spiel fortgesetzt. Der Aufzug hievt Fahrzeug und Insassen wieder in die Höhe. Draußen in Steinwerder ist man dann erst einmal leicht beduselt. Und ein wenig froh, wieder »über Tage« zu sein. Nicht nur wegen des Ausblicks auf die Stadt, die viele für die schönste der Welt halten.

Und noch etwas steht in kaum einem Buch: Der kostenlose Fußmarsch durch den Alten Elbtunnel nach Steinwerder lohnt sich besonders an Tagen, an denen am Hafen gefeiert wird. Dann kann man sich ein ruhiges Plätzchen suchen und den Anblick der bunten Hafenkulisse genießen. Einen besseren Aussichtspunkt für Feuerwerke und Schiffsparaden gibt es nicht. *(Torsten Lindner)*

Weil beim Isemarkt auch die Lage vom Feinsten ist

Zwischen den U-Bahn-Haltestellen Hoheluftbrücke und Eppendorfer Baum findet immer dienstags und freitags der Isemarkt statt. Das ist eine Strecke von rund 970 Metern. Und weil der ganze Markt genau unterhalb des Hochbahn-Viaduktes der U3 entlangläuft, gilt er als der längste überdachte Freiluftmarkt Europas. Das hat zwei Vorteile. Erstens: Man braucht auch bei Regenwetter keinen Schirm. Das heißt, man hat eine Hand mehr frei für Einkäufe und Portemonnaie. Zweitens: Wenn man den knappen Kilometer über den Markt geschlendert ist, muss man nicht mit den Besorgungen die ganze Strecke zurücklatschen, sondern kann einfach mit der U3 zum Ausgangspunkt zurückfahren.

Weil Menschen jüdischen Glaubens an Sabbat keinen Schirm aufspannen dürfen, wurde die überdachende Trasse auf den alten Stahlträgern früher auch »Judenschirm« genannt (vgl.: Gerberding, Eva und Rupprecht, Annette Maria: »Hamburg«. Köln 2004.). Aber das nur nebenbei.

Auf dem Isemarkt kann man so ziemlich alles kaufen, was frisch ist. Es gibt viele Stände mit Bio-Obst, Bio-Gemüse, Bio-Fleisch, Bio-Milchprodukten, Bio-Eiern, Bio-Brot und Ähnlichem. Hinzu kommen natürlich Fisch, Wurst, Käse, Feinkost-Kram, Gewürze, Blumen, Blumenzwiebeln, Kleidung, Bücher und sämtliche Utensilien, die man in der Küche braucht. Selbst die praktische Tupper-Dose, um die ganzen Einkäufe gleich perfekt zu verpacken.

Die Atmosphäre auf dem Isemarkt ist zwar geschäftig, aber trotzdem angenehm ruhig, da es hier keine Marktschreier gibt. Dafür ist hier eine bunte Mischung an Anbietern versammelt.

Da ist zum einen natürlich der Bio-Bauer mit den rot glühenden Wangen. Der steht schon um zwei Uhr morgens auf, um seinen Wagen zu beladen. Dann geht es von Ahrensburg, Schleswig, Bad Segeberg oder sonstwoher nach Hamburg-Eppendorf. Dort muss er dann noch alles aufbauen, damit bis zum Beginn um 8.30 Uhr alles schick, proper und verlockend ist. Das ist Arbeit für die ganz Harten.

Dann ist da noch die Frau vom Gewürzstand, die nicht nur Hunderte Sorten an Gewürzen hat, sondern auch noch deren Wirkung kennt. Sie gesteht mir bei einem Schnack mit einem Lächeln, dass sie noch lieber auf dem Samstagsmarkt am Goldbekufer ist, weil dann am Wochenende die Menschen noch entspannter sind als auf einem Markt am Freitag oder Dienstag.

Und dann ist da noch die Frau mit der avantgardistischen Schirmmütze, die hier ihre selbstgemachten Chutneys anbietet und auf Wunsch auch für Feiern und gesellige Abende als Köchin gebucht werden kann. Sie zeigt mir stolz ihren Schnellhefter mit Beweisfotos aus diversen Kochsendungen. Bei »Unter Volldampf!« ist sie Zweite geworden. Bei der »Küchenschlacht« ist sie leider schon in der zweiten Runde ausgeschieden. Der unerfahrene Juror wusste ihren Fisch mit Tomaten und Champignons nicht zu schätzen. Jetzt wartet sie gerade auf einen Anruf für die Sendung »Topfgeldjäger«.

Ein Schild an einem Stand für Hundefutter annonciert: »Mopswelpen in liebevolle Hände abzugeben. Geimpft und entwurmt.« Da fällt mir die Erkenntnis von Loriot ein: »Ein Leben ohne Mops ist möglich – aber sinnlos!«

In der Mittagspause trifft man sich auf dem Isemarkt dann gerne auf eine Portion Erbsensuppe aus der Gulaschkanone, eine »Phosphatstange« vom Grill oder auf einen Espresso aus der Tasse. Kann gut sein, dass einem dabei auch noch der ein oder andere Promi in die Hacken läuft. Auch einige Fernseh-Köche sollen hier angeblich gerne einkaufen. Wenn man aber unbedingt mal einen ungeschminkt sehen will, sollte man schon ganz früh da sein, da die Profis natürlich gleich zu Markt-Beginn einkaufen, um die besten Angebote zu bekommen. Um 14 Uhr ist dann Feierabend auf dem Isemarkt und alle fangen an, ihre Ware wieder einzuladen und sauber zu machen. Irgendwo hinter mir höre ich noch eine Bäuerin ihren Mann aufklären: »Weißt du, wenn du mal heute mehr verkauft hättest, müssten wir jetzt nicht so viel einpacken.« Wie gesagt: Das ist Arbeit für die ganz Harten.

(Torsten Lindner)

KAPITEL 5

FÜR KULTURLIEBHABER

Weil Hamburg der Bühneneingang zur Welt ist

Zugegeben: Wenn man ein Buch über die eigene Lieblingsstadt schreibt, ist die Versuchung groß, die Vorzüge zu übertreiben. Da bekommt der örtliche Maulwurfshügel schnell ein Gipfelkreuz. Es würde aber schon an Ignoranz grenzen, wenn man ein Buch über die liebenswerten Seiten von Hamburg schreibt (oder heißt es »schriebe«?) und dabei das Thema Musik vernachlässigt. Jeder Musikhörer, der länger darüber nachdenkt, wird unweigerlich zu dem Schluss kommen: Hamburg ist Deutschlands Marshall-Verstärker. Für Nicht-Musiker: Hamburg ist Deutschlands Musik-Hauptstadt. Zumindest für Musik, die nicht von irgendwelchen Computerprogrammen abhängig ist. Da können sie in Mannheim noch so viele Söhne zeugen. Da können sie in Rödelheim noch so viele hart reimende Projekte gründen. Da können sich in Berlin noch so viele Ärzte niederlassen. In Hamburg gibt es die größte Vielfalt an Bands und Musikclubs, die wichtigsten Musicals, die meisten Festivals. Das ist keine Behauptung, sondern mal Fakt. Wer daran zweifelt, dem sei das Buch »Rock'n'Roots – Alles über Hamburgs Musikszene« ans Herz gelegt. Oder eine der vielen »Gestatten, wir kommen aus Hamburg«-CDs ans Ohr.

Ich werde an dieser Stelle nicht den Fehler begehen zu versuchen, alle Bands und Künstler mit Namen, die in und um Hamburg herum musizieren, aufzuzählen. Genau das füllt ebenjenes zitierte Buch. Und zwar auf 346 Seiten im Format 21 x 21 Zentimeter. Hier in Hamburg gibt es sogar ein Geschäft, das sich spezialisiert hat auf den Verkauf von CDs und Vinyl-Schallplatten, die von Hamburger Musikern produziert wurden. Der Laden heißt »Hanseplatte« und ist direkt neben dem Musikclub Knust. Letzteres ist hamburgerisch und bedeutet »Brot- oder Brötchenende«. Aber das nur so am Rande. Jedenfalls wären Bands und Musiker aus Hamburg eine eigene Kategorie für einen geselligen »Stadt, Land, Fluss«-Spieleabend im Freundes- und Familienkreis. Von »A« wie »Atlantis« bis »Z« wie Rolf Zuckowski. In Hamburg bekommen nicht nur Ohrwürmer, sondern gleich ganze Musiktrends einen Namen. »Hamburger Szene«, »Hamburg Sound«, »Hamburger Schule« und wie sie alle noch heißen werden. Jetzt werden Sie als Nicht-Hamburger fragen, warum bitte schön ausgerechnet Hamburg die Musik-Metropole Nummer eins in Deutschland sein soll? Und ich als Hamburger werde versuchen, Ihnen darauf eine zufriedenstellende Antwort zu geben: In Hamburg wurden schon Shantys (Seemannslieder) gesungen, als in anderen Städten noch nicht einmal ein Klavier stand. Musik und Arbeit gehen hier einher und sind tief in der hart arbeitenden Gesellschaft verwurzelt. So gibt es Regale voll mit Shanty-CDs aus Hamburg, aber nur beschränkte Verkaufsflächen für CDs mit Berliner Taxifahrer-Litaneien. Nur mal so als Beispiel.

Singen und Musizieren liegen also dem Hamburger im Blut wie Rollmops und Köm. Außerdem schläft diese Stadt wirklich nie. Wenn New York City sich zur Bettruhe begibt, geht es in Hamburg erst richtig los. Egal, was für einen Bio-Rhythmus man hat, in Hamburg kann man zu jeder Tag- und Nachtzeit Live-Musik erleben. Das meiste davon in den Clubs auf der Reeperbahn und in den benachbarten Straßen. Es gibt unzählige Gelegenheiten, irgendwo vor einem musikinteressierten Publikum aufzutreten. Dabei ist die Chance, von einem Musik-Manager entdeckt zu werden, immer da. Und die Netzwerke werden in dieser Stadt nicht nur für den Fischfang verwendet. Die Hamburger Musiker halten zusammen und helfen sich gegenseitig. Zeitungen, Verlage und Fernsehsender tun ein Übriges. Die Frauen sind schön, das Wetter nicht immer, die Parks sind da, der Hafen sowieso und damit das Fernweh. Und schon hat man den perfekten Nährboden für inspirierte Musik. Für Musiker ist Hamburg also nicht nur das Tor zur Welt, sondern das Paradies. Musiker finden hier alles, was sie brauchen, um im wahrsten Sinne des Wortes »unerhörte« Musik zu machen.

Einmal hier festgemacht, bleiben die besten Musik-Produzenten dann auch gerne in Hamburg. Wie Sie vielleicht wissen, gibt es ja mindestens 111 Gründe, Hamburg zu lieben. Und gute Musik-Produzenten produzieren dann wiederum gute Musiker. Das hat zwei Folgen: Erstens werden immer wieder neue interessante und herausragende Musiker in Hamburg den Mut und die Gelegenheit haben, herausragende Musik zu machen. Und zweitens werden immer wieder Stars, die »es bereits geschafft haben«, wie Sasha, Bela B, Andrew Eldritch, Tokio Hotel oder die Beatles ihrer Karriere in Hamburg einen kreativen Kick geben. Bleibt festzuhalten: Ob legendärer Star oder Newcomer – aus Hamburg wird noch »ächt« viel zu hören sein.

»Der Style aus Hamburg-Beach
der iss – sweat sweat sweat.«
(Das Bo: »türlich, türlich«)

(Torsten Lindner)

Weil Hamburg die Stadt
der denkenden Dichter ist

Noch sechshundert Kilometer bis Hamburg. Die läuft er zu Fuß. Irgendwie wird es schon gehen. Schließlich warten sie da auf ihn. Seine Mutter und sein Vater. Der Gedanke an seine lieben Eltern und seine liebe Heimatstadt mobilisiert noch einmal seine letzten Kräfte. Er will nur noch nach Hause. Sie haben ihn richtig fertig gemacht in den letzten Jahren. Den Typen, dessen Texte sie nie ganz kapiert haben und der ihnen sowieso irgendwie suspekt vorkam. Im Alter von 19 Jahren wurde er das erste Mal von der Gestapo verhaftet und verhört. Nicht wegen Mordes oder sonstiger Gewaltverbrechen, sondern wegen »unerwünschter Gedichte«. Dann wurde er im Krieg verheizt und im Gefängnis gequält. Jetzt ist er ein Wrack. Ein junger Mann von 23 Jahren. Seine Leber ist kaputt. Drei Jahre zuvor hatte er erste Anfälle von Gelbsucht. Am 10. Mai 1945 erreicht Wolfgang Borchert endlich wieder seine Heimatstadt Hamburg. Zu Fuß. Die Stadt ist ein einziger Trümmerhaufen. Wie er. Die Ärzte geben ihm noch ein Jahr. Wolfgang Bochert nutzt seine Zeit. Der Krieg ist zu Ende, die Nazis haben nichts mehr zu sagen. Aber er. Wolfgang Bochert meldet sich zu Wort. Er gibt der verlorenen Generation eine Stimme. Borchert bringt angesichts der kurzen Zeit mit letzter Kraft ein beachtliches Werk zu Papier. Gedichte, Erzählungen und ein Schauspiel, dessen Uraufführung er selbst nicht mehr miterlebt. Er stirbt einen Tag zuvor, mit 26 Jahren, an den Folgen eines wahnsinnigen Krieges.

Diesen Wahnsinn schildert kaum einer so wie Wolfgang Borchert. Seine Kurzgeschichten und das Heimkehrer-Drama »Draußen vor der Tür« machten den »Unvollendeten« berühmt. Dabei hat Borchert nicht nur Nachkriegsliteratur geschaffen, sondern darüber hinaus einfühlsame, psychologisch kluge, rührende und – was immer wieder übersehen wird – auch hoch amüsante Geschichten: »Der Stiftzahn oder Warum mein Vetter keine Rahmbonbon mehr ißt« oder »Schischyphusch« zum Beispiel. Es gibt nicht viele, die das so können. Auch Bocherts bis zum Heimweh gesteigerte Heimatliebe zu Hamburg spiegelt sich in seinen Texten wie »Hamburg« und »Die Elbe« wider. Laut Peter Rühmkorf ist seit Heinrich Heine die Hansestadt nicht mehr so umdichtet worden.

Heine kam 1816 nach Hamburg in die Obhut seines Onkels, des Bankiers Salomon Heine. Dort widmete er sich allerdings zum Leidwesen seiner Familie fortan lieber der Dichtung als der kaufmännischen Wahrheit. Alster und Elbe waren eben von jeher für Feingeister eine inspirierende Quelle. Die Nachwelt darf sich darüber freuen, verdankt sie Heinrich Heine doch so herausragende Werke wie die »Reisebilder«, »Deutschland. Ein Wintermärchen« oder »Die Harzreise«.

Mag Hamburg für Heine eine von vielen Reisestationen gewesen sein, so war es für Friedrich Gottlieb Klopstock so etwas wie das Reiseziel. Der Dichter, der die Lyrik von den festgefahrenen Konventionen des Rokoko befreite, war ein gern gesehener Gast in den Hamburger Salons. Sein »Messias« und seine »Oden« genossen eine hohe gesellschaftliche Anerkennung. Klopstocks empfindsame Verse trafen genau den Nerv der bildungsbürgerlichen Damen und Herren des 18. Jahrhunderts. In Hamburg begegnete Klopstock schließlich Gotthold Ephraim Lessing, der ihn nicht nur als Dichter, sondern auch als Schachpartner schätzte.

Auch wenn seine Zeit in Hamburg selbst von wenig Erfolg gekrönt war, so hat Lessing doch den nachhaltigsten Eindruck hinterlassen. »Minna von Barnhelm« ist von den gymnasialen Spickzetteln gar nicht mehr wegzudenken und mit »Nathan der Weise« hält Lessing ein Plädoyer für Humanität, Vernunft und Toleranz, das in seiner Aussage immer zeitlos bleiben wird. Darüber hinaus hat Lessing mit seiner »Hamburger Dramaturgie« der Hansestadt ein geistiges Denkmal gesetzt. Zum Dank dafür hat er ein eigenes bekommen. Und so blickt Lessing auch heute noch weise und wohlwollend auf die Scharen der neugierigen Besucher und hektischen Geschäftsleute auf dem Gänsemarkt.

Für Wolfgang Borchert war Hamburg die natürliche Heimat. Für Heinrich Heine, Klopstock und Lessing war es eine geistige Heimat. Zu erwähnen sind hier auch noch Matthias Claudius, Hans Leip, Joachim Ringelnatz, der schon zitierte Peter Rühmkorf und all die anderen großartigen Dichter, über die man weitere Bücher schreiben könnte. Hamburg war ihre Stadt. Und sie waren Hamburger Dichter. Dichter, die ihrer Zeit auf die ein oder andere Weise voraus waren, weil sie eben nicht nur fühlten, sondern auch dachten. Dichter, auf die man selbst als nüchterner Hanseat schon ein bisschen stolz sein sollte. *(Torsten Lindner)*

Weil Hamburg als Musical-Metropole das volle Programm bietet

Normalerweise bin ich um die Uhrzeit wochentags schon zu Hause. Man will ja fit sein für den nächsten Tag. Heute jedoch hatten meine Freundin und ich uns viel zu erzählen und wir taten uns einfach schwer, auseinanderzugehen. Wie das eben ist, wenn man jemanden wirklich lieb hat, das Herz voll ist und die Zeit rast. Kurz gesagt: Ist ziemlich spät geworden. Und dann in der S-Bahn: Kinder. Um die Uhrzeit! Sie ahnen es vielleicht: Der »König der Löwen« ist gerade aus. Früh übt sich, was ein Musical-Fan werden will!

»Der König der Löwen« darf als Einstiegsdroge gelten für Musicals. Wer diese melodische Musik, diese eingängigen Texte liebt, der will sie alle sehen. Und offensichtlich gibt es ja ziemlich viele Musical-Fans, denn das klassische Hamburg-Besuchsprogramm ist doch: Anreise – Stadtrundfahrt – Musical – Fischmarkt – Hafenrundfahrt – Abreise. Woran wir mit diesem Buch übrigens gern rütteln.

Musicals gibt es in Hamburg fast so viele wie Franzbrötchen-Variationen (siehe Grund Nr. 24). Da sind zum einen die Klassiker, die jeder zumindest vom Namen her kennt, und die der eine oder andere auch schon am Broadway oder anderswo gesehen hat. Dazu zähle ich »Cats«, das »Phantom der Oper« oder »Evita«, die, wenn sie nicht mehr dauerhaft in Hamburg laufen, so doch zumindest gelegentlich wiederkommen. Hinzu kommen immer wieder neue Produktionen. Sie finden in Hamburg nicht nur eine hervorragende Bühne, sondern auch ein begeistertes Publikum, zugereistes wie heimisches. Publikum, das nicht nur einmal kommt, sondern immer wieder, und daher die Texte irgendwann vorwärts und rückwärts mitsingen kann – oder dies zumindest meint zu können. »Mamma Mia« ist so ein Fall. Oder auch »Ich war noch niemals in New York«. Diese Musicals profitieren davon, dass man die Songs schon kennt und liebt. ABBA und Udo Jürgens kennen auch die Jüngeren, spätestens beim Schlagermove wird man textsicher. Es gibt so viele Musicals, für jeden Geschmack das richtige. Und zwar nicht nur generell, sondern, und das ist das Besondere in Hamburg: Irgendwas läuft immer, wofür man sich begeistern kann. Denn Hamburg ist die Hauptstadt der Musicals.

Aber das Tolle an Hamburg sind gar nicht die vielen, vielen phantastischen Weltklasse-Musicals, die den Tourismus befeuern. »Tarzan« – super! »Sister Act« – Wahnsinn! Nein, mein persönliches Superspitzenlieblingsmusical, das wird Ihnen gefallen, egal, ob Mann oder Frau, nur: Erwachsen sollten Sie schon sein. Denn das ist nix für den Nachwuchs unter 16: Mein Lieblingsmusical heißt »Heiße Ecke«. Dieses Musical habe ich bereits ... sag ich jetzt nicht, wie oft ... gesehen. Es handelt von 24 Stunden an einem Imbiss auf der Reeperbahn und läuft – quasi gegenüber – seit vielen Jahren in Schmidts Tivoli. Es geht um Sex, es geht zur Sache, es bedient meine Wünsche als Hamburgerin: Pinneberger werden durch den Kakao gezogen, die Musik versenkt sich für immer in mein Langzeit-Ohrwurm-unter-der-Dusche-interpretier-Gedächtnis, hier geht es um Menschen in der schönsten Stadt der Welt, und allein das erzeugt schon Glücksgefühle. Das Ganze in einer Sprache, die frei von der Leber weg in den Bauch fährt; das Stück ist deftig und – für Besucher aus Städten, die keine Reeperbahn haben, also alle anderen – sogar stellenweise geradezu skandalös. Das ist auch der Grund, warum ich schon so oft die »Heiße Ecke« besucht habe: Da muss der Besuch durch. Dann hat er von Hamburg eine Menge mitgekriegt. Und das ist ja mein Anliegen. Komm her, schau's dir an, fühle es, liebe es und komm wieder!

(Ann-Christin Zilling)

Weil man sich den Flug nach Manhattan sparen kann

Es soll ja Menschen geben, die noch eine oder zwei Wände in ihrer Behausung frei haben. Die glasgerahmten Van-Gogh-Poster hängen im Wartezimmer der Praxis neben diversen Anatomie-Schautafeln, und Großvaters Waffensammlung samt Jagdtrophäen in Form von Hirschgeweihen kommt dem ästhetisch anspruchsvollen Partner nicht ins Haus. Man könnte jetzt das Wartezimmer mit Hinterladerbüchsen und Geweihen von Zehnendern schmücken. Sofern das nicht die ein oder andere Privatpatientin verstört. Was bleibt, ist eine weiße Fläche daheim, die unbedingt gefüllt werden will. Hier empfiehlt sich der Besuch einer Galerie. Mit etwas Geduld findet man garantiert ein Stück Kunst, das farblich auch zum Sofa und zum Teppich passt. Und wenn man noch mehr Geduld hat, um sagen wir mal hundert Jahre zu warten, dann steigt der neue Wandschmuck womöglich auch noch im Wert. Das kann durchaus dazu führen, dass die Kinder mit einem Schlag die Hypotheken abbezahlen können, die auf dem geerbten Elternhaus liegen. Die Wand wäre dann allerdings wieder leer.

Vor einiger Zeit hatte ich zwar keine leere Wand, dafür aber nichts vor. Und so nahm ich an einer Führung durch einige der interessantesten Galerien in Hamburg teil. Geplant war der Besuch von 10 Galerien (in Worten: »zehn«) in fünf Stunden. Das erforderte neben der nötigen geistigen Frische auch eine gewisse körperliche Fitness. Sie müssen aber keine Angst haben, dass ich jetzt »en detail« referiere, was ich an jenem Tag zu sehen bekam. Ich beschränke mich auf zwei Anekdoten, die aus meiner Sicht einen interessanten Einblick in die Kunst- und Galerieszene Hamburgs geben.

Nachdem ich die ersten zwei Galerien verpasst hatte, weil ich einem angesehenen Finanzberater, den ich zufällig kenne, etwas Geld für ein Abendessen mit Geschäftskunden borgen sollte, traf ich in der Galerie Conradi auf den Rest der Gruppe. Ich nahm zumindest an, dass es sich um meine Gruppe handelte, weil die vierzig Leute in ihren tropfnassen Regenjacken alle gleichzeitig auf eine Wand starrten und zuhörten, wie eine Dame ihnen gerade beschrieb, was sie sahen. Die überraschend sympathische und so gar nicht lachshäppchenmäßige Galeristin lenkte unsere Aufmerksamkeit auf einen etwa fünf mal fünf Meter großen Bereich der Galerie, in dem ein Haufen lag, der sich zu jeweils gleichem Anteil aus Gerümpel, Müll und Schrott zusammensetzte. Der junge Künstler kommt aus Hamburg. Endlich betätigt sich Hamburgs Jugend einmal sinnvoll, dachte ich mir in meinem leicht verspießerten Hirn. Eine Installation aus Dingen, die andere Menschen wegwerfen ... Dadurch kommt der Müll endlich von der Straße. Und die Galerien wirken nicht mehr so leer. Sie merken es: Ich bin kein großer Kunstkenner. Die Galeristin gab mir und den anderen Teilnehmern ein wenig Nachhilfe: Der Künstler hat die Dinge gar nicht selbst im Raum angeordnet, sondern Möbelpacker mit dem Transport beauftragt. Diese standen dann mit einigen Kubikmetern Plunder eines Tages vor der geöffneten Galerietür. Wohin jetzt mit dem ganzen Zeug? Die Galeristin gab sich ahnungslos und zeigte den verdutzten Möbelpackern eine Stelle, an der sie den Krempel erst einmal abladen sollten. Anfangs platzierten die unfreiwilligen Kunst-Installateure jedes Teil noch gewissenhaft und vorsichtig. Mit der Zeit stellte sich aber dann wohl ein gewisser »Mir-doch-scheißegal-Effekt« ein und der Rest des Sammelsuriums aus alten Leitern, Reisekoffern, löchrigen Eimern und kaputten Holzplatten wurde einfach zu dem Haufen, auf den wir jetzt alle respektvoll blickten. So funktioniert also Kunst, dachte ich mir und außerdem dachte ich, dass ich das jetzt echt nicht gedacht hätte.

Für die zweite Anekdote ist jetzt hier leider kein Platz mehr. Ich erzähle sie aber sehr gerne einmal bei anderer Gelegenheit. Jedenfalls kaufte ich mir nach sieben weiteren spannenden und wirklich empfehlenswerten Galerie-Besuchen auf der Tour am nächsten Werktag einen Skizzenblock (DIN A5) und einige Zeichenstifte. Seitdem zeichne ich regelmäßig irgendwelchen Stuss, den ich gerade lustig finde. Eines Tages fällt mir dazu bestimmt noch ein tiefsinniges Thema ein.

(Torsten Lindner)

Weil die Beatles in Hamburg ewig leben

Wenn Sie schon bis hierher gelesen haben, dann wissen Sie ja bereits: Hamburg ist für jeden, schon immer und für immer eine Reise wert. Und jetzt kommt der nächste Grund: ganz besonders für Beatles-Fans. Denn hier sind die »Fab Four« präsent, auch über fünfzig Jahre nach ihrer Gründung noch. Beatles-Fans aus aller Welt streben auf den Kiez, um den Beatles-Platz Ecke Reeperbahn/Große Freiheit zu besuchen, mit dem Beatles-Denkmal, das zwar ein bisschen an Keks-Ausstecher-Förmchen erinnert, aber dennoch insbesondere illuminiert schon was her macht. Oder sie besuchen das nahe gelegene Beatlemania-Museum, wo auf fünf Etagen Erlebnis-Ausstellung alles zu hören und zu spüren ist, was die Beatles ausmacht. Gänsehaut bekommt man, wenn man sich inmitten kreischender Fans der Beatlemania hingibt, beklemmend: der Besuch im Manager-Büro und süß: die Yellow Submarine, und nicht öffentlich: mein Karaoke-Versuch, in die Fußstapfen von Paul zu treten. So weit die offizielle Hommage an die Band.

Lustiger, persönlicher und individueller geht's, wenn man eine der Beatles-Stadtführungen mitmacht. Zum Beispiel mit Thomas Schmidt oder Stefanie Hempel von Stattreisen. Das ist kein Druckfehler, denn hinter dem Namen steht die Idee, statt zu verreisen, die eigene Stadt zu erkunden. Was ja auch einer der Gründe ist, warum wir überhaupt dieses Buch hier schreiben. Ich erwähne Stattreisen hier extra, weil die Idee, auf den Spuren der Beatles zu wandeln, hier geboren wurde. Eine gute Idee! Wir machen uns also auf den Weg mit Thomas und seiner Gitarre.

Er entpuppt sich als absoluter Beatles-Insider. Erzählt von den Clubs, den Engagements, und dann spielt er und singt dazu »In my life«, die Ballade von Freunden und Erinnerungen, und wir fühlen uns zurückversetzt in die Sechziger. Einen Steinwurf entfernt vom Heiligengeistfeld, am Neuen Pferdemarkt, liegt das Hotel Pacific, in dem die Beatles auch mal gewohnt haben. Thomas erzählt von der Entwicklung der Band, die sich auch äußerlich bemerkbar machte. In der Thadenstraße erfahren wir, wo John, Paul, George, damals noch in der Originalbesetzung mit Pete Best und Stuart Sutcliffe, ihre Lederklamotten kauften. Einige Meter weiter die Wohlwillstraße, wo John Lennon in einem Hauseingang der Jägerpassage lehnte. Das Foto kennt man von einem Cover, und das Loch in der Wand ist der Beweis dafür: Das war hier. Wenige Schritte weiter stehen wir da, wo einst das Bambi-Kino als Übernachtungsmöglichkeit herhielt, von den Beatles als »Die schwarze Höhle von Kalkutta« bezeichnet. Ein kleines Foto erinnert daran. Die vier mit Prellos, einem Aufputsch-mittel, das unter dem Namen Preludin damals in Apotheken als Appetitzügler ein Verkaufsschlager war. Diese Art Fotos waren lange unter Verschluss gehalten worden. Die Installation hier sieht privat aus. Thomas singt und klampft und erzählt Anekdoten. Übers Repertoire, über die nicht vorhandene Sperrstunde, über die dramatischen Anfangsschwierigkeiten und die schnelle Entwick-lung zur Liveband, die üppigen Gagen, die legendären Clubs, eine verhängnisvolle Ausweiskontrolle und Heimweh.

Die erste Wirkungsstätte, das Indra, sieht so aus, als sei die Zeit stehen geblieben. Auf der Reeperbahn stehen wir vor dem heutigen moon doo, früher Top Ten, früher Hippodrom, die Ge-schichte steht dem Eingang noch zu Gesicht. »La Paloma« und Hans Albers kommen uns in den Sinn, aber schon geht's wieder um den Barmbeker Jung Bert Kaempfert, der die ersten offiziellen Aufnahmen der Beatles veranlasste – zusammen mit Tony Sheri-dan. »My Bonnie« als erste Single, und wir stimmen fröhlich ein. Um uns scharen sich die Mädels, die eben aus der Stretchlimo aus-gestiegen und zum Junggesellinnen-Abschied angetreten sind. Und auch der Bus aus Chemnitz weiß nicht genau, ob Thomas jetzt ein

Straßenmusiker mit enthusiastischen Refrain-singenden Groupies ist oder doch ein Reiseleiter. Und dann stehen wir vor der letzten Erinnerung an den Star-Club, in dem die Beatles als erste Band auf der Bühne auftraten. Danach ging alles ganz schnell. Und auch für uns. In der Bar Centrale, in der übrigens der Produzent der »Polonäse Blankenese«, Michael Chambosse, hinterm Tresen steht, gibt uns Thomas zum Abschluss ein Konzert. Ein Akkord und jeder weiß, was kommt: »A Hard Days Night«. Hingabe pur. Als Zugabe »Komm gib mir deine Hand« und dann der Rausschmeißer: »Yesterday«, aber interpretiert von Hans Albers alias Thomas Schmidt: »Scheserdi …« Paul und John hätten sicher nichts dagegen gehabt. Eine Tour, bei der Beatles-Fans das Herz aufgeht und nach der man die CDs wieder rauskramt. I feel fine!

(Ann-Christin Zilling)

Weil die Hamburger
nicht nur Sparbücher lesen

Auf so eine Idee können auch nur die Hamburger kommen! Da hat man einen Hafen, der von der Fläche her größer ist als die Stadt Köln. Ein idealer Ort also, um Wasserspiele jeglicher Art durchzuführen: Jetski-Rennen, Wettkampftauchen, Power-Angeln oder was weiß ich. Und was machen die Hamburger? Veranstalten hier ein Literaturfestival. Da soll noch einer behaupten, die Hamburger würden nur ans Geld und Geldverdienen denken. Schließlich ist ein Ereignis wie das Harbour Front Literaturfestival Hamburg ein Zuschussgeschäft, das ohne die großzügige Unterstützung durch finanzkräftige Sponsoren nicht möglich wäre. Die bekanntesten Schriftsteller der Welt sind eben nicht mit den erschwinglichen Eintrittspreisen von 3 bis 23 Euro allein zu bezahlen. Dafür bekommt man dann aber einiges geboten. Auch die Verlage haben nämlich die Bedeutung dieses Literaturfestivals erkannt und schicken ihre besten Autoren zum Vorlesen. So liest der amerikanische Megaseller-Autor John Grisham zum ersten Mal überhaupt in Deutschland. Damit geht das Harbour Front Literaturfestival in die Geschichte ein. Doch der Amerikaner ist nicht der einzige Star, der die Besucher des Literaturfestivals begeistert: John Irving, Günter Grass, Alina Bronsky, Todd Strasser, Claude Lanzmann und viele weitere kommen, um zu lesen, zu schnacken und zu signieren. Viele Festivals würden sich schon nach einem einzigen dieser Autoren die druckerschwarzen Finger lecken. Dagegen treten in Hamburg laut Veranstalter im zweiten Jahr bereits 114 Autoren aus 21 Ländern bei über achtzig Veranstaltungen im und am Hafen auf. Das nennt der wortgewandte Schreiberling wohl klotzen und nicht kleckern.

Ich selbst schaffe es von meiner Zeit und Aufnahmekapazität her zu vier Veranstaltungen in fünf Tagen. Grisham, Irving, Jon Flemming Olsen und der Debütantensalon mit drei Nachwuchsautoren, von denen einer den Klaus-Michael Kühne Preis dieses Literaturfestivals gewinnt. Zwei Dinge fallen mir auf: Zum einen scheint die Stärke dieses Festivals die besondere Vielfalt zu sein. So ziemlich jedes Genre ist vertreten. Das Veranstaltungsprogramm bietet für jeden Geschmack und Bedarf etwas. Vom literarischen Weltstar bis zum Geheimtipp, vom Romancier bis zum Sachbuchautor. Bei weit über hundert Autoren versteht es sich von selbst, dass das Niveau der einzelnen Veranstaltungen auch sehr vielfältig ist. Selbst die Bandbreite der Veranstaltungsorte ist einzigartig. Von der malerischen Laeiszhalle über kleine Theater auf dem Kiez bis zum Laderaum des Museumsschiffes Cap San Diego. Die elegante Salonbar des Schiffes ist dabei gleichzeitig der allabendliche Treffpunkt für die Teilnehmer und Besucher des Festivals zum gepflegten Plausch. Auch das eine wirklich gute Idee.

Zum anderen fällt mir auf, dass gerade die weltbekannten Autoren wie Irving und Grisham sehr bodenständige, sympathische und witzige Menschen sind. Da können die Debütanten auch in puncto Lockerheit und Uneitelkeit noch einiges von den Großen lernen. John Grisham zum Beispiel bedankt sich an diesem Regentag gleich für das herrliche Wetter in Hamburg. Der erste Lacher im Publikum. Der Mann aus dem Süden der USA klärt auf: Es war ein heißer und trockener Sommer in Virginia. Als er via Internet recherchiert, dass es an seinem Reiseziel Hamburg regnerisch und kühl sein soll, kann er es kaum erwarten, endlich da zu sein. Ich sage es ja. Das Regenwetter ist auch ein Grund, Hamburg zu lieben. Kein Geringerer als der Autor von »Die Firma« gibt mir recht. Allein dafür hat sich das Festival schon gelohnt.

(Torsten Lindner)

Weil hier der Jazz in Würde jung bleibt

Der Regen spiegelt das Licht der Autoscheinwerfer auf dem Pflaster. Ein Pärchen kommt aus dem Diner an der Ecke, der damit wirbt, die besten Burger in der Stadt zu machen. Die beiden haben die Jacken über den Kopf gezogen und hasten ein paar Häuser weiter. Sie gehen unter der grellen Leuchtreklame mit dem Schriftzug »Birdland« durch in den Hinterhof. Dann steigen sie den dunklen Treppenabgang hinab in den Jazzclub. Sie kommen gerade noch rechtzeitig und erwischen den letzten Platz. Die Band startet das erste Set mit »On Green Dolphin Street«. Die Beleuchtung in dem Club ist dezent, um nicht zu sagen schummrig. Die Wände sind mit dunklem Holz vertäfelt. Daran hängen die Porträts der Jazz-Legenden in bunten Ölfarben. Wände und Bilder sind mit Autogrammen und Widmungen übersät. Ein junges Paar knutscht in einer Ecke. Zwei Typen mit dünnem Haar und Brille lauschen halb versonnen, halb aufmerksam der Musik. Die Musiker sind zwischen zwanzig und sechzig Jahren alt. Ihre Zuhörer ebenfalls. Der Posaunist macht seine Ansage auf Englisch. Schließlich ist er New Yorker. Er fühlt sich hier zu Hause. Obwohl dieser Club, dieses Birdland, in der Gärtnerstraße in Eppendorf liegt.

Vor einem Vierteljahrhundert hat hier Dieter Reichert seinen privaten Jazz-Keller für die Öffentlichkeit geöffnet. Seitdem zählten Chet Baker, Joe Henderson, Art Blakey, Charlie Byrd, Branford und Wynton Marsalis zu seinen Gästen. Da kann es schon mal passieren, dass die Zuhörer im proppevollen Birdland direkt auf dem Fußboden vor dem Flügel sitzen müssen. Näher kann man der Musik nicht sein. Das Birdland schafft dabei ein kleines Kunststück: Es hält den Jazz in einer Zeit, in der er als Fahrstuhlmusik im Kaufhaus missbraucht wird, am Leben. Im Birdland bleibt der Jazz frisch und jung, ohne zu einer Karikatur seiner selbst zu werden. »Modern« ist dabei nicht als Stilrichtung zu verstehen, sondern als Attribut. Schließlich hat das Birdland für so ziemlich jede Facette des Jazz offene Ohren. Davon können Sie sich gerne selbst überzeugen. Zum Beispiel bei den Jam-Sessions am Donnerstag. Wenn Sie dann mit Ihrem Instrument oder Ihrer Stimme bei der Band einsteigen. »Isn't This a Lovely Day?«

(Torsten Lindner)

Weil das Kemp's zeigt,
dass Warmherzigkeit cool ist

Hmmm – als Erstes empfängt mich der Duft von Curry. Das ist in Kemp's English Pub kein billiger Curry-Geruch wie vom Imbiss um die Ecke, sondern der edle Duft von Chicken Curry Bombay. Das Zweite, was mich empfängt, ist Tina Kemp, die gleich die Arme herzlich ausbreitet, so als würde das eigene Kind von einer Weltreise heimkehren. Dabei sind sie und ihr Mann Gibson Kemp es, die schon die ganze Welt gesehen haben. Die Schwedin und der Brite sind lebende Legenden, auch wenn sie zu bescheiden sind, um so eine Aussage gerne zu hören. Von ihren Bühnen- und Filmerfolgen zeugen die Goldenen Schallplatten, Poster, Fotos und Autogramme an den roten Wänden im Kemp's. Das wirkt hier überhaupt nicht angeberisch, sondern kombiniert mit dem roten Teppich und den plüschigen Kissen überall auf den Bänken einfach nur familiär und gemütlich. Und das war auch genau das, was Gibson Kemp und Tina wollten, als sie 2003 in ihre zweite Heimat Hamburg heimkehrten: einen Pub – einen eigenen Raum schaffen, in dem man auch selbst gerne sitzt. Sie wollten zeigen, dass man gediegen speisen kann, ohne dass es teuer sein muss. Seitdem hat Gibson so ziemlich jedes seiner eigenen Leibgerichte auch für seine Gäste gekocht. Zu Letzteren zählen übrigens Marius Müller-Westernhagen, Klaus Voormann, Jürgen Drews, Tim Mälzer und einige andere Stars. Auch Astrid Kirchherr, eine der besten Fotografinnen Deutschlands, ist manchmal hier. Sie kocht sogar mit. Das Kemp's am Mittelweg 27 in Rotherbaum ist eben ein Star-Club ohne Allüren. Mittlerweile wissen die prominenten Gastgeber auch, dass es viel schwieriger ist, Gäste glücklich zu machen, als ein Publikum bei einem Konzert perfekt zu unterhalten. Ihnen gelingt beides. Auf kleinstem Raum. Gibsons Küche ist nämlich nicht viel größer als sein Schlagzeug. Und genauso virtuos wie an seinen Drums und Becken wirbelt er an den Töpfen und Pfannen seiner Küche. Was dabei herauskommt, ist in jedem Fall ein Genuss. Um das ein oder andere Cider reicher, nimmt man es mit den Wortspielen am Ende des Abends nicht mehr so genau. Und so gelange ich zu zwei Erkenntnissen. Erstens: Virtuosität kommt von Wirt. Und zweitens: Das Tor zur Welt ist auch nach innen geöffnet. Was für ein Glück für die Gäste der Kemps. *(Torsten Lindner)*

Weil der »Jedermann« in Hamburg zu Hause ist

Die Speicherstadt mit ihren Fleeten und der alten Kontorhausarchitektur, den Düften und Besucher-Attraktionen (Gewürzmuseum, Zollmuseum, Hamburg Dungeon, Miniatur Wunderland und vieles andere mehr) übt schon tagsüber eine enorme Anziehungskraft aus. Die volle Schönheit entfaltet sie abends, illuminiert. Zum phantastischen Erlebnis wird sie durch den Hamburger »Jedermann«, dem sie seit bald zwanzig Jahren im Juli und im August die Bühne stellt. Wer könnte eine stimmigere Kulisse für diese alte Fabel von Gier, Rechenschaft, Tod und dem Schicksal der Seele bieten als die Hamburger Speicherstadt, Denkmal des Kommerz?

Das Stück »Der Hamburger Jedermann«, viel beachtete Größe im sommerlichen Hamburger Kulturleben, ist mehr als eine alte Geschichte. Sie bringt, von Autor Michael Batz permanent justiert, den Zustand der Zeit auf die Bühne. Sie greift fragwürdige gesellschaftliche Entwicklungen auf, ist gleichzeitig Hamburger Milieu, gewürzt mit Humor und Satire: Der zappelnde Teufel wird vom Fleetekieker aus dem Schmodder gefischt, der Jedermann ist ganz Pfeffersack, seine Geliebte fährt auf Einkaufspassagen ab. Hedgefonds, Elbphilharmonie, politische Querelen, Hamburg findet statt. Viele der Schauspieler sind für Hamburger gute Bekannte, nicht nur, weil einige aus Begeisterung für das Stück schon seit der Uraufführung 1994 mitspielen. Wer das BallinStadt Auswanderermuseum auf der Veddel besucht, der erkennt den vielseitigen Oliver Hermann wieder. Und über Erik Schäffler, der im Stück einen grandiosen Teufel gibt, habe ich mich schon schlapp gelacht, als er mir im Vorjahr den »Caveman« machte.

Was sonst nicht üblich ist, hier geht's: Da man schon früh da sein sollte, um sich einen schönen Platz zu sichern, zum Beispiel oben am Geländer, bringt man sich gern einen Picknick-Korb mit. Oder man besetzt sich den Platz und flaniert dann noch ein Weilchen durch die sich rasant entwickelnde Umgebung. Schließlich bricht die Dämmerung herein. Mit ihr geht es los: Sieben Bilder hat das Stück an diesem mythenträchtigen Ort. Tod und Teufel, Jedermann und seine Geliebte, Trinker, Huren, Obdachlose, Verlierer, Bankier, das Alte Mädchen, der Bauer aus dem Flachen Land und alle anderen – leidenschaftliche Figuren feiern, schreien, klagen und steuern auf den Höhepunkt zu. Als der Tod aus den ehemaligen Gewürz-Speichern von gegenüber den Jedermann ruft, hört man das Echo unheimlich von den Backsteinmauern widerhallen. Der Jedermann erhält den Todeskuss. Wo ist die Seele geblieben, hinter der der Teufel so verzweifelt her war? Weg. Gier frisst Seele auf, und am Ende steht Jedermann im kurzen Hemd allein da, so blass, als sei wirklich alles vorbei. Zum Glück nur das Stück.

Ein Stück zum herzlich Lachen, für Gänsehaut, zum Entführenlassen. Ich habe es jetzt dreimal gesehen, jedes Mal war es wieder anders aktuell wie eh und je. Die Produktionsleiterin Cornelia Bock erzählt, neulich sei jemand da gewesen, der das Stück schon 24 Mal gesehen hat – »und das, obwohl wir jetzt erst in der siebzehnten Spielzeit sind!«. Mich wundert das nicht. Der »Jedermann« ist ein Stück, das man dem liebsten Besuch bietet und mit dem man sich selbst belohnt. Ein Stück Hamburger Sommer, hinreißend, wuchtig und ein einziges großes Fest.

(Ann-Christin Zilling)

Weil die besten Brit-Popper
immer noch aus St. Pauli kommen

Duncan Townsend kommt aus Nottingham in England und lebt auf St. Pauli in Hamburg. Seine Adresse wird hier nicht verraten, sonst würde er ab sofort jeden Morgen von kreischenden Fans geweckt werden. Duncan Townsend ist nämlich einer der ganz wenigen Musiker, die alles vereinen: Er hat eine einzigartige Stimme und weiß diese auch so zu gebrauchen, dass keine Scheiben klirren und die Milch nicht sauer wird. Er spielt exzellent Gitarre und Klavier. Er schreibt seine Songs selbst, mit ausgefeilten Texten und herzerweichenden Melodien. Und er sieht auch noch verdammt gut aus. Das muss man neidlos zugeben.

2004 hat es den Vollblut-Musiker nach Deutschland verschlagen. Erst nach Köln. Der Freundin wegen. Dann nach Hamburg. Der Musik wegen. Seitdem hält er sich und seine Fans unermüdlich mit Live-Auftritten bei Laune. Er hat in Hamburg Hunderte von Songs für sich und andere geschrieben und sein erstes Album veröffentlicht. Der Titel deutet es schon an: Bei »Out Of The Red« geht es um die Beziehung des Künstlers zum Kiez, seine Liebe zu Hamburg und um seine Hoffnung, die harten Lehrjahre bald hinter sich lassen zu können. Er will reisen, neue Eindrücke sammeln und die Menschen auch außerhalb Hamburgs begeistern. Das ist im MP3-Zeitalter für jeden Musiker schwerer denn je. Qualität allein reicht nicht mehr. Man muss auch die richtigen Leute um sich herum haben. Duncan Townsend weiß das. Er hat in den letzten Jahren sehr viel Geduld bewiesen. Über vier Jahre hat die Produktion seines Debüt-Albums gedauert. Viele andere hätten schon längst aufgegeben. Duncan hat die Zeit genutzt. Er hat sich von der Vielfalt der bunten Stadt Hamburg mit Hafen und Elbe inspirieren lassen. Duncan liebt diese Stadt. Für ihn ist Hamburg wie London. Nur preiswerter. Er hätte allerdings gerne ein bisschen mehr Regen, gesteht er augenzwinkernd. Das wird wohl schwer machbar sein. Aber ein warmer Geldregen, der sei ihm gegönnt. Mittlerweile gibt es ein weiteres Duncan-Townsend-Album mit dem bezeichnenden Titel »Up Sides Down« und jede Menge Anerkennung im In- und Ausland. Und die hat sich der »English Gent« mit hanseatischem Fleiß und britischem Humor redlich erarbeitet. Wenn es einen Musiker gibt, der es wirklich verdient, endlich weltweit in ausverkauften Hallen aufzutreten und seine Songs jeden Tag im Radio zu hören, dann ist das Duncan Townsend. Auch wenn man als Hamburger dann in Zukunft nach Wembley reisen muss, um ihn live zu sehen.

»Here's to the moment, you've waited for so long …«

(Torsten Lindner)

KAPITEL 6

HAUFENWEISE MENSCHEN

Weil in Hamburg zu Ostern
der Sommer eingeläutet wird

Freunde des gepflegten Feuerscheins haben zwei wichtige Termine im Kalender stehen: Das Biikefest auf Sylt im Januar und die Osterfeuer Hamburgs. Ich versteh das ja nicht: Es gibt so viele gute Gründe, Hamburg zu besuchen, da müssen es doch nicht ausgerechnet die Osterfeuer sein, wenn es kalt und dunkel ist, wenn man nichts sieht außer hellem Feuerschein, der überall sein könnte! Aber gut: Meine Freunde reisen wegen der Osterfeuer aus Süddeutschland an. Und ich freue mich sehr darüber, denn es ist ein Wiedersehen nach langer Zeit. Als wir dann in Blankenese zum Strand kommen, brennen die vielen Feuer auch wunderschön, aber von der charmanten Szenerie drumherum ist aufgrund der allgemeinen Dunkelheit um diese Jahreszeit nicht viel zu sehen. Nur mehrere große Feuer, um die viele, viele Menschen mit heißen und hochprozentigen Getränken stehen, das Knistern und Knacken verfolgend.

Das Schönste am Osterfeuer ist für mich der Besuch lieber Freunde. Da hole ich den guten Rotwein aus dem Keller, wir nehmen die rustikalen Gläser mit zum Strand und dann stehen wir da wie Hunderte andere, die es brennen sehen wollen. Mit guten Freunden ist es ja auch ziemlich egal, wo man herumsteht, es kann auch ein Osterfeuer sein.

Das Zweitschönste am Osterfeuer ist, dass es nie langweilig wird. Obwohl sich ein Osterfeuer am Feuerwehrhaus in Wellingsbüttel nicht viel anders anfühlt als im Oldenfelder Hanni-Park oder am Veilchenweg in Lokstedt – Hamburg brennt an allen Ecken –, ist es immer wieder anders. Am Alsterdorfer Markt gibt es Live-Musik dazu, an der Horner Rennbahn können Kinder Pony reiten und beim kleinsten Osterfeuer in Schumachers Biergarten im Stadtpark wird sogar getanzt. Jedes Osterfeuer hat was. Am liebsten sehe ich mir die Osterfeuer entlang der Elbe vom Wasser aus an. Osterfeuerfahrten auf der Barkasse haben den Vorteil, dass die Klamotten hinterher nicht nach verbrannter Palette riechen.

Das Drittschönste am Osterfeuer ist, es als Vorwand zu genießen, sich mal richtig einen hinter die Binde zu gießen. Von wegen kalt und dunkel. Vorglühen, Mitglühen, Nachglühen ist angesagt. Ein ordentlicher Schuss im letzten Glühwein der Saison wärmt von innen, während das Feuer in die Nacht lodert. Die letzten Reste des vertrockneten Bambus, das Weihnachtsbaumgerippe und Gartenabfälle. Alles brennt bestens! Und wer noch kann, macht sich feurige Gedanken, was das Viertschönste am Osterfreuer, pardon, Osterfeuer ist.

Das Fünftschönste am Osterfeuer ist, wenn alles vorbei ist. Am Morgen danach ist der Strand wieder so still, wie er sein soll. Die Kinder fackeln die letzten Reste ab, bis endlich alles verglüht ist. Die Stadtreinigung macht den Strand fertig für die ersten Liegestühle des Frühjahrs. Für mich das Allerschönste am Osterfeuer! Tschüss, Winter! Hallo, Sommer! *(Ann-Christin Zilling)*

Weil jeder auf die Geburtstagsparty des Hafens kommt

Normalerweise bekäme man gar nicht Zugang zu so einer exklusiven Party: Diese Geburtstagsparty findet direkt am Hamburger Hafen statt. Mit Live-Musik und Riesenfeuerwerk. Das sind Partys, wie sie sonst nur die »feinen Herrschaften« feiern. Und zwar unter sich. Doch diese Party stürmen jedes Jahr im Schnitt über eine Million Gäste. Das Geburtstagskind heißt nämlich »Hamburger Hafen«. Ob das Geburtsdatum und der Anlass tatsächlich urkundlich verbürgt sind oder nicht, ist mir schietegal. Hauptsache, es gibt was zu feiern! Und das tut man auf dem Hafengeburtstag gründlich. Gefeiert wird in zeitlicher Nähe zum 7. Mai in der Nacht von Freitag auf Sonntag. Die Party startet in der Regel mit einer festlichen Einlaufparade der geladenen Stargäste – der schönsten Schiffe aus aller Welt. Die Sedow, die AIDA-Schiffe und natürlich die immer wieder gern gesehene Queen Mary 2 zählen inzwischen zu den Stammgästen. Tagsüber lohnt sich dann eine Hafenrundfahrt besonders, weil man die wunderschönen Schiffe aus beeindruckender Nähe zu sehen bekommt. Statt der mehr oder weniger jungen Stripperin, die den »Höhepunkt« bestimmter Partys darstellt, gibt es beim Hamburger Hafengeburtstag ein Ballett von Wilhelmine und ihren Kolleginnen, den Hamburger Schlepper(inne)n. Für Nicht-Hamburger: Das sind Schiffe mit mehreren tausend PS. Den festlichen »Rausschmiss« bildet dann die Auslaufparade der Schiffe am Sonntagabend.

Da man sich an den Schiffen nicht sattsehen kann, runden zahlreiche Imbiss-Stände jeden Geruches das kulinarische Angebot dieser Geburtstagsfeier ab. Ob man das annimmt, sollte man sich allerdings vor dem Besuch eines der zahlreichen Fahrgeschäfte überlegen. Sonst kann es schnell passieren, dass der Fisch wieder den Weg ins Hafenbecken findet. Aus einem rasenden Karussell heraus. Doch auch mit intaktem Magen ist der Hafengeburtstag jedes Jahr ein Feuerwerk der Eindrücke. Selbst Zeitgenossen, die sonst als persönliches Hobby bestimmt nicht »Deeskalation« angeben, sind dann »irgendwie total peacig«. Und so flechten sie in der Hafenstraße Zöpfe oder bieten selbst zubereitete Speisen und Getränke zum Freundschaftspreis an. Wenn doch nur das ganze Jahr Hafengeburtstag wäre! *(Torsten Lindner)*

Weil in Flashmob City immer was los ist

Stell dir das vor: Du flanierst im Hüfteschwingeschlendergang die Spitalerstraße entlang. Plötzlich ertönt eine Trillerpfeife. Dieser Anpfiff verursacht die wundersamsten Dinge. Normal aussehende Menschen halten sich eine Ananas oder einen Schlappen ans Ohr, um zu telefonieren; oder sie frieren fest und rühren sich nicht mehr; sie lesen Zeitung und hüpfen dabei auf der Stelle. Kurz darauf ertönt der Abpfiff und alle gehen weiter, als sei nichts gewesen. Mit einem verschmitzten Grinsen im Gesicht. Was ist das? Eine plötzliche Kissenschlacht auf dem Rathausplatz, Hunderte Menschen, die sich in der Europapassage auf mitgebrachten Strandtüchern rekeln wie am Strand. Was soll das? Die Antwort ist: nichts. Zumindest nichts Sinnhaftes. Aktionen dieser Art sind in Hamburg recht häufig. Denn Hamburg ist eine Flashmob City mit Spaß-Prädikat.

Flashmobs sind sogenannte »Blitzaufläufe«, zu denen man sich etwa im Internet oder übers Handy per SMS verabredet. Das einzige Ziel, das die Veranstalter und Teilnehmer verfolgen, ist Spaß. Spaß daran, gemeinsam etwas Absurdes zu tun, Spaß an den verwunderten Reaktionen nichts ahnender Passanten, Spaß am Gemeinschaftsgefühl, Spaß daran, aus diesem Gemeinschaftsgefühl heraus andere Flashmobber kennenzulernen, und hinterher Spaß an lustigen Videos auf YouTube. Der Flashmob zum Merkel-Besuch in Hamburg im September 2009 etwa resultierte in über dreißig Videos mit Abrufzahlen bis an die 600.000. Nach dem Flashmob, bei dem auf dem Hamburger Gänsemarkt eine Hundertschaft Flashmobber jeden zweiten Satz der Bundeskanzlerinnen-Ansprache mit einem enthusiastischen »Yeah!« unterstrich, wurde die Aktion auch in Berlin und Wuppertal kopiert. Hamburg ist Trendsetter, auch in Sachen Spaß. Darf das sein?

Was da so spaßig aussieht, ist in der Regel sehr professionell organisiert. Dafür steht eine Hamburger Flashmob-Community mit einer gut gemachten Homepage, auf der man sich über die Termine der Flashmobs informieren kann. Hier kann man mitmachen, Ideen vorschlagen und sich mit einem eigenen Flashmob engagieren. Hier werden aber auch Mitmacher für Edel-Flashmobs gesucht, etwa für eine Improvisations-Comedy oder ein Spontan-Musical. Und spätestens hier wird der Flashmob zur Kunst.

Kunst oder nicht Kunst, klar ist, dass Flashmobs, so verwirrend sie auch oft wirken, beispielsweise eine Demo für den Wattebällchenweitwurf als olympische Disziplin, beabsichtigter Nonsens sind. Und zwar freundlicher Nonsens. Hier geht nichts kaputt, hier wird nichts dreckig gemacht oder gar irgendeine Straftat begangen. Flashmobber sind auch keine Chaoten, sondern ganz normale Leute, die sich amüsieren wollen; selbstbewusste, humorvolle, entspannte Hamburger, die den Mut aufbringen, auf offener Straße eine Glühbirne auszulachen. Viel Spaß!

(Ann-Christin Zilling)

Weil der DOM kleine und große Herzen höher schlagen lässt

Johanna nimmt ihre Patentante ins Gebet: »Aber Sonntag gehen wir zum DOM. Nur wir beide ganz allein, ja?« Johanna ist sieben und nicht frommer als andere Kinder in ihrem Alter. Aber der DOM, von dem sie spricht, ist ja auch kein Dom im eigentlichen Sinne (zumindest nicht mehr). Johannas »DOM« ist das größte Volksfest in ganz Norddeutschland. Und das findet dreimal im Jahr einen ganzen Monat lang auf dem Heiligengeistfeld auf St. Pauli statt. Das ist krasse Action mit den neuesten Karussells und Imbissbuden für jede Magenhärte. Den Besucher erwarten Zuckerwatte, Mummenschanz und Schabernack auf einer kilometerlangen Strecke. Überall leuchtet und blinkt es. Das bunte Lichtermeer der abgefahrenen High-Tech-Fahrgeschäfte wird gekrönt durch das Riesenrad mit einem Traumausblick über Hamburg. Vergleichbar einer Zitronenscheibe auf einem Erste-Klasse-Cocktail.

Es gibt das sogenannte Frühlingsfest, den Sommerdom und den Winterdom. Jede Jahreszeit hat dabei ihren eigenen Reiz. Besonderes Highlight im doppelten Sinn ist das riesige Feuerwerk, das jeden Freitag ab 22.30 Uhr abgeht wie'n Zäpfchen. Ansonsten verlocken den Besucher an jeder Ecke alkoholhaltige Getränke, zucker- oder fetthaltige Genussmittel und Spezialitäten wie zum Beispiel ein Märchendorf mit Met-Verkostung und mittelalterlichem Brot. Das klingt jetzt alles nicht gerade enthaltsam und spirituell. Warum heißt der DOM dann »DOM«? Der Name geht zurück auf die Zeit, als die Hamburger ihren Met noch täglich verkosteten. Bereits im 11. Jahrhundert suchten die fliegenden Händler bei Schmuddelwetter Schutz unter den Gewölben des Mariendoms zu

Hamburg. Das nannte man dann »DOM-Zeit«. Das war freilich an einem völlig anderen Standort und den Mariendom gibt es schon seit 1806 nicht mehr. Dafür gibt es heute jeden Mittwoch den Familientag mit ermäßigten Preisen bei den fliegenden Händlern, Fahr-, Belustigungs- und Spielgeschäften! Das freut auch Johanna und ihre liebe Patentante. So macht der DOM nicht nur kleine Mädchen, sondern auch große Mädchen glücklich. Zumindest für die Dauer einer Karussellfahrt. Gleiches gilt natürlich auch für die kleinen und großen Jungs. *(Torsten Lindner)*

Weil hin und wieder
eine ganze Stadt vorbeikommt

Das ist kein Schiff mehr. Und auch kein schwimmendes Hochhaus. Eigentlich ist das, was sich gerade an den Zuschauern am Elbufer vorbeischiebt, eine ganze Stadt. Mit Restaurants, Cafés, Schwimmbad, Sportplatz, Disco, einer Bibliothek, einem Kino, einem Theater. Die Bürger dieser Stadt heißen »Passagiere«. Den Bürgermeister nennt man »Kapitän«. Und diese Stadt heißt »Queen Mary 2«. Die Königin der Meere hat sich zu einem kleinen persönlichen »Wellness-Aufenthalt« in der Hamburger Werft angemeldet. Zu diesem Anlass haben ihr die Hamburger mal wieder den roten Teppich ausgerollt und so stolziert die Queen Mary 2 würdevoll die Elbe, den Laufsteg der Ozeanriesen, entlang. Wie es sich für eine Queen geziemt, winkt sie gelegentlich den Zuschauern zu, indem sie ihre Schiffshörner ertönen lässt. Das hört man durch ganz Hamburg. Die Fernsehteams begleiten das Spektakel über das Wendemanöver hinaus bis zur Trockenlegung im Dock. Fehlt nur noch, dass Rolf Seelmann-Eggebert live kommentiert.

Der offizielle Heimathafen der Queen Mary 2 ist Southampton. Der eigentliche dürfte aber mittlerweile Hamburg sein. Die Hamburger haben die Queen schon gleich bei ihrem ersten Besuch in ihr großes Herz geschlossen. An die 500.000 Zuschauer beobachteten sie an ihrem ersten Einlauftag, heißt es. Da es meines Wissens derzeit noch keine empirischen Studien dazu gibt, kann man über die Ursachen dieser Begeisterung nur spekulieren: Erstens raubt es einem echt den Atem zu erleben, wie sich 151.400 Tonnen Stahl mit einer Länge von 345 Metern und einer Höhe von 72 Metern vorbeischieben. Zum Vergleich: Das Berliner Olympiastadion ist 305 Meter lang und 22 Meter hoch.

Zweitens ist Hamburg mit der modernen Kreuzfahrt groß und reich geworden. Die Hamburger wissen das zu schätzen. Drittens sind die Hamburger einfach herzliche Menschen. Und viertens haben sie auch einen tüchtigen Sinn für die Vermarktung von Großereignissen. Und weil das so ist, kann man auch ziemlich sicher sein, dass die nächste Queen – die Queen Elizabeth – auf ihren Hamburg-Visiten die Herzen der Menschen an der Elbe ebenso erobern wird. Der Teppich ist jedenfalls schon für sie ausgerollt.

(Torsten Lindner)

Weil man hier für großartige Konzerte keine Stadien braucht

Der Mann da vorne am Mikrofon ist kein Anfänger. Der internationale Bühnen-Durchbruch kam beim Live-Aid-Konzert 1985. Damals trat er im Alter von 26 Jahren mit seiner Band vor rund 100.000 Zuschauern im JFK-Stadion in Philadelphia und vor über einer Milliarde Menschen an den Fernsehgeräten und Radios auf der ganzen Welt auf. Was folgte, waren über 30 Millionen verkaufte Tonträger weltweit, Nummer-eins-Alben, Hits und schließlich die Krönung vom »Q-Magazine« zum besten Live-Act der Welt. 1988 setzte sich seine Band mit ihrem Auftritt im Londoner Wembley-Stadion für die Freilassung Nelson Mandelas und das Ende der Apartheid ein. Mit welchem Erfolg, weiß jeder. Im Gegensatz zu den meisten Bands von damals und den beiden erwähnten Stadien ist diese Band immer noch »alive & kicking«. Sie füllen immer noch die großen Hallen und bringen jedes Mal problemlos mehrere Tausend Fans bei den großen Festivals zum Mitklatschen. Doch heute Abend will der Mann am Mikrofon noch einmal Anfänger sein. Deshalb tritt er heute nicht in der Sporthalle oder im Stadtpark auf, sondern im Sechshundert-Leute-Club Knust am Karoviertel. Deshalb hat er über seine Agentur den örtlichen Veranstaltern untersagt, den Namen »Simple Minds« zu erwähnen. Deshalb ist er mit völlig neuen Liedern, einer anderen Band und unter dem Pseudonym »Lostboy!« auf Tour. Jim Kerr genießt es sichtlich, noch einmal ein Anfänger, ein »Newcomer« zu sein. Heute Abend muss er niemanden mit seinem »Let me see your hands!« animieren. Heute muss er auch nicht »La-la-la-la-Don't You …« zelebrieren. Er kann das bringen, wozu er ganz allein Lust hat, und sehen, wie es bei den meist unvoreingenommenen Zuhörern ankommt. Es kommt bestens an. Am Ende des Konzertes haben wir das Gefühl, wieder einmal einen großartigen Musik-Abend in Hamburg erlebt zu haben. Und wir Hamburger sind verwöhnt. Schließlich haben alle wichtigen Rock- und Pop-Bands Hamburg auf ihrem Tourplan. Wenn nicht, sind sie auch nicht wirklich wichtig. Die Konzerte halten meistens, was sie versprechen. Wer hier auftritt, weiß, dass er keinen Mist abliefern darf. Wer es doch tut, wird am nächsten Tag von den anspruchsvollen Journalisten in der Medienstadt verrissen.

Vielleicht habe ich aber bis jetzt auch nur einfach ein glückliches Händchen bei der Auswahl der Konzerte gehabt. Ich klopfe dreimal auf das Holz meiner Akustik-Gitarre, sodass etwas Staub abfällt.

Dabei bietet Hamburg für Bands und Stars jeder Größe die passende Spielstätte: vom kleinen Club über mittelgroße Hallen bis zum Stadion. Mir persönlich sind die Club-Konzerte am liebsten. Die Akustik ist besser als in einer Mehrzweckhalle mit Blechdach und man ist logischerweise dichter an der Bühne. Außerdem spürt man, dass die meisten Bands die Nähe zum Publikum genießen. Wie zum Beispiel beim Konzert von Jarvis Cocker in der Fabrik 2009. Jarvis ist nicht mit Joe Cocker verwandt, hat aber in den neunziger Jahren mit seiner Britpop-Band Pulp ebenfalls Kultstatus erreicht. In jenen Jahren musste er einen Doppelgänger engagieren, um ein halbwegs normales Leben führen zu können. Da steht also dieser schlaksige Teenie-Schwarm auf der kleinen Bühne der Fabrik und hundert junge Frauen hängen an seinen Lippen. Also jetzt im übertragenen Sinne. Und plötzlich geht der Star an den Bühnenrand und drückt einem Mädel, das eh schon am Rande des Nervenzusammenbruches ist, sein Paar Cymbals zum Mitmachen in ihre zittrigen Hände. Das wäre in der Arena oder in der Alsterdorfer Sporthalle undenkbar gewesen. War das ein Spaß.

Selbst wenn mal ein Konzert tatsächlich schlecht besucht ist, kann das trotzdem ein schöner Abend werden. Ich erinnere mich sehr gut an das Konzert von Raul Paz im inzwischen pulverisierten Mandarin Casino. Der Club wollte sich einfach nicht füllen. Alle saßen verwundert und vielleicht auch ein wenig enttäuscht auf den Plätzen an der Wand. Der erhofft heiße Salsa-Abend schien in die weite Ferne Havannas gerückt zu sein. Kurz vor Konzertbeginn kam die komplette Band mit den Tabletts, auf denen ihr Catering angerichtet war, vor die Bühne und bot jedem einzelnen Konzert-besucher persönlich ein paar Tapas an. Es war kein Geringerer als Raul Paz selbst, von dessen Tablett ich einige Scheiben Schinken naschte. Als das Konzert dann losging, hatten wir alle genug Platz, um ungeniert unsere Hüften kreisen zu lassen. Und sehen konnten wir auch bestens. Selbst die Band, so wurde mir später berichtet, hatte an diesem Auftritt ihren ganz besonderen Spaß.

Konzerte in Hamburg sind eben immer für eine Überraschung gut. Und das zu jeder Jahreszeit. Besondere Stimmung kommt natürlich bei den Heimspielen der Lokalmatadore wie Fettes Brot, Texas Lightning, Udo Lindenberg, Tocotronic oder Lotto King Karl auf. Da singt dann selbst der Besucher aus Bremen »Ham-burg meine Perle …« mit. Und zwar aus voller Kehle. Jedenfalls sind Live-Konzerte die Alternative zum Musical-Besuch. Wenn Sie mich fragen, die bessere. Sehr wahrscheinlich werden Sie bei Ihrem nächsten Hamburg-Ausflug ein Konzert erleben können von jemandem, den Sie schon immer mal live sehen wollten. Oder Sie nutzen das Hamburg-Gastspiel Ihrer Lieblingsband gleich für eine Hamburg-Visite. Da fällt mir ein, ich muss noch dringend zum Ticketschalter: Karten für Morcheeba (im Docks) und I Am Kloot (im Übel & Gefährlich) kaufen. *(Torsten Lindner)*

Weil die Hamburger Weinregion selbst Fischköpfe zum Schunkeln bringt

Auf dem Hamburger Rathausmarkt ist immer was los. Am lautesten und lustigsten geht es zu, wenn das Stuttgarter Weindorf mal wieder zu Gast ist, schon öfter als 25-mal. Im Austausch ist dafür in Stuttgart regelmäßig der Hamburger Fischmarkt präsent. Das ist doch ein guter Deal und eine charmante Tradition! Anlässlich des zehnten Weindorfs schenkten die Stuttgarter Wirte der Hamburger Bürgerschaft übrigens einen Weinberg, den Stintfang oberhalb der St. Pauli-Landungsbrücken. Heute wächst hier an hundert Reben auf dem nördlichsten und tiefstgelegenen Weinberg Deutschlands der Stintfang Cuvée. Den hält unser Bürgerschaftspräsident unter Verschluss. Und ganz ehrlich: Was beim Weindorf ausgeschenkt wird, ist wahrscheinlich auch süffiger.

Auf dem Hamburger Rathausmarkt wird bei diesem besonderen Fest ganz unhanseatisch geschunkelt und laut gelacht. Ich bin sehr froh, dass diese Party immer gleich gut zwei Wochen andauert. Sonst hätte man ja überhaupt keine Chance, sich durch die ganzen schwäbischen und badischen Köstlichkeiten zu schnabulieren. Und ein Dutzend Wirte und »Wengerter« (schwäbisch für: Winzer) haben eine Menge zu bieten.

Ich entscheide mich heute für Linsen mit Spätzle, weil ich Maultaschen, Käsespätzle, Zwiebelroschtbraten und Ofenschlupfer schon hatte – oh Gott, nein, nicht alles heute! Die bezaubernde Bedienung Yasmin in Laube Nr. 3 der Weinstube Löwen empfiehlt mir einen leichten Riesling. Dass der im Henkelbecher kommt, das stört mich mittlerweile nicht mehr, ich find's exotisch. Was mich wundert: Der Becher ist bis zum Rand voll, also deutlich über den Eichstrich. Und nicht nur mein Becher. Gar nicht schwäbisch sparsam. Eher ganz Bacchus. Nach dem ersten »Schoppen« bin auch ich bereit, zu »Rosamunde« mitzuschunkeln. »Schenk mir dein Herz und sag ja!« Natürlich will ich noch einen!

Auf dem langen Tisch stehen Weckgläser fürs Besteck. Einmachen ist ja auch was ganz Schwäbisches. Schaffe, schaffe, Häusle baue, und im Keller genug Platz für Gläsle mit Gürkle. Yasmin bringt den nächsten Schoppen, langsam wird's eng, sie lächelt unerschütterlich und macht einen super Job. Egal wie voll – das Stuttgarter Weindorf wird von den Hamburgern geliebt, also ist es immer voll –, der Service ist klasse. Die Blumentöpfe sind festgeschraubt, sicher, damit der frische Hamburger Wind kein Unheil anrichten kann. Der bläst, zwischendurch ein Huscher, aber das stört keinen, denn hier sitzt man gepflegt unterm Zeltdach und lässt es sich gut gehen.

Ein freundliches Paar an unserem Tisch outet sich als original Stuttgarter auf Musical-Städtetrip. Er erzählt einen netten Witz: »Was ist das größte Kompliment, das man der schwäbischen Hausfrau machen kann?« Ich rate lieber erst gar nicht. »Mensch, siehsch du abgschafft aus!«, kommt die Pointe aus der Pistole geschossen. Sehr lustig, aber erst nachdem die zweite Flasche Riesling entkorkt ist. Dann wird's richtig gemütlich, weil echt eng, und wir werden aufgefordert zum »Zammenandernaschneckla«, also dazu, etwas näher zusammenzurücken. Und da fühlen wir uns wie bei einer »Hocketse« im Hohenlohischen, wo man zum »Woischlotza« des Abends im Hofeingang zusammenhockt. Darf's noch ein schwäbisches Flädle sein? Also ein Crêpe? Ha noi, des passt doch net zu dem Woi!

Ich genehmige mir noch eine frische Butterbrezel, wie man sie nur im Süden bekommt. Das Weiche so richtig weich und die Ärmchen richtig knackig und schmal. Und morgen nehme ich dann mal das schwäbische Veschberbrettle oder das viel versprechende Gericht »Von ellem ebbes« und dazu natürlich »Ebbes zom Drenga«. Einen Trollinger oder einen Spätburgunder. Vielleicht schaue ich dabei zu, wie man Maultaschen macht. Und dann hocke ich mich irgendwo in die geballte Weinseligkeit, hänge einfach ab und hoffe, dass ich wieder von der wunderbaren Yasmin oder einer ähnlich perfekten Gastgeberin umsorgt werde.

Ich weiß nicht, ob die da im wilden Süden wirklich alles können außer Hochdeutsch, aber Wein, Kochen, Gastfreundschaft und Fröhlichkeit, das können die! *(Ann-Christin Zilling)*

Weil die Königinnen der Meere in Hamburg gern gesehene Dauergäste sind

Als die nagelneue Queen Mary 2 der britischen Cunard Line zum ersten Mal in Hamburg andockte, wurde sie von gut einer halben Million Menschen euphorisch gefeiert. Dieser 19. Juli 2004 gilt als der Tag, an dem in Hamburg das Kreuzfahrt-Fieber ausbrach. Seitdem ist die Elbe ein Laufsteg, an ihren Ufern gesäumt von begeistertem Publikum. Im Jahr 2010 gab es 120 Anläufe von Kreuzfahrern, mit über 200.000 Passagieren. Neben dem Kreuzfahrt-Terminal in der HafenCity gibt es jetzt auch eines in Altona, aber das sind nur Übergangslösungen. Denn: Nicht nur die Hamburger lieben die Kreuzfahrer, auch die Kreuzfahrer lieben Hamburg. Also wird das nicht lange reichen.

Einer der Höhepunkte für uns alle zu Wasser und zu Land sind die Cruise Days. »Schiffe gucken« ist ohnehin schon eines der hamburgerischsten Hobbys. Seit die Ozeanriesen im Jahr 2008 zum ersten Mal mit den Hamburger Cruise Days gefeiert wurden, ist das wie Fußball-WM: Auch wer ansonsten nicht guckt, jetzt wird geguckt! Und wem der Weg aus Henstedt-Ulzburg doch zu weit ist: Dafür kann man sich auch ruhig einen neuen Fernseher kaufen. Die Bilder von diesem Spektakel gehen nämlich um die Welt. Das Horn der »Mein Schiff« hört man mit etwas Glück wahrscheinlich auch noch in Lurup.

Hier geht es um Größe, Ästhetik und Emotionen. Die Lichtinstallationen anlässlich der Cruise Days machten aus dem Hamburger Hafen 2010 einen Blue Port, einen »urbanen Bedeutungsraum für Gefühle und Sehnsüchte«, wie der Lichtkünstler Michael Batz es im »Hamburger Abendblatt« nannte. Gefühle und Sehnsüchte, das ist es, was aus diesem Großereignis des Hamburg-Tourismus diese Gänsehaut-Party macht.

Docks, der Michel, das Riesenrad auf dem DOM – von der Elbphilharmonie bis zum Hotel Louis C. Jacob – alles in magischem Blau. Viele Ausstellungen und Vorstellungen sind sehenswert und machen Lust, selbst auf Kreuzfahrt zu gehen. Die große Schiffsparade kann man auf Salonschiffen, Raddampfern und Barkassen selbst miterleben. Die Cruise Night lädt zum Tanz auf dem Wasser, Musik liegt in der Luft und still sitzen ist nicht. Aber die Auslaufparade ist der Moment, der uns mitnimmt. Ich stelle mir das schön vor, tagsüber auf hoher See im großen Wellnessbereich, zum Beispiel im indischen Spa auf der AIDAluna, relaxen. Morgens aufwachen vor Cozumel und den Fuß in eine andere Welt setzen. Palmengesäumte Puderzuckerstrände, und zwar im Januar!

Aber, hej, da kommen sie! Die Königinnen der Meere, begleitet von Feuerwerk und tausendfachem Blitzlichtgewitter. Die lässige Columbus, die elegante Astor, die beiden Kussmund-Schiffe AIDAaura und AIDAluna. Der Jubel ist ohrenbetäubend. Sie gleiten vorbei und von Deck winken glückliche Passagiere, die in den nächsten Tagen die Nase in den frischen Meerwind halten dürfen. Weltoffene, begeisterungsfähige und anspruchsvolle Menschen sind das, die auf Kreuzfahrt gehen. Nur die Ewiggestrigen glauben noch, dass es sich hier um Rentnerreisen handelt, bei denen abends im Smoking diniert wird, die beklunkerte Hand fest ums Sherryglas geschlossen. Kreuzfahren ist hip. Einlaufen in Hamburg ein Fest, Auslaufen einer dieser Momente, bei denen man verstohlen das Taschentuch zückt. Und oh, da ist sie endlich, die Mein Schiff. Als für diese Schönheit ein Name gesucht wurde, sprachen sich so viele für den Arbeitstitel aus, dass es dabei blieb. Mein Schiff. Schöner kann man die Beziehung zwischen einem Schiff und seinen Gästen nicht ausdrücken. Meins, das Schönste, das Liebste. Und schließlich kommt sie, die Grande Dame, die »Deutschland«. Das Traumschiff, das vielen Millionen Fernsehzuschauern Liebe, Dramatik und ferne Länder ins Wohnzimmer gebracht hat. Sie ist die Letzte bei der Auslaufparade. Sie lässt sich Zeit. Am Fähranleger in Blankenese wissen wir warum. Sie steht, sie wendet, dreht sich vor uns und zeigt ihre ganze klassische Kreuzfahrtschiff-Schönheit. Catwalk Elbe. Und da ertönt von irgendwoher die Serienmelodie an diesem späten Abend des 31. Juli 2010. Die Sedov, russisches Schulschiff und der größte noch fahrende Windjammer der Welt, hat sich daneben gelegt, als Kulisse. Edle Kulisse für einen Höhepunkt. Irgendjemand ruft: »Nehmt mich mit!« Ja! Mich auch! *(Ann-Christin Zilling)*

Weil man in Hamburg am Weihnachtsmarkt nicht vorbeikommt

Hallo, ich bin's!« Er ruft an! Jetzt schon! Meine Ohren werden rot wie die Nase von Rentier Rudolph. Tief Luft holen und dann ein fröhlich lächelndes »Hallo« in den Hörer geflötet.

»Kommst du nachher mit auf den Weihnachtsmarkt?«

Das ist ja wohl eine rhetorische Frage. Es ist der 22. November, und heute machen die Weihnachtsmärkte hoch die Tür, also ist doch Glühweinbecher-klar, dass der Start der winterlichen Kuschelsaison heute gefeiert wird!

»Klar!«, kriege ich noch raus.

»Toll! Also bis später!« Piep-piep-piep.

Na super. Und wann treffen wir uns? Und wo, um Himmels willen? Es gibt nicht den EINEN Weihnachtsmarkt, wo MAN sich immer trifft!

Ich glaube nicht, dass er mit mir zum Winter Pride nach St. Georg will. Dieser schwul-lesbische Weihnachtsmarkt mit den gemütlichen Buden in der Langen Reihe öffnet ohnehin erst nächste Woche. Mein Lieblingsweihnachtsmarkt im und am Michel kommt leider auch nicht infrage, denn der macht nur für drei Tage auf. Den Öko-Weihnachtsmarkt im Museum der Arbeit kann er auch nicht gemeint haben, denn der findet erst übernächstes Wochenende statt. Da will ich aber auf jeden Fall auch noch hin, schon wegen der Bio-Köstlichkeiten und der Aussteller, die erfrischenderweise nicht so viel mit Weihnachten zu tun haben. Wenn er den Fleet-Weihnachtsmarkt meinte, dann bekommt er definitiv einen Extra-Punkt, weil er weiß, wo es die beste Feuerzangenbowle gibt. Außerdem ist es da am Wasser und etwas abseits sehr gemütlich – das wäre nett. Für den Weihnachtsmarkt am Jungfernstieg könnte ich mich auch begeistern, da könnte man vom Fleet durch den Neuen Wall hinlaufen, das wäre ja stimmungsvoll! Und von dort dann weiter zum Rathausmarkt – das ist der größte. Er wird von Roncalli organisiert und hat eine entzückende eigene Marktarchitektur. Das wäre sehr romantisch! Oder doch lieber zum Gänsemarkt-Weihnachtsmarkt, den mag ich, weil er so übersichtlich ist. Auf keinen Fall möchte ich zu den skandinavischen Weihnachtsmärkten im Portugiesenviertel. Das ist zwar nett und gut organisiert – der schwedische, finnische, norwegische und der dänische nebeneinander, aber da ist auch das Gedrängel am größten. Und ganz ehrlich: Glögg ist okay, aber eine wuchtige Feuerzangenbowle kann er nicht schlagen. Das Telefon klingelt wieder.

»Ich noch mal. Hatten wir schon ausgemacht, wo wir uns treffen?«

»Äääh nein!«

»Pass auf: Kennst du den Santa Pauli Weihnachtsmarkt auf dem Spielbudenplatz?«

»…«

»Hallo?«

»Ja, äh, nein, den kenne ich nicht.« Was denkt der denn von mir?!

»Wir treffen uns um sechs U-Bahn St. Pauli, ja?«

»Toll!«

»Bis gleich, ich freu mich auf dich!«

ER WILL MIT MIR AUF DEN SANTA PAULI WEIHNACHTS-MARKT! Na, dann ist ja alles klar! Aber das ist ein Extra-Grund (Nr. 70). *(Ann-Christin Zilling)*

Weil man um null Uhr richtig Gänsehaut kriegt in der Silvesternacht

Die Dame am Hafenbecken hat feuchte Augen. Und das liegt nicht nur am Regen, der in dieser Silvesternacht über Hamburg hinwegsprüht. Eigentlich ist die Frau ein richtiges Kind des Ruhrgebietes. Dort hat sie immer gelebt. Dort hat sie ihre Kinder großgezogen. Dort haben schon ihr Vater und ihr Großvater Zechen geleitet. Diese Frau gehört also zum Ruhrgebiet wie die Tochter eines Lotsen zu Hamburg. Und doch steht die Frau heute Nacht am Elbspeicher und feiert den Jahreswechsel am Hamburger Hafen. Das hat sie ihrem Kind zu verdanken. Dem Kind, das im Alter von dreißig Jahren aus dem Ruhrgebiet weggezogen und mittlerweile in Hamburg an Land gegangen ist. Das Kind hatte die glorreiche Idee, der Mutter und dem Vater einen Silvesterabend in Hamburg zu Weihnachten zu schenken. Inklusive Sechs-Gänge-Menü in einem schicken Restaurant am Hafen.

Jetzt stehen sie da zu dritt mit einem leckeren Silvester-Menü im Magen und erleben das einmalige Spektakel aus allernächster Nähe. Kein Geringerer als der Michel läutet das neue Jahr ein! Die Raketen versuchen, sich gegenseitig an Höhe und Schönheit zu übertrumpfen. Der Silvester-Himmel leuchtet bunt und laut über Hamburg. Auf dem Wasser tummeln sich die Schiffe wie die Schwimmer im überfüllten Freibad. Und sie lassen alle ihre Nebelhörner, Typhone und Dampfpfeifen zum Konzert ertönen. Das minutenlange kollektive Schiffstuten erzeugt eine richtige Gänsehaut bei der Dame aus dem Ruhrgebiet. Sie ist froh und glücklich, dass sie das heute mit ihren Männern erlebt. Und ein wenig unglücklich. Denn bis zu diesem Ereignis war sie sicher, dass ihr Kind eines Tages wieder zurück ins Ruhrgebiet kommen würde. Nicht nur zu Besuch. Sondern für immer. Eine Mutter spürt so etwas schließlich. In dieser Nacht spürt die Mutter aber, dass sie ihr Kind wohl endgültig an eine andere verloren hat. An diese Stadt. Die Stadt, in der man Silvester feiert wie in keiner anderen Stadt auf der Welt. Zurück im Ruhrgebiet, wird sie später sagen, dass sie sich gar nicht mehr vorstellen kann, woanders Silvester zu feiern als in Hamburg am Hafen.

Das liegt auch an den Schiffen. Den Schiffen und ihrem Tut-Konzert zur Jahreswende. *(Torsten Lindner)*

KAPITEL 7

HIER PRICKELT'S

Weil es sich lohnt, der Liebe wegen nach Hamburg zu kommen. Insbesondere, wenn man die Liebe noch gar nicht gefunden hat

Zu zweit ist es schöner als allein. Alles. Finde ich jedenfalls. Aber wenn man schon Single ist, dann wenigstens in Hamburg. Ob das allerdings eine gute Idee ist, wenn man auch Single bleiben will, das bezweifle ich. Denn in Hamburg, der Single-Hauptstadt, gibt es einfach zu viele Versuchungen. Bei 500.000 Singles in der Stadt – etwa ein Drittel der Bevölkerung lebt allein – gilt die Liedzeile aus »Heiße Ecke« (siehe Grund Nr. 43): »Noch eher als 'nen Schnupfen fängt man sich 'ne Liebe ein« Und wie schnell man sich in Hamburg einen Schnupfen holen kann … aber das ist ein anderes Thema.

Wenn Sie dieses Buch schon bis hierher gelesen haben, dann ahnen Sie, dass Hamburg ein einziger Balzplatz ist. Vorsicht: Flirtzone! Wer Single bleiben will, darf weder um die Alster joggen (siehe Grund Nr. 35), noch auf ein Savanna Dry zur Strandperle (siehe Grund Nr. 6), noch bei einem Flashmob mitmachen (und sich danach vor Spaß und Übermut mit anderen in den Armen liegen – siehe Grund Nr. 53) und schon gar nicht fröhlich herausgeputzt über den Schlagermove toben (siehe Grund Nr. 65). Aus eigener Erfahrung kann ich beisteuern, dass sogar S-Bahn-Fahren in Hamburg zu schöne Begegnungen schenkt, und über die U3 nach Barmbek will ich gar nicht reden! Selbst Internet-Dating-Plattformen, über die sich viele gern beschweren – »Ich bin schon seit drei Jahren auf Kontaktbiss.de und habe nur kranke Typen kennengelernt« –, funktionieren in Hamburg. Schon allein das Screening über das Postleitzahlengebiet im Hamburger Westen ergibt zig Treffer, die gefunden werden wollen. Lebt man hingegen in einer gewissen Kleinstadt am Nordseestrand und sucht über die Postleitzahl, dann sind es drei Treffer, von denen einem alle drei bereits bestens bekannt sind. Und selbst wenn man in Hamburg den Radius enger zieht, nur in den individuell bevorzugten Stadtteilen sucht, hat man immer noch etliche Chats, Telefonate und Blind Dates in Aussicht, die das Alleinbleiben akut bedrohen. Außerdem darf man auf keinen Fall Mitglied in meiner Xing-Gruppe werden. Lauter tolle Singles! Beim letzten Stammtisch wurde die Vorstellungsrunde doch tatsächlich mit der jeweils aktuellen Wasserstandsmeldung zur Partnersuche eröffnet. Ohne Scheu, ohne Scham, ganz locker. Auf der Basis kann man natürlich nicht lange Single bleiben.

Alles in allem: Unzählige Gelegenheiten zum Anbandeln, freie Auswahl und so viele Hauptgewinne wie in Hamburg – also, um den Status der Stadt als Single-Hauptstadt muss man sich ernstlich sorgen. Das kann nicht mehr lange gut gehen, demnächst ist das hier die Hauptstadt der glücklichen Kleinfamilien. Erste Anzeichen dafür gibt es schon. Wer also Single ist und dies bleiben möchte, sollte diese Stadt auf jeden Fall meiden! Wer nicht, der nicht! *(Ann-Christin Zilling)*

Weil die Hamburger echte Sportskanonen sind

Sie haben recht! Sollte Sie als Neu-Hamburger oder Besucher der Eindruck bespringen, dass Sie in eine Art Zirkeltraining hineingeraten sind, so liegen Sie richtig. Die Hamburger sind ausgewiesene Freunde des Sports. An schönen Tagen wird die Stadt deshalb zu einem einzigen Sportpark: Segeln, Rudern, Joggen, Skaten, Radeln, Reiten, Surfen, Schwimmen, Boxen, Hopsen, Springen, Tanzen ... Wer einen Schläger hat, spielt Hockey, Tennis oder Golf. Wer darüber hinaus noch ein Pferd sein Eigen nennt, spielt Polo. Die vielen Fuß- und Handballer natürlich nicht zu vergessen. Da wird Hamburg zur Hüpfburg.

Die Zahlen bestätigen den Eindruck: Hamburg hat rund achthundert eingetragene Vereine. Keine deutsche Stadt hat mehr Teams in der 1. Liga! Um die sechzig Mannschaften spielen zur Zeit in der 1. oder 2. Bundesliga. Interessanterweise stellt Hamburg auch einen der größten Skiverbände Deutschlands. Angeblich leben hier auch die meisten Skilehrer. Insgesamt sind über 530.000 Mitglieder in irgendwelchen Hamburger Vereinen offiziell angemeldet. Das ist bei 1,7 Millionen Einwohnern, großzügig gerechnet, ein Drittel der Bevölkerung. Diese Tatsache wirkt sich positiv auf das Stadtbild aus. Denn Mannschaftssport trainiert bekanntermaßen nicht nur den Körper, sondern auch den Teamgeist und das Verantwortungsgefühl. Gemeinsame Niederlagen und Siege lassen sich leichter verkraften. Bestimmt ist der Sport ein weiterer Grund für die sprichwörtliche hanseatische Gelassenheit (siehe Grund Nr. 84). Zu den registrierten Bewegungstalenten gesellen sich noch jene, die in keinem Verein angemeldet sind, sich aber trotzdem allein oder mit Freunden sportlich betätigen. Das Resultat kann sich sehen lassen: Braun gebrannte Burschen mit strammen Waden und vorbildlichem Body-Mass-Index nadeln auf ihren Rennrädern präzise wie eine Nähmaschine die Straßen entlang. Wie in der Bretagne oder der Toskana. Und überall joggen schlanke Frauen mit Zopf und Kabeln zum Ohr, die in ihrem figurbetonten Laufdress wirken wie frisch aus einem Werbespot der Achtziger enthüpft. »Hallo, ich bin Tennislehrerin und ich esse unheimlich gerne Schokolade. Aber sie muss unbedingt leicht sein. Das ist ganz wichtig für mich.« So eine Einstellung zum eigenen Körper kann dem Ästheten nur recht sein. Ach ja ... Hamburg ist eben auch ein Ort der schönen Menschen. Aloha! *(Torsten Lindner)*

Weil aus Hamburg
die Hamburgerinnen kommen

Es gibt ein Buch mit dem Titel »111 Gründe, Frauen zu lieben«. Das Buch ist auch beim Schwarzkopf & Schwarzkopf Verlag in Berlin erschienen und kostet so viel wie das Buch, das Sie gerade in Händen halten. Als ich das Buch las, dachte ich mir gleich, dass der Autor Hamburger sein muss. Seine Beobachtungen und Liebeserklärungen treffen nämlich auf die Mehrzahl der Hamburgerinnen zu, die kennenzulernen es mir bis jetzt vergönnt war. Nach diesem Satz muss ich erst mal einen Punkt machen.

Jedenfalls bestätigte sich mein Verdacht. Der Autor hat tatsächlich in Hamburg seinen ersten Klaps auf den Po gekriegt. Der Mann ist also vom Fach und kennt die Hamburgerinnen. Deshalb bekommt er wohl auch locker 111 Gründe zusammen, Frauen zu lieben.

Hamburgerinnen sind nämlich schon eine besonders gelungene Ausprägung der Spezies Frau. »Na klar!«, werden jetzt viele denken, Hamburgerinnen sind ja auch blond, schlank und haben blaue Augen. Aber das trifft es nicht ganz. Zugegeben, es liegt in der Natur des Nordens, dass es hier ziemlich viele blonde Frauen gibt, die dem Klischee der kerngesunden Hanseatin mit dem obligatorischen Zopf entsprechen. Doch abgesehen von der Tatsache, dass einem hier mindestens genauso viele umwerfend schöne Hamburgerinnen begegnen, die dunkles Haar haben und keine blauen Augen, geht die Attraktivität dieser Frauen über reine Äußerlichkeiten hinaus. Nehmen wir nur mal als Beispiel Hannelore »Loki« Schmidt. Die Frau des Altbundeskanzlers wurde von einer großen Illustrierten als »Frau fürs Leben« gelobt und ist wirklich ein Paradebeispiel für die perfekte Hamburgerin.

Das Arbeiterkind Loki Schmidt verstand es, die hanseatischen Tugenden so charmant und gleichzeitig bescheiden vorzuleben, wie es ihr manch eine andere feine Dame wohl gerne nachmachen würde. Sie war die Frau, die mit einem Mann durch dick und dünn geht, ohne dabei sich selbst zu vergessen. Loki Schmidt steht für Klugheit, Ehrlichkeit, Bescheidenheit, Zuverlässigkeit und Herzlichkeit. Niemand wird wohl ernsthaft abstreiten, dass Loki Schmidt die Hamburgerin par excellence war. Frauen wie Loki Schmidt gibt es nicht viele. Aber wenn es sie gibt, dann zweifellos in Hamburg.

Es ist eben das langfristig glücklich machende Verhältnis von inneren und äußeren Werten, das die Hamburgerin zur Frau fürs Leben macht. Flapsig ausgedrückt: Wenn die Hamburgerin nicht gerade auf einem Pferd reitet, möchte man gerne eines mit ihr stehlen.

Allerdings ist die Hamburgerin auch anspruchsvoll. Und zwar in allen Bereichen des Lebens. Da möchte man nicht Putzhilfe im Haushalt sein. Andererseits scheut sie sich nicht, auch selbst mit anzupacken, wenn es sein muss. Die Hamburgerin steht eben mit beiden schönen Beinen mitten im Leben. Die Redensart »Wir sind doch nicht aus Zucker« dürfte wohl von einer waschechten Hamburgerin erfunden worden sein. Sie stellt nämlich ihre hohen Ansprüche zuallererst an sich selbst. Und damit auch an ihr Äußeres. Natürlich sieht sie gut aus. So, wie die Pariserinnen es verstehen, sich perfekt zu kleiden und zurechtzumachen – gepflegt, persönlich und immer mit einem Hauch von Eleganz –, so beherrschen viele Hamburgerinnen die Kunst des perfekten Auftritts. Während man andernorts als Frau vielleicht dazu neigen mag, eine Heirat und erst recht die Geburt eines Kindes zum Anlass zu nehmen, sich ein wenig gehen zu lassen, setzt die Hamburgerin als Ehefrau und auch als Mutter alles daran, jederzeit mit der jungen Neueinsteigerin im Bürovorzimmer des Gatten konkurrieren zu können. Diesen sportlichen Ehrgeiz können wir Männer gar nicht genug würdigen. Ja, sicher: Die Hamburgerinnen sind wirklich ein verdammt guter Grund, Hamburg zu lieben.

Kurz: Die typische Hamburgerin – ob zugereist oder in Hamburg geboren – ist eine Frau, neben der man nicht nur gerne einschläft, sondern auch besonders gerne aufwacht. *(Torsten Lindner)*

Weil das Schulterblatt im Sommer ein einziges Straßenfest ist

Jeder kennt das Schulterblatt. Nicht-Hamburger kennen es aus den Nachrichten. Wenn hier Steinewerfer auf Wasserwerfer treffen. Und umgekehrt. Das passiert zwei-, dreimal im Jahr. Dazwischen ist es friedlich. »Schulterblatt« heißt die Straße zwischen Eimsbütteler Chaussee und Neuer Pferdemarkt.

Laut einem schlauen Buch soll hier im 18. Jahrhundert das Schulterblatt eines Wales auf dem Schild eines Wirtshauses der damals lebhaften Straße den Namen gegeben haben. Das lebhafte Treiben in dieser Straße gibt es heute noch. Besonders an lauschigen Sommerabenden. Dann meint man als Besucher Teil eines riesigen Straßenfestes zu sein. Die jungen Frauen ziehen ihre neueste Bluse an und die jungen Männer – falls möglich – ihre sauberste Trainingsjacke. Schließlich geht es hier auch ein bisschen um Sehen und Gesehenwerden. Alles ist angesagt, nur keine Krawatte. Die Abendsonne fällt auf die proppevoll besetzten Bierzeltgarnituren der Lokale an der Ostseite des Schulterblattes. Auf den Tellern liegt Kulinarisches für jeden Geschmack: asiatisch, persisch, italienisch, portugiesisch, spanisch, deutsch. Multikulti kann so einfach und lecker sein. Und dann wird – ja – einfach gefeiert. Man gibt sich gegenseitig Feuer und macht sich miteinander bekannt. »Coole Drinks und heiße Flirts« heißt das dann ziemlich trivial in den Internetforen. Die Mädels machen scheinbar beiläufig, während sie über ihren Job in der Agentur erzählen, ihr Haar auf. Die Jungs goutieren das mit einer neuen Runde Bier. Wenn die Typen sich nicht allzu blöd anstellen, ist ihr dann irgendwann doch kalt. Und er darf ihr seine Trainingsjacke geben. Hat sich das Klappehalten und gelegentlich nickende Zuhören doch gelohnt.

Und die Bemerkungen über Chagall, Radiohead und Durs Grün-
bein. Es werden Gedanken und Handynummern ausgetauscht.
Wie jedes Straßenfest neigt sich dann auch dieser Abend irgendwann dem Ende zu und morgen ist ja auch noch ein Tag ... Gut
möglich, dass man nicht allein nach Hause geht. Oder zumindest
nicht nüchtern. Oder beides. *(Torsten Lindner)*

Weil Schlager in Hamburg
zum guten Ton gehören

Ein dreifaches Hoch-auf-dem-gelben-Wagen auf den Schlager! Schlager pushen besser als Koffein, bewegen mehr als der Senat, verführen erfolgreicher als Casanova, enthemmen schneller als Wodka Energy, berieseln schöner als der Hamburger Nieselregen und machen glücklich wie der erste Kuss. Alles, was man tun muss: sich drauf einlassen. Die beste Gelegenheit dafür nutzen jedes Jahr Hunderttausende Hamburger und Zugereiste beim Schlagermove.

Der Schlagermove findet im Sommer auf St. Pauli statt: Auf dem Heiligengeistfeld steigt am Vorabend die Warm-up-Party, am nächsten Tag ziehen festlich geschmückte, fröhlich umtanzte Wagen ihre Runden Heiligengeistfeld–Landungsbrücken–Reeperbahn, und dann dauert die Fiesta Mexicana, bis keiner mehr kann. Aus allen Ecken der Stadt strömen kunstvoll verkleidete fröhliche Menschen jeden Alters – wirklich jeden Alters! – auf die Reeperbahn. Am meisten los ist anreisetechnisch in der U3 aus Barmbek. Hier wird schon in der U-Bahn ein glückseliges »Wir treffen heute unsre Freundin Biene Maja« angestimmt, dass der Wagen bebt. Am wenigsten los ist in der S1 aus dem Hamburger Westen. Hier ernten wir mit unserer pinkfarbenen Federboa zur apfelgrünen Perücke allenfalls ein Augenzwinkern. Aber ist man erst mal da, ist die Welt heil und in Ordnung. Der Schlagermove ist nämlich mit bis zu 500.000 Schlagerfans nicht nur eine der ganz großen, sondern auch die friedlichste Sause der Stadt. Woran liegt das? Schlaghosen, Luftgitarren, Sonnenblumen – das Schlagermove-Outfit im Stil der Siebziger, dazu aus jeder Kneipe alles von »Schöne Maid, hast du heut für mich Zeit« bis »Ein

Bett im Kornfeld«, man wirft sich Kusshändchen zu und verteilt großzügig Komplimente für Outfits. Das hebt die Stimmung, ja da kommt Freude auf!

Hamburg tanzt, küsst und hat sich lieb. Deshalb ist das Festival der Liebe auch ein idealer Tummel- und Fummelplatz für frischgebackene, für altbewährte und Gelegenheits-Singles (siehe Grund Nr. 61). Nirgends kommt man so einfach mit Angehörigen des persönlichen Beuteschemas in Kontakt. Schwebt über der Aufnahme eines unverbindlichen Gesprächs an 364 Tagen im Jahr von vornherein erst mal das Damoklesschwert der plumpen Anmache, läuft man beim Schlagermove mit Komplimenten, selbst mit dem Klassiker »Kennen wir uns nicht?« erst mal in offene Arme. In der Polonäse von Blankenese bis auf die Reeperbahn nachts um halb eins vereinen wir uns zum gemeinsamen Schunkeln. Und wenn man jemanden toll findet, reicht ein »Komm her, ich küsse heute alle Elvisse!«, um auf Tuchfühlung zu gehen, wobei man die »Elvisse« natürlich situationsbedingt ersetzen kann durch »Luftgitarristen«, »Schlümpfe« oder »Blumenkinder«.

Wenn man gerade nicht einem Junggesellinnen-Abschied in die Arme läuft und für zwei Euro aus fünf angeschickerten Kehlinnen ein »Aber bitte mit Sahne« vorgeschmettert bekommt, dann tanzt man. Die Schlagermove-Meile besteht aus Musik. Und letztlich ist es ja auch egal, ob man zu »Schön ist es auf der Welt zu sein, sagt die Biene zu dem Stachelschwein« oder zu »Er gehört zu mir wie mein Name an der Tür« zappelt. Besonders fröhlich geht es in der Schlange zur Toilette zu. Hier hat's keiner eilig, denn gerade als Frau weiß man ja: Das kann dauern, und läuft entsprechend früher los. Da schafft man mühelos eine Reise mit Theo nach Lodz, bis man sich dann endlich Tür an Tür mit Alice entspannen kann. Auf dem Weg zum nächsten Prosecco auf Eis ernte ich ein anerkennendes Augenzwinkern und ein »Daumen hoch« für meine neuen Stiefel, die ich mir extra für diesen Tag geleistet habe (siehe Grund Nr. 13). Das hebt meine Blümchenstimmung zusätzlich.

Ich singe tralala und tanze hopsasa. Plötzlich steht John Lennon vor mir und sagt: »Du bist so wunderschön. Peace, Prinzessin!« Ich lasse ihn an meinem Prosecco nippen und er küsst mich galant auf die Hand. Da taucht vor mir das flammende Schlagerinferno der Feuerwehr auf, einer der 44 Partywagen, auf denen schöne Männer mit Tolle und Rüschenhemd mit ihrem Lachen anstecken. »Rosamunde, schenk mir dein Herz und sag ja!« »Hossa!«, sag ich und frage die neben mir wippende Blumenfee, wo sie die herrlich himmelblaue Prilblümchen-Tasche her hat. Wir tauschen ein paar Bezugsquellen für Schlagermove-Outfits aus. Das richtige Outfit ist die halbe Miete. Es ist mehr als ein Outfit, es ist ein Statement. Schlaghosen, Fake-Mikro, Herzchen-Sonnenbrille, und Blumen, Blumen müssen sein, vorzugsweise Sonnenblumen. Und ein strahlendes Lächeln im Gesicht. Aber das kommt von allein. Beim Schlagermove kann man nicht anders. Ich freu mich schon aufs nächste Jahr. Humtata und Tätärä: Ein bisschen Spaß muss sein! *(Ann-Christin Zilling)*

Weil der Sommer in den Beachclubs doppelt so heiß ist

Mit Sand kann man Menschen glücklich machen. Das fängt schon im Kindesalter an. Wenn die Kleinen im Sandkasten ihre Burgen und Tunnel bauen und nebenbei ihre ersten zaghaften Flirtversuche starten. Das geht natürlich wortlos, weil man mit zwölf Monaten noch nicht so gut sprechen kann. Ein paar Jahre später am Strand im Urlaub fällt es dann schon leichter. Da verabredet man sich zum Fuß- oder Volleyball, um dann letztlich im Strandkorb der Urlaubsbekanntschaft zu landen. Jedenfalls eignet sich der Sand prima zum Baggern.

Diese Erkenntnis müssen wohl auch die Erfinder der Beachclubs im Hinterkopf gehabt haben. Ein paar Hundert Tonnen Sand, Liegestühle, Sonnenschirme, eine Theke, vielleicht ein paar Palmen – und fertig ist der Sandkasten für Erwachsene. In Hamburg gibt es eine ganze Reihe davon. Die meisten liegen praktischerweise direkt an der Elbe mit Blick gen Süden. Da kommt Urlaubsfeeling auf. Man holt sich ein kühles Getränk und lässt sich an einem gemütlichen Plätzchen zum Relaxen nieder. Nebenbei kann man durch die Sonnenbrillengläser hindurch die vorbeifahrenden Schiffe begutachten. Und natürlich die schönen Menschen beiderlei Geschlechts, die hier durch den Sand flipfloppen. Der Vorteil gegenüber einer normalen Bar oder dem Kopiergerät in der Firma liegt im Beachclub darin, dass man auf den ersten Blick sieht, ob der potenzielle Partner auch dem eigenen Ästhetik-Ideal entspricht. Unrasierte Beine, unrasierte oder gar ungepflegte Zehen, Krampfadern, Cellulite, Tätowierungen: Der Dresscode der Beachclubs lässt keine Geheimnisse zu. Das ist praktisch. Wenn auch manchmal etwas unappetitlich. Aber besser, man entdeckt es schon hier als erst unter der Bettdecke.

Ist man dann fündig geworden, fällt der erste Schritt leicht. »Entschuldigung, dürfte ich mal ihren ... Danke!« Früher entwendete man Förmchen, um Kontakt aufzunehmen, heute tut es auch ein Aschenbecher. Sollte man seit dem zwölften Monat sprachliche Fortschritte gemacht haben, kommt einem das sicherlich zugute. Falls nicht, ist das kein Drama. Schließlich kann man in Beachclubs auch nonverbal zum Ziel kommen. Per Körpersprache. Insofern hat sich nicht viel geändert. *(Torsten Lindner)*

Weil in Hamburg auf dem Wasser alles geht

Ihr wollt Tretboot fahren? Da müsst ihr unbedingt bis in den Stadtparksee, da ist es toll!« Warum dann nicht gleich im Stadtpark lostreteln! Mittlerweile kenne ich ein gutes Dutzend Bootsverleihe rund um die Alster, was daran liegt, dass ich total unflexibel bin. Ich will ein Tretboot leihen, kein Ruderboot, kein Kanu, keine Jolle, das geht nämlich auch alles. Voraussetzung ist, man hat ein Pfand dabei, zum Beispiel den Führerschein oder den Perso, denn sonst muss man schon einen wirklich sehr hilflosen Eindruck machen, damit man das Boot der Begierde gegen eine angemessene Kaution bekommt. Es gelingt mir. Auf der Liebesinsel im Stadtparksee.

Am Ufer des Sees braten Hamburger in der Sonne. Es riecht tropical, das passt zum Wetter. Es ist heiß. Als wir mit dem Tretboot in den Goldbekkanal einbiegen, kommt uns ein Gondoliere entgegen, original venezianisch, die Illusion ist perfekt. Ein Paar sitzt hinter dem Picknickkorb, in den Gläsern perlt Prosecco, ihre Augen glänzen feucht. Heiratsantrag vermutlich.

Hamburg ist das Venedig des Nordens. Und zwar in Potenz, schließlich haben wir mit 2653 über 2000 Brücken mehr als Venedig, und unter einigen davon treteln wir gerade voran. Wie süß: Die Moorhühner – und ich dachte, die seien mittlerweile alle abgeknallt – haben Junge! Stockenten und Haubentaucher begleiten uns, wie wir da im fröhlichen Konvoi mit diversen Alster-Ausflugsschiffen, anderen Tretern und diversen Paddlern den grünen Kanal entlangfahren. Die pinkfarbenen Paddel vor uns leuchten vor der sattgrünen Kanalkulisse. Immer wieder bieten sich köstliche Einblicke in private Gärten. Noch eine Brücke und noch eine Brücke, und unter der nächsten haben sich fünf Kanus zusammengerottet und trotz des Wetters irgendwie kühles Bier im Angebot. Aus gebotenem Anlass. Klar trinken wir eins mit, Junggesellen-Abschiede sind in Hamburg derart häufig, dass man die Statistiken über die wachsende Zahl von Single-Haushalten für einen Marketingcoup der »wachsenden Stadt« halten möchte. Den Rondeelteich lassen wir heute mal rechts liegen und da ist sie: die glänzende Wasserfläche der Außenalster. Jetzt einfach treiben lassen. Als ob die Bäume sich vor der Kulisse der Hamburger Höhepunkte nach rechts schieben. Der Heinrich-Hertz-Turm, die Kirchen und davor viele weiße Segelboote. Die Sonne brennt und die Frisur unter dem Sonnenhut kannst du vergessen. Jetzt würde ich gern ins Wasser hopsen. Aber ob ich dann wieder in das Boot komme? Ich lass das mal. Das Alstercabrio, ein Ausflugsschiff ohne Dach, veranlasst uns zum schnellen Aus-der-Bahn-Treteln. Wir nehmen den nächsten Kanal links und staunen am Anleger Mühlenkamp über die schwungvollen Wendemanöver der Alster-flotte. Es ist der Osterbekkanal. Auch unser eigenes Anlege-manöver bei Fiedler's lohnt sich. In der gegenüberliegenden Gelateria Sole gibt's ein Erdbeerquark-Eis, das haben wir uns jetzt verdient. Im Tretboot fühle ich mich ein bisschen wie auf einem Fahrrad, bei dem der Sattel etwas zu hoch eingestellt ist. Der Sitz lässt sich einfach nicht weiter nach vorne schieben. Das hängt wahrscheinlich damit zusammen, dass die Boote fast alle aus einer Zeit stammen, in der es selbstverständlich war, dass der Herr die Dame kutschierte. Hach!

Wie wir da locker den ruhigen Mühlenkampkanal entlang-treteln, werden wir von drei Graugänsen überholt. Einer der Überflieger bescheißt mich. Ein gutes Omen, denke ich mir. Das Blüschen ist schnell ausgespült und auch schnell wieder trocken. Erwähnte ich es schon? Es ist heiß! Und plötzlich wird's vor uns auch noch eng. Mehrere Boote reihen sich an den kleinen Fens-tern des Café Canale auf. Ein »Drive-in« der besonderen Art, wie eben so vieles in Hamburg besonders ist. Auch der Eiskaffee, der uns durchs Fenster gereicht wird, passt jetzt ganz besonders gut! Wieder auf dem Goldbekkanal, machen wir uns auf den Rückweg. Den gleichen Kanal mal rauf-, mal runterschippern lohnt sich, weil die neue Blickrichtung für immer wieder neue berückende Perspektiven sorgt. Und damit meine ich nicht die leicht bekleideten, braun gebrannten Menschen in den anderen Booten, die vor und hinter uns unterwegs sind oder gelegentlich unter den überhängenden Ästen am Ufer wegtauchen. Unter den Zweigen sieht man Füße im Wasser baumeln. Den bekannten Weg wieder zurückzufahren bewahrt auch vor Irrungen und Wirrungen. Sich in den vielen Kanälen zurechtzufinden kann nämlich knifflig sein. Da gibt es zum Beispiel die Story von den zwei japanischen Touristen, die spätabends dehydriert und k.o. auf dem Feenteich trieben, bis die Polizei sie zu ihrem Bootsverleih zurückeskortierte. Wahrscheinlich genau für solche Fälle hat die Polizei am Goldbekkanal ihren eigenen kleinen Anleger. Auf der Höhe desselben begegnet uns der nächste Junggesellen-Abschied, diesmal sind's die Mädels, die hier mit einem fröhlichen »Quietsche-Entchen, nur mit dir plantsche ich so gerne hier. Bob-bob-bob-i-dob!« hart an der Schallgrenze entlangpaddeln. Die Stockenten geben der lustigen Crew freundlich Geleit. Und da taucht vor uns leider schon wieder die Liebesinsel, das Zuhause unseres Tretbootes, auf. Guter Tipp, im Stadtpark abzulegen. Aber eigentlich ist's egal. Die Alster ist auf allen Kanälen das erste Programm! *(Ann-Christin Zilling)*

Weil auf der Reeperbahn jedes Auge seine Faust findet

Freitagabend, 22 Uhr: An der Station Reeperbahn spuckt eine S-Bahn nach der anderen Fahrgäste in Feierlaune aus. In der einen Hand halten sie eine leere Flasche Bier oder eine halb volle Flasche Wodka-Cola und in der anderen ein Handy. Auf den Bürgersteigen schieben sich Reisegruppen an Partygängern vorbei. Polizei-Teams gehen Streife, Koberer locken die Gäste in die Läden. Mädels in hohen Lackstiefeln verhandeln mit untersetzten Halbglatzen, die ihre Väter sein könnten. Es riecht nach Bier, Fett und allem, was aus einem Menschen austreten kann. Die Reeperbahn und die Straßen nebenan sind eine einzige riesige Party-Meile.

Mittwochabend, 22 Uhr: Die Scherben vom Wochenende sind fast von den Gehwegen des Kiezes verschwunden. Ein Musiker schleppt seinen Kontrabass über die Kreuzung an der Davidstraße. In einem Club am Spielbudenplatz wechseln sich ein Dutzend Hamburger Nachwuchsbands ab. Ein Café in der Talstraße veranstaltet ein Tischkicker-Turnier. In der Bar nebenan liest ein junger Autor seine Kurzgeschichten vor. In einem ehemaligen Hotel findet eine Vernissage statt. Im Imperial Theater bekommen die Zuschauer eines spannenden Kriminalstückes Gänsehaut.

Über die Reeperbahn ist schon so ziemlich alles geschrieben und gesungen worden. Die »geile Meile« ist der Ballermann Hamburgs. Wer sich hier um jeden Preis mit übersteuertem Schaumwein und dürftigen Tanzvorführungen für Verklemmte übers Ohr hauen lassen will, kommt hier genauso auf seine Kosten wie die Jungs und Mädels, die einfach nur mal Party machen wollen. Ist die Reeperbahn wirklich ein Grund, Hamburg zu lieben? Aber ja!

Denn da können sich all die Vollidioten tummeln, die glauben, dass der Kiez das Paradies des prolligen Sich-daneben-Benehmens ist. Dafür ist man dann in den Bars und Clubs der Seitenstraßen unter sich. Dort, wo die Off-Kultur lebt und es wirklich cool ist. Auf St. Pauli ist eben Platz für alle.

Und wer, warum auch immer, ein paar blaue Augen oder einen Satz neue Zähne haben möchte, ist hier auch goldrichtig. Mein Tipp: einfach einen durchtrainierten Luden am Hans-Albers-Platz fragen, wo man hier dessen Mutter findet (nicht die von Hans Albers). Aber der Phantasie sind auch hier keine Grenzen gesetzt.

(Torsten Lindner)

Weil im Familieneck
schon manche Familie gegründet wurde

Du hast so schöne Augen. Warum schauen die so traurig?« Die Frau Ende vierzig scheint etwas einsam zu sein und sich für heute etwas vorgenommen zu haben. Ich danke ihr für das Kompliment und versichere ihr, dass ich nicht traurig, sondern nur ein bisschen müde bin. Es ist Freitag und ich treffe mich mit einem Kumpel zu einem Feierabend-Bierchen. Den Stress der Woche runterspülen. Wir sind im Familieneck in Ottensen. Der Name ist etwas missverständlich. Für Familien mit Kindern ist die verrauchte Eckkneipe eher ungeeignet. Wohl aber für Singles und andere, die keine Verpflichtungen haben.

Das Familieneck unterscheidet sich dabei von vielen anderen Szenekneipen durch die echte und dauerhafte Stimmung. Eine Stimmung wie in einer jungen Frikadellen-Eckkneipe. Nur ohne Frikadellen. Es gibt coole Stammkunden und immer wieder interessante Neukunden. Man fällt hier auch nicht unangenehm auf, wenn man stundenlang allein da ist. Man wird früher oder später eh in irgendein Gespräch verwickelt. Der Dresscode ist ebenfalls zwanglos. Man kommt rein, auch wenn man keine Trainingsjacke+Sakko oder Strickbündchen-Lederjacke mit Hornbrille und »Digital Boheme«-Umhängetasche trägt. Wo gibt es das momentan noch? Und im Sommer ist T-Shirt mit Schal auf den Bänken vorm Familieneck kein Muss. Man kann das T-Shirt auch weglassen.

Das Team hier pflegt tatsächlich einen familiären Umgang mit sich und den Gästen. Auch der DJ. Der steht im Familieneck übrigens auf der Theke, weil sonst kein Platz mehr ist. Am Wochenende ist hier immer Rock'n'Roll. Egal, welche Musikrichtung gerade läuft. Im Augenblick läuft Gogol Bordello. Und als sich jetzt bei mir immer noch kein Hüftwackeldackel-Reflex einstellt, komme ich zu einer Erkenntnis: Es ist Zeit für mich, hier meinen Platz für einen anderen frei zu machen und ins Bett zu gehen. Allein. Am Ausgang drehe ich mich noch einmal zu der Frau um und zwinkere ihr mit einem meiner beiden »traurig schauenden Augen« zu. Sie lächelt. Es wird bestimmt noch eine lange Nacht für sie. *(Torsten Lindner)*

Weil die Vorfreude auf das Fest der Liebe in Hamburg am geilsten ist

Schade eigentlich, dass viele Menschen dem Fest der Liebe mit gemischten Gefühlen entgegensehen. Denke an Geschenke, süßliches Musikgesabber allüberall, fette Gans, Dominosteine, die als solche im Magen liegen, Plätzchen, die nach dem Verzehr am Arsch sind, die Nächsten rücken einem über Gebühr auf die Pelle, »Der kleine Lord« zum 43sten Mal. Am Morgen danach titeln die Frauenversteher-Magazine, wie man den ganzen emotionalen und körperlichen Ballast wieder los wird und welche Rechte man beim Geschenke-Umtausch ohne Kassenzettel hat. Dabei kann man's sich doch auch leicht machen, indem man das Fest der Liebe einfach mal wörtlich nimmt. Am besten auf dem Santa Pauli Weihnachtsmarkt. Hier kann man sich ab Ende November bis zum 23. Dezember unklebrig vorweihnachtlich antörnen lassen. Hier gibt's knackige Wichtel, sexy Engelchen und der Weihnachtsmann sülzt nicht, sondern er rockt.

Hamburgs »geilster Weihnachtsmarkt« findet, wie der Name schon vermuten lässt, mitten in St. Pauli statt, auf der Reeperbahn. Mit der Reeperbahn ist das ja ohnehin so eine Sache (siehe Grund Nr. 68). Vor allem männlicher Besuch aus der Provinz will ja auf jeden Fall mal gesehen haben, was da abgeht nachts um halb eins. Leider machen die Huren mit diesen Jungs eher kein Geschäft, denn geschaut wird zwar, gegessen wird jedoch zu Hause. Und so schnell, wie die weibliche Begleitung an der Hand zerrt, kann man auch noch nicht mal gucken. Auch für diese Fälle ist der Santa Pauli Weihnachtsmarkt die perfekte Lösung: Reeperbahn light quasi. Da staunen auch die Frauen. Gegen einen sinnlichen Advent ist schließlich nichts einzuwenden, solange man ihn ohne Fremdeinwirkung verbringt.

Auf dem Santa Pauli Weihnachtsmarkt geht es mit Spaß zur Sache. Rote Zipfelmützen mit langen weißen Zöpfen prosten sich bei Feuerzangenbowle und Glühwein zu, natürlich geht's gerade hier um die Wurst, und wer partout will, findet hier auch allerlei Geschenke. Vor allem für die Liebsten. Also nicht notwendigerweise die Nächsten, sondern die wirklich Liebsten. Zum Beispiel den Vibrator mit dem laut Verkäufer »seeehr bööösen kleinen Schnippel« für die Klitorismassage. Mein Besuch aus … ist ja auch egal … kommentiert das günstige, attraktive Angebot erst einmal mit »Geh mir fort!«. Gegen Ende des Abends stehe ich mir dann die Beine am Glühweinstand in den Bauch, weil die beiden noch »kurz was erledigen«, bevor sie mit einer neutralen, blickdichten Plastiktüte den Nachhauseweg anzutreten bereit sind.

Der größte »Skandal« für meinen Besuch ist die Ü-18-Area, das Strip-Zelt. Mit dem Versprechen, man könne sich in dem beheizten Zelt »heiß machen«, lotse ich meine Gäste hinein. Hier gibt es zum coolen oder hot Drink Strips, Tabledance mit und ohne Stange, von süßen Weihnachtsdeerns performt. Die barbusigen Bedienungen haben gut zu tun und mein Besuch entwickelt einen mächtigen Durst, denn hier ist es »richtig nett«. Echt Reeperbahn light, ohne »Pfui«, einfach nur »Huiuiui!«. Insbesondere, wenn eine Modenschau die passende Mode präsentiert. Mode mit Mut zur Lücke. Süßer die Glocken nie klingen als auf dem Santa Pauli Weihnachtsmarkt! *(Ann-Christin Zilling)*

KAPITEL 8

NUR HIER

Weil die Elbe eine ganz heiße Geliebte ist

Jede größere Stadt, die etwas auf sich hält, kann einen Fluss anbieten. Paris die Seine, London die Themse, Moskau die Moskwa, Wien die Donau und so weiter. Das hat natürlich historische Gründe, auf die wir hier aber nicht näher eingehen wollen. Hamburg hat jedenfalls die Elbe. Die hat es nicht allein für sich, sondern teilt sie sich mit anderen Städten. Die Elbe entspringt ja schon in Böhmen und kommt auf ihrem Weg nach Hamburg unter anderem an Dresden und Magdeburg vorbei. Man kann also davon ausgehen, dass sie schon einiges gesehen hat. Und das merkt man ihr auch an. Sie ist durch nichts so schnell aus der Ruhe zu bringen. Noch nicht einmal durch Ebbe und Flut. Alles läuft in geregelten Bahnen. Meistens zumindest.

Hamburg kann sich glücklich schätzen, dass hier ein Fluss wie die Elbe durch die Vorgärten fließt. Berlin hat da mit der Spree weniger Glück gehabt. Die Spree ist in Berlin kaum als Fluss zu erkennen, sondern hat über weite Strecken die Anmutung des Dortmund-Ems-Kanals. Da tut sich wenig. Ein großer Containerhafen? Fehlanzeige. Die Ankunft eines Kreuzfahrtschiffes an der Museumsinsel? Auch Fehlanzeige. Schon Ende des 19. Jahrhunderts schrieb der einflussreiche Kritiker und bekennende Flaneur Alfred Kerr: »Warum fließt der Rhein nicht durch Berlin?« Noch besser als der Rhein würde sich bestimmt die Elbe am Berliner Bundestag machen, aber da fehlen ein paar Kilometer. Man kann eben nicht alles haben.

Somit antworte ich immer auf die Frage meiner neidischen Freunde aus der Hauptstadt »Was hat denn Hamburg, was Berlin nicht hat?«: »Die Elbe!« Als Nicht-Hamburger werden Sie jetzt vielleicht die Frage stellen wollen, was denn die Elbe so besonders macht, und genau da sind wir schon beim Thema. Die Elbe ist wie eine ganz aufregende Geliebte. Eine ganz »steile Mutti«, wie der jüngere Leser vielleicht in seinem saloppen Jargon formulieren würde. Die lässt sich immer etwas Neues einfallen. Mit ihr wird es nie langweilig. Komme ich mal von einer Reise zurück nach Hamburg, ist sie schon da und wartet auf mich. Und Sie können sicher sein, dass sie eine Überraschung für mich parat hat. Mal ist es die Abfahrt eines Ozeanriesen mit rund 8000 Containern, der gerade in diesem Moment an mir vorbei Richtung Shanghai schiebt. Oder es sind Hunderte von weißen Dreiecken in Form von Segelbooten, die sich eine Regatta liefern. Oder es ist ein alter Schaufelraddampfer mit Besuchern, der scheinbar seinen Lebensabend vom Mississippi auf die Elbe verlegt hat. Oder es ist die Ebbe, die ein paar skurrile Fundstücke des Flussbettes preisgibt. Oder das Hochwasser, das mich zur Änderung meiner gewohnten Joggingroute zwingt. Oder es sind die Eisschollen im Winter, die dem Elbestrand den Charakter einer Märchenlandschaft verleihen. Oder es sind einfach die magischen Lichtreflexe, welche die tiefstehende Herbstsonne auf den Wellen der Elbe erzeugt. Oder. Oder. Oder. Auch nach Jahren der Beziehung schafft sie es immer wieder, einen zu verblüffen. Man möchte fast applaudieren. Dabei ist sie eine gute und geduldige Zuhörerin. Und sie nimmt es mit wohlwollender Gelassenheit hin, wenn man sich zu ihr setzt und sie stundenlang einfach nur anstarrt. Sie weiß, dass sie schön ist, und von daher ist es für sie nur normal, dass man sie anglotzt. Dadurch lässt sie sich nicht von ihrer Arbeit ablenken.

Zugegeben: Die Hamburger haben es nicht immer leicht mit ihr gehabt. Ihre Sturmfluten haben großes Leid gebracht. Aber das kann man der Elbe nicht übel nehmen. Sie ist eben ein Stück Natur und der Mensch entscheidet, wie weit er sich ihr nähert. Aber mittlerweile haben sich die Hamburger darauf eingerichtet. Auf gelegentliche Temperamentsausbrüche stellt man sich rechtzeitig ein. Und gerade dann kann die Elbe besonders faszinierend sein.

Hamburg ohne Elbe – das wäre wie Disco ohne Musik. Kein Hafen. Keine Schiffe. Kein Geld. Und rein geografisch gesehen ein Desaster. Da würde Altona gleich ins Alte Land übergehen. Und Blankenese hätte niemals das Licht der Welt erblickt, mitsamt seinem Treppenviertel.

Meine liebe Elbe, es tut gut zu wissen, dass du da bist. Ich freue mich schon auf unseren nächsten gemeinsamen Spaziergang. Vielleicht bringe ich ja jemanden mit. Ich weiß, du hättest nichts dagegen. Im Gegenteil. *(Torsten Lindner)*

Weil man hier eine Rundfahrt über die Stadt machen kann

Finden Sie Museen langweilig? Shoppen Sie lieber im Internet als in überfüllten Kaufhäusern? Bei Hafenrundfahrten kommt Ihnen das Fischbrötchen hoch? Sie haben auch keine Lust, mit fremden Menschen in einem engen Bus zu hocken? Dann sind Sie herzlich eingeladen zu einer Stadtrundfahrt der etwas anderen Art! Wir starten an den Landungsbrücken und steigen in die U3. Die U3 ist kein U-Boot, mit dem wir durch die Hamburger Fleete und Kanäle tauchen, sondern eine U-Bahn-Linie von Barmbek nach Barmbek. Sie haben richtig gelesen. Wobei die Bahn gegen den Uhrzeigersinn auch noch nach Wandsbek-Gartenstadt fährt. Das »U« steht zwar für »Untergrundbahn«, doch dieser Untergrund verläuft bei der U3 in Hamburg oberirdisch über ein Hochbahnviadukt. Rund zwei Drittel der gesamten Hamburger U-Bahn verlaufen oberirdisch. So ist das eben. Der Hamburger weiß das Tageslicht und die Sonne zu schätzen.

In welche Richtung Sie mit der U3 fahren, ist völlig egal und hängt ganz von Ihrer politischen Gesinnung oder Ihrer Lust und Laune ab. Mein völlig unpolitischer Vorschlag lautet, dass wir heute einmal rechtsherum, also erst einmal nach Osten Richtung Wandsbek (Gartenstadt), fahren. Wenn wir Glück haben, müssen wir noch ein paar Minuten auf die U3 warten. Das ist deshalb ein Glücksfall, weil wir dann noch etwas Zeit haben. Vom Bahnsteig der Station Landungsbrücken aus hat man nämlich einen unvergleichlichen Blick auf den Hamburger Hafen. Und da liegen sie alle. Die Cap San Diego, die Rickmer Rickmers und mit etwas Glück vielleicht auch die Queen Mary oder irgendein anderes gigantisches Kreuzfahrtschiff. Selbst gebürtige Hamburger, die hier jeden Morgen auf dem Weg zur Arbeit umsteigen, genießen diesen Ausblick. Und da kommt sie auch schon, unsere U3. Links der Strecke beginnt das sogenannte Portugiesenviertel. Durch das geöffnete U-Bahn-Fenster weht uns jetzt der Duft von gegrilltem Fisch und frischem Knoblauch in die Nase. Das Multikulti-Viertel zwischen Hafen und Michel ist nämlich auch wegen seiner vielen mediterranen Speiserestaurants beliebt. Über die traditionsreiche Beziehung zwischen Hamburg und Portugal könnte man allerdings ein eigenes Buch schreiben.

Die nächste Station heißt Baumwall. Zur Linken sehen wir das Gruner+Jahr-Gebäude mit seiner auffälligen Stahlkonstruktion. Das ist Geschmackssache. Zur Rechten beginnt die Speicherstadt mit dem Sandtorkai. Merke: Wer in die Speicherstadt will, sollte lieber am Baumwall als an den Landungsbrücken aussteigen. Hinter der Speicherstadt erhebt sich die neue HafenCity. Die Ansage in der Bahn kündigt die nächste Haltestelle an: Rödingsmarkt. An der Stelle des Rödingsmarktes war allerdings nie ein wirklicher Marktplatz oder etwas Ähnliches. Heute bekommen wir hier noch einige elegante Kontorhäuser wie das Stellahaus oder das Alte Klöpperhaus zu sehen. Glück gehabt, dass sie nicht einem Parkhaus im Weg standen. Von da an geht es abwärts. Die Untergrundbahn fährt in den Untergrund. Die nächsten Stationen heißen Rathaus, Mönckebergstraße und Hauptbahnhof Süd. Wer jetzt doch lieber shoppen will, sollte hier aussteigen. Die Mönckebergstraße bietet so ziemlich alles, was das Konsumentenherz begehrt. Anschließend kann man den erfolgreichen Beutezug – je nach Jahreszeit – mit einem Kaffee oder Glühwein an Hamburgs schönem Rathausplatz feiern.

Am Berliner Tor taucht die U3 dann wieder ins Tageslicht auf. An dieser Haltestelle gelangt man zum Haus der Geschichte, zur Agentur für Arbeit oder zum Mieterverein. Über die Stationen Lübecker Straße – hier ist besonders der Übergang zur U1 erwähnenswert – und Uhlandstraße fahren wir weiter zur Haltestelle Mundsburg. Die im Jugend- bis Reformstil erbaute U-Bahn-Station steht heute unter Denkmalschutz. Eine weitere Gelegenheit zum Shoppen: Hier befindet sich das Mundsburg-Center mit Übergang zum Einkaufszentrum Hamburger Straße – übrigens mit rund 50.000 Quadratmetern Fläche einst das größte innerstädtische Einkaufszentrum Deutschlands. In den siebziger Jahren ein echter Knüller. Und so sah der Komplex auch bis vor Kurzem aus. Doch inzwischen wurde er für viel Geld saniert, umgebaut und rausgeputzt. So erstrahlt er wieder im neuen Lichte und heißt jetzt nicht mehr »Einkaufszentrum Hamburger Straße«, sondern »Shopping-Center Hamburger Meile«. Das freut vor allem den Werbetexter, der sich das ausgedacht hat.

Wir bleiben aber in der Bahn und fahren weiter über die Stationen Hamburger Straße und Dehnhaide nach Barmbek. Unterwegs bekommen wir einen Eindruck von Hamburger Siedlungskultur. Rote Backsteinwohnquartiere wechseln sich mit roten Backsteinwohnquartieren ab. Schrotthändler und Gebrauchtwagen-Hinterhöfe verleihen unserem Trip das gewisse Flair, das man sonst nur in den Pariser Arbeiterbezirken, auf dem Weg von London-Paddington nach Wembley oder vielleicht am Stadtrand von Warschau findet. In Barmbek müssen wir dann allerdings kurz umsteigen – und zwar in die U3 Richtung Schlump, sonst landen wir wirklich noch in Wandsbek-Gartenstadt. Direkt an der Station Barmbek befindet sich nicht nur der Übergang zur S-Bahn-Linie 1, sondern auch noch das Museum für Arbeit. Hier werden laut Wikipedia die »Auswirkungen der Industrialisierung und die dadurch ausgelösten Veränderungen in sozialen, kulturellen und ökonomischen Bereichen vorgestellt«. Das klingt danach, als sollten wir unsere Stadtrundfahrt mit der U3 zügig fortsetzen. Der Vollständigkeit halber sei noch erwähnt, dass im Hof des Museums die TRUDE ausgestellt ist. Die TRUDE ist keine Figur aus dem Ohnsorg-Theater, sondern das Schneiderad der gleichnamigen Schildvortriebsmaschine, welche für den Bau des neuen

Elbtunnels eingesetzt wurde. Und TRUDE ist die – zugegeben etwas gewollte – Abkürzung für »Tief Runter Unter Die Elbe«.

Über verschiedene kleine Kanäle, die zur Alster führen, und die U-Bahn-Station Saarlandstraße fahren wir weiter zur Haltestelle Borgweg (Stadtpark). Hier kommt man, wie der Name schon sagt, in den Stadtpark. Das ist besonders an Tagen zu empfehlen, an denen die Sonne scheint und/oder im Stadtpark eines der vielen unzähligen Konzert-Highlights stattfindet.

Die Weiterfahrt über die Haltestellen Sierichstraße und Kellinghusenstraße bis zum Eppendorfer Baum ist ein Genuss. Links schöne Häuserfassaden in den unterschiedlichsten Stilen, rechts viel Grün. An der Haltestelle Eppendorfer Baum beginnt immer dienstags und freitags der längste überdachte Freiluftmarkt Europas: der Isemarkt (siehe Grund Nr. 40). Doch sehen können wir ihn aus der U3 heraus nicht. Der Markt verläuft nämlich genau unter dem Hochbahnviadukt. Statt über den Markt zu gehen, können wir also mit der U3 über den Markt fahren. Unsere Fahrt geht weiter über die Stationen Hoheluft (West) und eine Station mit dem lustigen Namen »Schlump«. Da freuen sich die Kinder. Woher der Name kommt, ist unsicher. Wenn Ihre Kinder fragen, sagen Sie ihnen am besten, dass »Schlump« vielleicht von »Schlamm« kommt und damit früher einmal ein sumpfiges oder schlammiges Gelände bezeichnet wurde. Das klingt zumindest einigermaßen plausibel.

Die U3 taucht wieder ab in den Untergrund und wir gleich mit ihr. Da kommt es ganz gelegen, dass die nächste Haltestelle die Sternschanze ist. Hier treffen sich die erlebnisorientierten Nachtschwärmer. Der eine, um im Kreise Gleichgesinnter ein gepflegtes Bier zu genießen. Der andere, um sich im Kreise Gleichgesinnter gepflegt »was aufs Maul« zu hauen. Die Sternschanze ist ja in mehr oder weniger regelmäßigen Abständen Ausgangspunkt für Krawall und Randale. So kommt jeder auf seine Kosten. Besonders der Glaser.

Der nächste Halt ist die Feldstraße. Hier steigt man aus, um auf dem Heiligengeistfeld den Hamburger DOM zu besuchen (siehe Grund Nr. 54), ein Spiel des FC St. Pauli (siehe Grund Nr. 99) oder ein Konzert in den Musikclubs Knust und Uebel & Gefährlich. Im angrenzenden Karoviertel bekommt die modebewusste Frau Kleidung, die sie nicht auf dem Grabbeltisch einer schwedischen Modekette findet. Und auf dem Flohmarkt »Flohschanze« hat man jeden Samstag die Chance, das gute Stück wiederzufinden, das Großmutter einst auf die Straße gestellt hat.

Unsere Fahrt neigt sich dem Ende zu. Der letzte Halt, bevor wir wieder an den Landungsbrücken landen, ist St. Pauli mit der Reeperbahn. Und was wir da alles erleben können, das ist auch ein Thema für sich (siehe Grund Nr. 68).

PS: Mittlerweile habe ich erfahren, dass man im Internet auch einen kommentierenden MP3-Download zur U3-Rundfahrt finden kann. Wenn ich das eher gewusst hätte ... *(Torsten Lindner)*

Weil die besten Segelreviere
direkt vor der Haustür liegen

Die Hamburger leben im Luxus. Sie haben mitten in ihrer Stadt zwei Segelreviere, nach denen sich jede andere Stadt die Finger leckt. Beide sind völlig unterschiedlich und jedes ist auf seine Weise so anspruchsvoll, dass es auch den erfahrenen Segler genug fordert. Und so tummeln sich an schönen Tagen Hunderte, wenn nicht sogar Tausende von weißen Dreiecken auf Elbe und Außenalster.

Frauke aus Blankenese wurde als Kind statt in einer Wiege in einer Jolle geschaukelt. Sie kennt beide Reviere bestens aus eigener Erfahrung und weiht mich als »Quiddje« (so nennt der Hamburger alle Neuankömmlinge, die noch nicht länger als hundert Jahre oder so in dieser Stadt leben) in das kleine Einmaleins des Hamburger Segelns ein: Die Elbe ist abhängig von der Tide. Zu Deutsch: Es gibt Ebbe und Flut. Dadurch muss sich der Segler immer auf unterschiedliche Fließgeschwindigkeiten einstellen. Außerdem ist es auf der Elbe oft sehr windig, weil der Wind ungebremst übers Alte Land fegt. Und dann kann es schon recht sportlich werden, wenn man gegen den Strom und Wind kreuzen muss, um irgendwie zurückzukommen. Zumal jeder Segler auch noch jedem Schiff auf der Elbe ausweichen muss, das nicht nur zum Spaß unterwegs ist. Und das kommt recht häufig vor.

Die Alster dagegen ist tückisch, weil der Segler von unterschiedlichen Winden abhängig ist. Zwischen den Hochhausschluchten der Großstadt entwickeln sich oft plötzlich recht heftige Böen. Durch diese Fallwinde kann es schon mal passieren, dass der Rennverlauf einer Regatta gehörig durcheinandergewirbelt wird und jedes Boot in eine andere Richtung segelt. Aber ich vermute mal, die eigentliche Herausforderung besteht auch für den mit allen Süß- und Salzwassern gewaschenen Segler darin, sich nicht von der malerischen Kulisse ablenken zu lassen. Prächtige Villen an den grünen Ufern, dazwischen immer wieder Hamburger Wahrzeichen: Da kann der Törn schon mal aus dem Ruder laufen. Einige Segler rudern übrigens auch regelmäßig. Und zwar nicht nur auf der Alster, sondern sogar auf der Elbe, mit den sogenannten »Ruxern« vom BSC und vom MSC. »Ruxen« ist hier eine alte Tradition und leitet sich vom Kutterpullen ab. Beim Ruxen »pullt« eine Zehner-Besatzung in einem Kutter am Ufer entlang. Das geht gut in die Arme auf der kabbeligen Elbe. Dafür ist man aber im Gegensatz zum Segeln relativ unabhängig vom Wind. Deshalb werde ich wohl auch wieder mit dem Rudern anfangen, sobald die Saison losgeht. Muss mich nur noch zwischen Elbe und Alster entscheiden … *(Torsten Lindner)*

Weil Hamburg Heidelneuschwansteinberg in den Schatten stellt

Wir Hamburger sehen unsere Heimat mit anderen Augen als Touristen aus aller Welt, die sich für Europa ganze fünf Tage Zeit nehmen. Wenn Deutschland sich für die Reiseroute qualifiziert, dann aufgrund von Orten wie Schloss Neuschwanstein oder Heidelberg. Nichts gegen Neuschwanstein oder Heidelberg! Auch Mixtapes hatten ihre Berechtigung. Aber morgen ist heute schon gestern und mir geht es um übermorgen! Nach aktuellen Hochrechnungen wird Hamburg nämlich im Jahr 2013 mit einem architektonischen Jahrhundertprojekt erstrahlen und die Touristenmagnete von gestern in den Schatten stellen. Schon heute ist die Elbphilharmonie am Kaiserkai Europas aufregendste Kulturbaustelle. Und die teuerste. Der Eröffnungstermin wurde ebenso oft nach hinten wie die Kosten nach oben korrigiert. Alles im Sinn der Perfektion. Aber: Wenn die Elbphilharmonie, Hamburgs neues Konzerthaus in der HafenCity, erst einmal fertig und Hamburg trotzdem nicht pleite ist, dann wird sie die besten Konzerthäuser der Welt übertrumpfen. Liebhaber klassischer Musik werden Hamburg als neue Hochburg feiern. Alle werden begeistert sein und irrsinnig stolz, das Bild eines neuen Wahrzeichens unserer Stadt wird um die Welt gehen, und alles wird gut sein. Gut für Hamburg und gut für das Image Deutschlands.

Es ist typisch für Hamburg, dass die Elbphilharmonie nicht nur ein Konzerthaus wird, sondern ein Gesamtkunstwerk. Schon heute wird die Vorfreude auf drei wunderschöne Konzertsäle mit um die 3000 Plätzen geschürt. Konzerte im Namen der Elbphilharmonie, wenn auch an anderen Plätzen, und Baustellenführungen machen Lust auf Hamburgs neue klassische Musikkarriere. Mit Helm und schweren Schutzstiefeln können wir heute schon einen Blick auf die weltweit erste geschwungene Rolltreppe werfen, uns davon überzeugen, dass es hier keine sichtbehinderten Plätze zweiter Klasse gibt, wir können die weltweit einmaligen bedruckten, verformten und sehr teuren Fassadenscheiben aus der Nähe betrachten und schon einmal ausprobieren, wie es sich anfühlt, die große Freitreppe nach oben zu schreiten. Ganz oben wird es, wenn's dann so weit ist, eine Bar geben, in der auch der leckerste Cocktail absteht, weil man ob des Ausblicks den Mund nicht mehr zubekommt. Noch ist hier alles Beton, Kabel und Eisenträger. Aber wo an sechs Tagen pro Woche in zwei Schichten geschafft wird, geht's vorwärts.

Die Elbphilharmonie ist uns Hamburgern heute schon lieb, sehr teuer und ein valider Grund, Hamburg zu lieben. Die Baustellenführungen sind immer ausgebucht, auch weil viele gern wissen wollen, was um alles in der Welt hier derart für Furore und Diskussionen sorgt. Man muss einfach verstehen: Hier entsteht ein Konzerthaus, das außer für Liebhaber architektonischer Meisterleistungen für die fünf Prozent der Zuhörer gebaut wird, die alles, jeden Ton und Misston hören, die, die wirklich der Musik wegen hier sind. Die 95 Prozent, die zwischendurch einnicken, sind nicht der Maßstab. Für diesen Anspruch steht die Elbphilharmonie und damit Hamburg. Mich begeistert das! *(Ann-Christin Zilling)*

Weil Hamburg am Meer liegt

Wer das Meer liebt, der ist in Hamburg gut aufgehoben. Denn hier gibt's den Strand vor der Tür. Es soll wirklich gelegentlich vorkommen, dass Gäste von auswärts an der Hotel-Rezeption fragen, wie sie am schnellsten zum Strand kommen. Und damit ist nicht der Elbestrand gemeint, sondern der am Meer. Die Frage klingt abwegig, ist sie aber nicht. Es sind nur rund hundert Kilometer Flussweg die Elbe entlang zur Nordsee, und wer die liebliche Ostsee bevorzugt, ist auch in einer Stunde am Timmendorfer Strand.

Wir haben zuletzt die Nord-Ostsee-Bahn über Husum nach Sylt genommen, weil Meer für uns eng verknüpft ist mit Gosch. Dass die Fahrt in Keitum statt in Westerland endete, es kein Vor und kein Zurück gab, tat unserer Stimmung keinen Abbruch. Denn die Bahn ließ sich erweichen und gab uns frei. Was anderes blieb ihr auch nicht übrig, denn die Türen ließen sich nicht mehr verschließen. Die Fahrt dauerte auf diese Weise eine knappe Stunde länger als sonst. Aber das macht ja gar nichts, denn wenn man in Hamburg wohnt, hat man's nicht weit nach Sylt. Beim nächsten Mal, das ohnehin nicht lange auf sich warten lassen wird, klappt dann alles wieder reibungslos. Unser Ziel: ein Beach-Polo-Turnier. Beach gibt's eben nur am Beach. Schöne, Reiche, ein guter Grauburgunder, Goschs Fischbrötchen, Möwen. Ein schöner Tag. Ähnlich schön wie der Tag neulich in St. Peter-Ording, was quasi auch »umme Ecke« liegt. Der Weg dahin eröffnet gleichzeitig noch Shopping-Möglichkeiten kulinarischer Art, weil diverse Bauern ihr frisches Gemüse und anderes leckeres Selbstgemachtes feilbieten. Ein, zwei riesige Kohlköpfe, und schon ist der Kofferraum voll. Mehr geht dann kaum.

Sylt und St. Peter-Ording liegen also, ebenso wie der Strand, vor der Tür. Andere Richtung: Auch die Ostsee ist nicht weit. Scharbeutz, Sierksdorf, Grömitz, Ostseebäder mit langer Tradition. Groß Schwansee, Boltenhagen, alles nur einen Steinwurf entfernt. Wohl dem, der sich nicht am Samstagvormittag in den Stau an die Ostsee stellen muss, sondern antizyklisch einfach mal so losziehen kann. Die Stadt abstreifen und barfuß den Strand entlangwandern. Die große Weite ganz in der Nähe. Auch das ist Hamburg. Hamburg an der Ostsee und an der Nordsee. Mehr muss gar nicht sein.

Ganz ehrlich: Es ist schön am Meer. Aber auch ganz ehrlich: Am Elbestrand oder in einem der Hamburger Beachclubs (siehe Grund Nr. 66) ist die Aussicht genauso großartig. Auf eine kühle Astra-Knolle. Auf einen vorbeiziehenden Kreuzfahrer oder auf illuminierte Container-Terminals, auf die kleinen Optimisten des Segelclubs, die sich bei einer Regatta vergnügen. Und Gosch? Der Backfisch von Daniel Wischer schmeckt genauso gut. Der Leuchtturm von Kampen? Der in Blankenese ist auch schön, und man kann sogar auf drei Etagen drumherum stehen und gehen. Was schöner ist? Darum geht es nicht. Wichtig ist: In Hamburg haben wir die Wahl. Sand zwischen den Zehen, sooft ich will. Mehr Meer geht nicht. *(Ann-Christin Zilling)*

Weil man in Hamburg Auge in Auge mit den Giganten lebt

Und es kommt doch auf die Größe an! Viele Hamburger und Besucher stehen am Elbestrand oder auf dem Altonaer Balkon und blicken staunend auf die andere Seite des großen Stroms. In Sichtweite werden dort an den Containerbrücken 24 Stunden täglich die Containergiganten be- und entladen. Terminals wie Tollerort, Burchardkai, Altenwerder oder Eurogate, sie geben dem Welthafen Hamburg ein faszinierendes Gesicht. Nüchtern betrachtet, blickt Hamburg volle Breitseite auf sein Industriegebiet. Wie lieb und teuer uns diese Aussicht ist, die unsere Wirtschaft prägt, davon zeugen nicht zuletzt die atemberaubenden Grundstücks- oder Mietpreise entlang der Elbchaussee (siehe Grund Nr. 7). Der Burchardkai in der Abendsonne ist einfach spektakulärer als ein Sonnenuntergang am Meer.

Aber warum nur aus der Ferne staunen? Echte Faszination entsteht doch erst durch Wissen. Wissen um die Bedeutung, die Abläufe, die Größenordnungen. In Hamburg darf man den Giganten auf die Pelle rücken, beispielsweise im Bus der Firma Jasper. Die dreistündige Fahrt gerät zur wahren Druckbetankung, einem Schnellstkursus in Sachen Historie und Funktionsweise des Hafens, Geschichten und Insiderwissen zur Containerlogistik.

Überhaupt: der Container, diese genormte Box. Mit ihm fing in den späten Sechzigern des vorigen Jahrhunderts alles an. In ihm wird heute so gut wie alles transportiert, von Ananas in Dosen bis zu Zahnseide. Der Container als Lager- und Transportbehälter machte zunächst die Schauerleute und Stauer im Hafen arbeitslos, dann jedoch folgte ein beispielloser Boom.

Der Stückgutverkehr geriet mehr und mehr ins Abseits, Stückgutfrachter wie die Cap San Diego sind heute Museumsschiffe. Die Cap San Diego komplett umzuschlagen, das dauerte vor 35 Jahren noch eine Woche. Heute wird ein Containerriese innerhalb von Stunden abgefertigt. Für 28 Tonnen Fracht – so viel passt in einen Container – waren vor 35 Jahren fünf Hafenarbeiter und ein Kran einen halben Tag beschäftigt. Heute geht das in zwei Minuten. Wie moderner Containerumschlag funktioniert, das wird in Altenwerder vorgeführt. Altenwerder ist der modernste Terminal der Welt. Der Mensch als potenzielle Fehlerquelle ist hier weitestgehend ausgeschaltet, fast alles läuft vollautomatisch.

Wir passieren die Stationen, die ein Container auf dem Weg zum Frachter durchläuft, lernen, die geheimnisvollen Zahlen auf ihm zu interpretieren – Eigentümer, Innenausstattung, Größe, Gefahrgut- und Wartungshinweise –, insgesamt einfacher zu verstehen als die Angaben auf einem Joghurtbecher, auch wenn's kompliziert aussieht. Anhand all dieser Daten ist ein Container – insgesamt sind derzeit rund 20 Millionen in Umlauf – permanent lokalisierbar. Unser Reiseleiter kann jede Frage beantworten: Schiff volltanken kostet eine Million Dollar; nach welchem System ein Schiff beladen wird, damit Trimm (= ob das Schiff gerade liegt), Festigkeit und Stabilität im Wasser stimmen; dass man Container mit nachreifenden Früchten (Achtung: Wärmeentwicklung!) besser nicht neben Containern mit Feuerwerkskörpern lagert; wie das mit dem Lebendviehtransport funktioniert; welche Arten Container es überhaupt gibt und dass die Leercontainer – jeder fünfte im Hafen ist leer – die größte logistische Herausforderung sind. Rein, runter, rauf, raus und das ruckartig – so soll das alles hier idealerweise laufen. Schließlich ist unser Hafen kein Lager, sondern ein Umschlagplatz. Die durchschnittliche Verweildauer eines Containers im Hafen liegt bei viereinhalb Tagen. Mir schwirrt der Kopf.

Hier sieht man keine Menschenseele. Aber es gibt sie! Containerbrückenfahrer – das ist ein anstrengender Job. Dafür braucht es

Konzentrationsfähigkeit, räumliches Denk- und Vorstellungsvermögen, gute Augen, Fingerspitzengefühl und Feinmotorik. Mittlerweile ist es dunkel geworden. Das soll so sein, schließlich haben wir die Nachtfahrt gebucht. Im Truckertreff gibt es Frikadellen, die Leute gemacht haben, die wissen, was eine Truckertaugliche Frikadelle ausmacht. Auf einer anderen Tour haben wir kürzlich die Duckdalben besucht, einen Ort, der den Seeleuten bei ihrem kurzen Aufenthalt im Hafen als persönlicher Hafen dient. Hier bei der Deutschen Seemannsmission kann man einkaufen, telefonieren, Post nach Hause schicken, Billard und Tischfußball spielen (besonders beliebt, denn auf hoher See geht das natürlich nicht), sich zum Gebet zurückziehen und vieles mehr. Ja, hinter den Kulissen der großen Hafenbühne wird's menschlich.

Mit der Frikadelle im Bauch bin ich auch wieder aufnahmefähig dafür, dass ein in China gebauter Container zwischen 2500 und 16.000 US-Dollar kostet und 12 bis 15 Jahre alt wird, dass ein Schiff wie die 330 Meter lange NYK Olympus mit 22 Mann Besatzung auskommt – inklusive Smutje (= Koch) und dass man bei der Dienstgeschwindigkeit von vierzig Stundenkilometern hintendran Wasserski fahren könnte. Wir erfahren: Wenn Ihr Weinhändler Ihnen weismachen will, dass die Flasche Sauvignon Blanc aus Neuseeland wegen des Transports so teuer ist, dann fallen Sie nicht darauf herein! Tatsächlich liegen die Transportkosten für eine Weinflasche von Neuseeland nach Deutschland im Container unter zehn Cent. Die Dimension Raum ist zugunsten der Dimension Zeit zurückgetreten. Und wussten Sie, dass der gesamte Bananenkonsum bis zum Ural in Hamburg umgeschlagen wird?

Wir machen uns auf den Rückweg. Das DOM-Riesenrad leuchtet uns entgegen, das Flussufer strahlt uns an. Ganz ungewohnt, dieser Blick von dieser Elbeseite auf mein Hamburg. Und wunderschön. *(Ann-Christin Zilling)*

Weil die Hamburger regelmäßig stiften gehen

Hamburg ist ja für seine vielen Brücken bekannt. Besonders gerne bauen die Hamburger Brücken zurück ins Leben. Deshalb haben sie ein eigenes »Spendenparlament« gegründet. Das Motto lautet: »Hanseaten gegen Armut, Obdachlosigkeit und Einsamkeit«. Parlamentarier werden kann jeder, der bereit ist, monatlich mindestens fünf Euro zu spenden. Wer will und kann, darf auch mehr. Die Grenze nach oben ist offen, jeder Euro willkommen. Die Idee für das Spendenparlament, die gerne von anderen Städten »geklaut« werden darf, hatte der Landespastor Dr. Stephan Reimers. Mittlerweile haben sich ihr rund 3400 Hamburger aus allen Einkommensschichten und zahlreiche Sponsoren angeschlossen. Drei Grundsätze zeichnen das Spendenparlament aus: 1. Es wird nur das Geld ausgegeben, das auch vorhanden ist. 2. Eine Spende beantragen können grundsätzlich alle, die in Hamburg »nachhaltig wirkende soziale Programme gegen Obdachlosigkeit, Armut und Einsamkeit oder Isolation« betreuen. 3. Die Vergabe der Spendengelder wird demokratisch und unabhängig durch die Mitglieder des Parlamentes entschieden.

Dazu kommt das Parlament dreimal im Jahr zusammen. In der Sitzung stellen die Bewerber dem Plenum ihr Projekt vor und beantworten die Fragen der Parlamentarier.

Da ist zum Beispiel der Fußballverein neben dem Autobahnzubringer. Von den 430 Kindern, die dieser Verein von der Straße holt, sind 185 beitragsbefreit, weil sie nicht gerade aus den reichsten Elternhäusern kommen. Der Verein bittet das Parlament um 560,00 Euro, damit er Trikotsätze für vier Kindermannschaften anschaffen kann. Im Protokoll wird es später heißen: »Das Parlament übernahm die Empfehlung der Finanzkommission, das Projekt mit 560,00 Euro zu unterstützen.«

Und da ist auch die Obdachlosentagesstätte, der in dem Jahr schlicht und einfach 10.000 Euro fehlen, um die 120 bis 160 Gäste pro Tag mit Essen, Hygieneartikeln und Waschmitteln zu versorgen. Auch hier stimmt das Parlament dem Antrag zu und macht Menschen mit Geld glücklich.

Pro Sitzung werden in der Regel zwölf bis dreißig Förderungs-anträge bewilligt. Da können schon mal an die 200.000 Euro zu-sammenkommen. Für ganz eilige Notfälle gibt es einen Sonderetat von 10.000 Euro, den sogenannten »Feuerwehrtopf«. So können auch zwischen zwei Sitzungen Gelder für dringende Soforthilfe bewilligt werden.

Dieses Prinzip des »Tue Gutes und rede nicht darüber« ist eine urhanseatische Tugend. Da Hamburg immer merkantil war und nie einem Fürsten oder kirchlichen Oberhaupt unterstand, konnte man sich auch niemals auf Hilfe von oben verlassen. Gleichzeitig haben die wohlhabenden Kaufleute erkannt, dass Geben genauso selig sein kann wie Nehmen. Diese Tradition hat sich bis heute fortgesetzt. Über 1000 Stiftungen haben ihren Sitz in Hamburg. Keine andere deutsche Stadt hat damit mehr Stiftungen pro Ein-wohner. Dabei wurde schon immer Wert darauf gelegt, dass die Spenden und Stiftungen ausschließlich den Mitmenschen in der Hansestadt zugute kamen. Für den redlichen Hamburger ist es eben selbstverständlich, dass er Mitbürger unterstützt, denen es nicht so gut geht. Und da sage noch einer, die Hamburger seien kühl.   (Torsten Lindner)

Weil Hamburg
Verkehrsteilnehmer entschleunigt

Der ADFC, der Allgemeine Deutsche Fahrrad-Club, hat Hamburg im letzten Jahr als besonders fahrradunfreundlich eingestuft. Wegen zugeparkter, zu enger und schlecht gepflegter Radwege. Davon kann ich ein Lied singen, denn ich habe gar kein Auto, wohl aber ein dreißig Jahre altes Fahrrad. Das war nicht immer so. Bevor ich nach Hamburg zog, hatte ich gar kein Fahrrad, wohl aber Autos der verschiedenen Größenklassen – natürlich nicht gleichzeitig. Die ersten Schnupperbesuche in der Hansestadt absolvierte ich denn auch mit einem Auto. Und gleich bei meinem ersten Besuch hätte ich fast einen Unfall verursacht, wie ich da so schwungvoll aus der Tankstelle auf die Osdorfer Landstraße abbiegen will. Wer aus einem anderen Bundesland kommt, der rechnet einfach nicht mit pfeilschnellen Radfahrern auf dem Bürgersteig! Es ist noch mal gut gegangen. Und seitdem, wenn ich mit einem geliehenen Auto einen Bürgersteig überquere, halte ich kurz inne und überblicke die nächsten hundert Meter, es könnte ja ein Radrenner meinen Weg kreuzen. Die fünf Sekunden des Innehaltens sind eine kleine Insel der Ruhe, bevor es wieder in den Kampf auf die Straße geht. Links vorbei, Lücke, rechts vorbei, rote Ampel, Mist, hat sich das Manöver gar nicht gelohnt, jetzt nichts anmerken lassen.

Nun, ich habe ja gar kein Auto mehr. Auf dem Rad verhält es sich so, dass der Radweg sehr oft als parallele Spur auf dem Bürgersteig ausgewiesen ist, was auswärtige Gäste – siehe oben – gelegentlich überrascht. Fußgänger treten in diesem Gesamtsetting als unerwartete Hindernisse auf, denn, und das kann ich gut verstehen, ins Gespräch vertieft und den Blick auf den strahlend blauen Hamburger Himmel geheftet, kann man sich unmöglich damit befassen, ob der Bürgersteig unter den Füßen gerade grau (Fußgänger) oder rosa (Radfahrer) ist. Das wäre echt zu viel verlangt! Außerdem ist man ja ein höflicher Mensch, der Kinderwagen oder Arm in Arm verschlungenen Paaren, die nun mal in die Breite gehen, gern den Weg freimacht, und schon ist's geschehen: Man steht auf dem Fahrradweg, der ja Teil des Bürgersteigs ist. Huch! Und rumms, wenn der Fahrradfahrer nicht vorausschauend die Situation des Seitenschritts antizipiert hat! Die Rechtslage ist klar: Radfahrer müssen mit Fußgängern wie mir rechnen und dürfen nicht so schnell fahren, wie sie wollen!

Ich fühle mich entschleunigt. Als Gelegenheits-Autofahrer, weil ich die Momente des Innehaltens beim Überqueren eines Fußgänger-Radweges bewusst wahrnehme; als Radfahrer, weil ich ständig damit rechne, dass so ein Guck-in-die-Luft-Trottel von einem Fußgänger ohne Vorwarnung meine Fahrspur betritt; als Fußgänger, weil ich jeden Schritt behutsam setze, er könnte auf rosa Feindes-Terrain geraten. Neulich, da war ich mit dem Rad unterwegs, beschimpfte mich ein alter Mann per pedes, weil ich ihn, von hinten und in Eile kommend, erschreckt hatte. Ich hielt an, ging auf ihn zu und sagte: »Entschuldigung.« Da grinste er mich an. Zahnlücke oben ganze Front. Vermutlich ein Fahrradunfall.

(Ann-Christin Zilling)

Weil hier Träumer nah am Wasser bauen können

Ich sitze in der Badewanne und vor mir schwimmt die Ente. Streng genommen ist es nicht meine Ente, sondern die der Freien und Hansestadt Hamburg. Aber es ist ja auch nicht meine Badewanne, sondern die eines netten Tierarztes, der sein Hausboot auf dem Eilbekkanal heute für eine Führung geöffnet hat. Sozusagen Tag der offenen Tür auf dem Alsterkanal. Momentan quetscht sich die Besuchergruppe in das schicke Bad des Hausbootsherrn, während dieser auf seinem Lieblingsplatz sitzt und ein wenig vom Leben auf, am und im Wasser erzählt. Sein Lieblingsplatz ist das Klosett, das durch einen pfiffigen Überdeckel aus Holz zu einer gemütlichen Sitzbank umfunktioniert wird. Auf einem Hausboot zählt eben jeder Quadratzentimeter. Wie im Wohnmobil. Da landen Besucher wie ich schon mal vorübergehend in der Badewanne.

Dass man hier Auge in Auge mit echten Enten baden kann, ist nur einer der vielen Vorzüge, die das Leben auf einem Hausboot lebendiger machen. Die Bewohner schwärmen auf Anfrage von der Nähe zum Wasser und zur Natur überhaupt. Auch nehmen sie das Wetter anders wahr. Durch die besondere Lage kommt sogar richtig Inselfeeling mitten in der Großstadt auf. Und auch das Verhältnis zu den Nachbarn ist ein anderes, als man es aus den anonymen Metropolen kennt. Dass die Hausboot-Bewohner auf dem Eilbekkanal dieses Glück erleben dürfen, haben sie der Stadt Hamburg zu verdanken. Denn die startete das Pilotprojekt »Wohnen auf dem Wasser«. Fragen Sie mich nicht, warum das auf dem Wasser auch »Pilotprojekt« heißt. Ist halt so. Jedenfalls stellte die Stadt zehn Liegeplätze zur Verfügung. Die Teilnehmer konnten den Entwurf von ihrem Hausboot-Traum anonym einreichen – natürlich innerhalb der engen Vorgaben. Dadurch wurde unter anderem ausgeschlossen, dass sich irgendjemand die Elb-philharmonie auf dem Eilbekkanal nachbaut. Die Leute kommen ja heutzutage auf alle möglichen Ideen. Eine Jury hat dann im Jahr 2007 aus rund achtzig Bewerbungen ihre Auswahl getroffen.

Seitdem ist eine Perlenkette von zum Teil sehr außergewöhn-lichen Hausbooten entstanden. Man sieht von außen viel Glas, Holz und solch besondere Materialien wie Baustahl, der zwar eine äußerliche Rost-Patina ansetzt, aber darunter absolut wetter-fest ist. Außerdem sind die Hausboote auf dem Eilbekkanal mit modernster Energietechnik ausgerüstet und überhaupt alles ande-re als die schwimmenden Wagenburgen der Haschpapis, wie man sie aus den Siebzigern kennt.

Die Fußgänger der Uferstraße staunen jedenfalls genauso wie die Besuchergruppe im Designer-Bad. Das Ziel, den Stadtteil zu beleben und ihn um eine »innovative Facette« zu bereichern, wurde erreicht. Das Ergebnis kann sich sehen lassen. Am besten vom Tretboot oder Kanu aus. Aber schauen Sie dann bitte nicht so neugierig ins Badezimmer wie die Enten. Man weiß ja nicht, ob die Bewohner das immer so wollen.   *(Torsten Lindner)*

Weil die Blankeneser ihre
ganz eigene Art zu rodeln haben

Jedes Dorf hat seine liebenswerten Schrulligkeiten. Das ist in Blankenese, das ja gerne mal als das Dorf in der Großstadt bezeichnet wird, nicht anders. Ich spreche hier von der Angewohnheit, auf einer Art Rodel mit über siebzig Sachen eine steile Eispiste runterzukacheln. Diese Eigenart, die es meines Wissens in der Form nirgendwo sonst auf der Welt gibt, tritt allerdings nur in richtig kalten Wintern zutage.

Aber dann ist es echt ein Spektakel, das man wirklich einmal persönlich erlebt haben sollte, sonst glaubt man es nicht. Dazu muss man wissen, dass Blankenese nicht platt an der Elbe liegt, sondern einen Höhenzug bildet, der an seinem höchsten Punkt, dem Waseberg, 87 Meter über NN misst. Der Waseberg ist damit der dritthöchste Berg Hamburgs, was die Weltelite der Radprofis jedes Jahr beim Radrennen schmerzlich zu spüren bekommt.

Die Rodelstrecke beginnt gleich nebenan am Falkentaler Weg/ Ecke Blankeneser Landstraße und führt dann eine steile Treppe hinunter zu Schinkels Wiese. Von der Treppe ist aber nichts mehr zu sehen, denn die wird künstlich vereist und in eine Eisrampe verwandelt. Dazu treffen sich nachts ein paar eingeschworene Blankeneser, um mit mehreren Tausend Litern Wasser die Eispiste zu präparieren. Woanders werden die Wege gestreut, hier werden sie vereist. Ich tippe mal, vom Start bis zum Ende der Auslaufzone sind es rund sechzig bis siebzig Höhenmeter, die es steil abwärts geht. Und das reicht locker für eine hurtige Abfahrt.

In Blankenese spricht man aber nicht von »rodeln«! Die Tätigkeit des Hinabgleitens nennt man hier »rüschen«. Und der Rodelschlitten heißt hier auch nicht Rodel, sondern »Kreek«,

»die Kreek«, um genau zu sein, denn »Kreek« ist Femininum. Die Mehrzahl heißt »Kreeken«. Keine Ahnung, wer sich das alles ausgedacht hat. Eine Kreek ist ein flacher, breiter, schwerer und ziemlich schneller Kastenschlitten, der mehr an einen Rennrodel als an einen Schlitten erinnert. Kreeken kann man in keinem Baumarkt kaufen. Sie werden von zwei Schreinern in Blankenese in liebevoller Handarbeit aus Vollholz gefertigt. Aber nur, wenn der jeweilige Schreiner einen persönlich kennt und irgendwie sympathisch findet. Sonst kann man im nächsten Jahr noch mal wiederkommen. Das ist verständlich. Schließlich stecken in einer soliden Kreek rund zwanzig aufwendige Arbeitsstunden. Man munkelt, unter Freunden kostet eine neue Kreek um die 500 Euro. Vielleicht findet man aber auch jemanden, der jemanden kennt, der jemanden kennt, der seine Kreek verkaufen will. Oder man hat das seltene Glück, eine zu erben.

Zur Kreek gehört eine vier bis sieben Meter lange Steuerlatte, meist ein Baumstamm ohne Äste. Diese hält der Steuermann (bitte nicht »Pilot« oder »Rodler«!) unter seinem Arm wie eine Ruderpinne. Damit stabilisiert und lenkt er die Kreek, so gut er kann. Der eine mehr, der andere weniger. Mit der anderen Hand hält er sich an der Grifföffnung der Kreek fest. Und dann kann es losgehen. Damit niemand die einspurige Strecke blockiert, brüllt man »Raum« oder »Wahrschau« den Falkentaler Weg hinunter und dann stößt der Steuermann sich mit seiner Kreek ab und schießt los. Und das ziemlich schnell. Nach der Treppe erreichen geübte Kreek-Cracks Spitzengeschwindigkeiten von weit über siebzig Stundenkilometern. Das hat man wohl mal mit der Laserpistole gemessen. Zur Verdeutlichung: Das entspricht einem Sportwagen auf einer zweispurigen Straße auf dem Weg zum Vorstellungsgespräch. Die Fahrt endet bei glücklichen Steuerleuten in der Auslaufzone 450 Meter weiter unten. Bei unglücklicheren ein paar Meter neben der Piste im Tiefschnee oder im Krankenwagen, der an lebhaften Tagen schon gleich unten am Ende der Piste wartet

(Tag der offenen Tür). Gelegentlich kommt es nämlich zu Schädelbrüchen und Prellungen.

Die Kreek-Community hat ihre eigene Fachsprache, wie wir schon gemerkt haben. Das meiste wurde aus der Seglersprache übernommen. So heißt beispielsweise der Mitfahrer in Fachkreisen »Vorschoter«. Ein Clübchen für sich eben. Schließlich kennt man sich schon seit der Kindheit vom Segeln und ist auf dasselbe Internat geschickt worden. Das Rüschen ist nur in ganz kalten Wintern mit wochenlangen Minusgraden möglich. Sonst würde das Eis schmelzen. Und da wir hierzulande selten solche Mega-Winter haben, sind es in erster Linie die über Dreißigjährigen, die diese Kunst der Fortbewegung noch beherrschen.

So ein Kreek-Wochenende im Blankeneser Winter hat dann fast schon Dorffestcharakter mit Glühwein-Ausschank und jeder Menge Schaulustiger am Streckenrand, die sich fast alle duzen. Der Höhepunkt des Tages ist dann die Abfahrt in der Dämmerung, wenn die Kreeken mit einer brennenden Fackel die Bahn runterrüschen.

Als ich mich letzten Winter ernsthaft mit dem Gedanken trug, es auch einmal zu versuchen, vielleicht erst mal als Vorschoter mit einem erfahrenen Steuermann, traf ich damit bei meiner Freundin Tamara aus Lübeck nur auf Unverständnis. O-Ton: »Das machste natürlich nicht!!! Biste bescheuert?«

Na ja, dann nächstes Jahr vielleicht.   *(Torsten Lindner)*

KAPITEL 9

MENSCHLICH

Weil man sich von einem Hanseaten
so manche Scheibe abschneiden kann

Wie werde ich ein besserer Mensch? Diese Frage beschäftigt mich schon seit einiger Zeit. Nach Sichtung diverser Druckwerke habe ich die Antwort: Ich werde Hanseat!

Hanseaten gelten als integer, loyal, solide, kultiviert, diskret, klug, vernünftig, wohltätig und stinkreich. Kurz: Hanseaten sind echt knorke. Meine Eltern unterstützen mich bestimmt auch in meinem Bestreben.

Stellt sich die nächste Frage: Wie werde ich Hanseat? Ich konsultiere wieder diverse Druckwerke und klaue mir daraus einige Regeln zusammen. Regel Nummer eins liefert mir der Duden: Ein Hanseat ist ein »Einwohner einer Hansestadt«. Bingo! Bin ich. Schon seit Jahren. Regel Nummer zwei ist eher ein ungeschriebenes Gesetz: »Ein Hanseat trägt alle Farben. Solange sie blau und weiß sind.« Das sollte sich machen lassen. Schließlich komme ich aus dem Ruhrpott. Mein großer Bruder ist Schalke-Fan und mein immer größer werdender Paten-Neffe Alexander ist Schalke-Fan. Eine blau-weiße Garderobe kann ich also ohne größeren finanziellen Aufwand zusammenstellen. Ich überlege, ob ich mir vielleicht das Wort »Hanseat« auf ein blau-weißes T-Shirt drucken lassen soll. Oder lasse ich es mir besser auf die Stirn tätowieren? Von diesem Plan nehme ich schnell Abstand. Ich neige nämlich dazu, meine Stirn in Falten zu legen. Und dann würde der zweisprachige Zeitgenosse »Hans eat« auf meiner Stirn lesen. Das wäre auch, glaube ich, grammatikalisch nicht ganz korrekt.

Ich wende mich also lieber wieder meinem kleinen Regel-Kanon zu. Regel Nummer drei: »Ein Hanseat nimmt niemals das Bundesverdienstkreuz an.« Auch das sollte sich machen lassen.

Vom Bundesverdienstkreuz bin ich wohl noch einige gute Taten entfernt. Insofern bin ich schon ein halber Hanseat. Regel Nummer vier lautet: »Ein Hanseat spricht nicht über Geld.« Hä? Was für Geld? Natürlich spreche ich nicht über Geld. Über welches Geld sollte ich denn sprechen? Etwa über das, was ich gerne hätte? Vielleicht hilft mir ja die nächste Regel, zu dem Geld zu kommen, über das ich nicht sprechen darf.

Regel Nummer fünf: »Ein Hanseat unterscheidet sich von anderen Kaufleuten. Auch er verkauft seine Großmutter. Aber der Hanseat liefert auch wirklich!« Diese Regel ist ein herber Rückschlag auf meinem Weg zum Hanseaten. Meine beiden Großmütter leben schon lange nicht mehr. Und meine Mama? Kommt gar nicht in die Tüte! Ich glaube auch nicht, dass die Unterstützung meiner Eltern so weit gehen würde. Also wende ich mich mit gedämpfter Euphorie der nächsten Regel zu.

Regel Nummer sechs: »Ein Hanseat redet nur, wenn er etwas zu sagen hat.« Daraufhin schaue ich mir noch einmal sämtliche Kapitel an, die ich für dieses Buch geschrieben habe. Ich lese kreuz und quer und komme zu einer bitteren Erkenntnis: Auch wenn ich eine Million Jahre alt werde und alle Sievekings und Breckwoldts dieser Welt überlebe: Ich werde niemals ein Hanseat.

Will ich also tatsächlich ein besserer Mensch werden, bleibt mir nur, mich an Goethe zu halten: »Edel sei der Mensch, hilfreich und gut.« Das klingt erstens machbar und zweitens auch ein »büschen« hanseatisch.

(Torsten Lindner)

Weil in Hamburg das Glück auf der Straße liegt

Ich habe eine Freundin, die ist ein bisschen verrückt. Ein Bund Möhren, Joghurt, Wattepads und ein Achtel Blech Butterkuchen: 4,97 Euro. Pia, meine Freundin, bekommt drei Cent Rückgeld. Drei glänzende, neue Centstücke. Und was macht sie damit? Nicht, was Sie denken!

Pia nimmt die drei kleinen, glänzenden Centstücke und gibt jedem von ihnen einen großen Auftrag: »Du sollst deinem Finder helfen, damit er gesund wird und ein gesundes, langes Leben hat. Und du, zweites Centstück, sollst dafür sorgen, dass der Finder mit dir auch sein Liebesglück findet, nach dem er schon so lange gesucht hat. Und du, drittes Centstück, sollst dem Finder das Glück bringen, dass er etwas Verlorengeglaubtes wiederfindet!« Jedes einzelne Centstück erhält seinen Auftrag, wird noch mal liebevoll in der warmen Hand gestreichelt und dann unauffällig an einem schönen sonnigen Plätzchen auf Pias Nachhauseweg ausgesetzt. Pia achtet immer darauf, dass sie ein sonniges Plätzchen auf dem Gehsteig wählt, damit das Centstück strahlt und schnell vom Richtigen gefunden wird. Meistens geht sie weiter, schließlich soll der Joghurt in den Kühlschrank. Aber manchmal bleibt sie auch in der Nähe und sieht zu, wer sich nach dem Centstück bückt, um es dann mit einem fröhlichen, nichts ahnenden Lächeln in die Hosentasche zu stecken.

Dass Pia ein bisschen verrückt ist, zeigt sich daran, dass sie das immer so macht. Wenn sie beim Einkaufen besonders glänzende Cents Rückgeld bekommt, verwandelt sie diese in Glückscents, indem sie sie mit den unterschiedlichsten Aufträgen versieht.

Wenn ich durch Hamburg gehe, finde ich in schönster Regelmäßigkeit Centstücke auf der Straße. Könnte es sein, dass auch andere Hamburger ein bisschen verrückt sind? Dass dieses »Gönnenkönnen«, dem man hier immer wieder begegnet, sich in Marotten wie der von Pia auswirkt? Sehr frei nach Friedrich Dürrenmatt: Alles, was einmal gemacht wurde, kann immer wieder gemacht werden? Ich hebe alle Glückscents auf, die ich finde. Sie landen in einem Glücksschwein, das hoffentlich groß genug ist.

Wenn Sie also in Hamburg einen Cent finden, heben Sie ihn auf jeden Fall auf, er könnte von Pia sein! *(Ann-Christin Zilling)*

Weil der Hamburger Humor
angenehm trocken ist

Kennen Sie den? Somalische Piraten kapern im Golf von Aden den Frachter einer Hamburger Reederei. Der Crew gelingt es rechtzeitig, die Maschinen zu stoppen, das Schiff manövrierunfähig zu machen und sich in einem geheimen Sicherheitsraum zu verschanzen. Die Seeräuber sind hilflos. Aber nicht nur das. Sie rufen bei der Reederei in Hamburg an und fragen, wie man denn bitte schön die Maschinen wieder in Gang kriegen könne. Außerdem wollen sie von der Reederei auch noch gerne wissen, wo denn die Crew sei. Denn eine Geiselnahme ohne Geisel, das leuchtet auch jedem Nicht-Piraten ein, die macht irgendwie keinen Sinn. Die Reederei antwortet prompt: »Die Crew der Magellan Star ist zur Zeit in Urlaub.« Wenig später »beurlaubt« eine Spezialeinheit der US-Marine die berufsmäßigen Seeräuber auf unbestimmte Zeit.

Diese Geschichte ist kein Witz. Aber sie ist ein sehr gutes Beispiel für Hamburger Humor. Ich weiß nicht, ob die Reederei tatsächlich so geistreich reagiert hat. Jedenfalls wurde es so über das Radio verbreitet. Man möchte es gerne glauben. Aber was ist eigentlich Hamburger Humor?

Wenn Menschen von Hamburger Humor sprechen, meinen sie gewöhnlich wohl eher den norddeutschen Humor, der durch die örtliche Mundart geprägt ist. Exemplarisch dafür stehen das Ohnsorg-Theater und die berühmten »Döntjes« von Klein Erna. Dabei ist das nur eine Facette des Humors, der die Hansestadt amüsiert. Seit hier gehandelt wird, kommen schließlich Menschen aus den unterschiedlichsten kulturellen Gebieten nach Hamburg. Und jeder bringt seine Art von Humor mit. Da gibt es den britischen

Humor, den skandinavischen Humor, den südländischen Humor, den asiatischen Humor, den jüdischen Humor und alle anderen Arten von Humor, welche die Seefahrer und Kaufleute von ihren Fernfahrten in Form von Witzen und Anekdoten importiert haben. Im Nachhinein ist es schwer zu sagen, was woher stammt. Dazu müsste man mal einen Humorforscher fragen. Was man aber sagen kann: In Hamburg bekommt jeder was zu lachen. Dabei charakterisiert den Hamburger selbst eher ein gewisser Sinn für feine Situationskomik als für durchgetextete Schenkelklopfer.

Und, um das einmal klarzustellen, das, was man zum Beispiel auf der Barkasse während der Hamburger Hafenrundfahrt an Witzchen zu hören bekommt, ist kein typischer Hamburger Humor. Das ist lediglich Humor für die Hamburg-Besucher. Also für Rheinländer, Berliner, Hessen, Sachsen und Ähnliche. Die Hamburger sind schließlich höflich (und nebenbei bemerkt auch geschäftstüchtig) genug, den Humorgeschmack ihrer Besucher zu bedienen.

Es gibt also nicht DEN typischen »Hamburger Humor«. Was es stattdessen wohl gibt, das ist ein typisch Hamburger Umgang mit Humor. Und der ist wie die Hanseaten selbst: feinsinnig, tolerant und von gezügeltem Temperament. Bekommt ein Hamburger eine Pointe serviert, so wird er diese zwar wohlwollend zur Kenntnis nehmen, ihm wird dabei aber bestimmt nicht vor Lachen das Essen aus dem Mund fallen. Und seiner Gattin schon gar nicht. Wie angenehm. *(Torsten Lindner)*

Weil Hamburger so gelassen sind

Ich möchte es an dieser Stelle noch mal ganz deutlich sagen: Ich habe wirklich sehr gern in Frankfurt gewohnt. Ehrlich! Frankfurt ist eine Stadt, die viele schöne Ecken hat. Man muss vielleicht etwas länger danach suchen, aber sie sind da!

Die meiste Zeit, die ich in Frankfurt lebte, war ich unheimlich busy. Leider nicht nur von Montag bis Freitag – schlimm genug –, sondern immer. Diese Haltung brach sich insbesondere beim Einkaufen Bahn, im wörtlichen Sinn. Kennen Sie das, wenn man mit dem Einkaufswagen kurz vor der Kasse noch mal richtig Gas gibt, damit die junge Mutter, ein brüllendes Kind im Wagen, ein schluchzendes auf dem Arm, mit dem Wocheneinkauf auf jeden Fall nach einem dran ist? Hoffentlich nicht. Oder haben Sie sich auch schon mehr oder weniger hörbar über die Rentner geärgert, die ausgerechnet zu den Stoßzeiten an der Kasse ihr Kleingeld zählen, wenn die Berufstätigen auf den letzten Drücker die Tiefkühlpizza brauchen? Oder wissen Sie, wie sich das anfühlt, wenn man samstags auf dem Wochenmarkt mit Adleraugen darauf achtet, dass sich niemand mit seinen Radieschen vordrängelt? Und wenn's dann trotzdem passiert, hat man das Aggressionspotenzial, eine Szene zu machen, oder nährt man mit der runtergeschluckten Verärgerung sein Magengeschwür? Und wenn das alle so machen, dann fliegen schon mal die Tomaten.

Dann kam ich nach Hamburg und mein Leben entspannte sich. Zuerst dachte ich, das sei ein Spiel oder Status-Gehabe – Zeit als Beweis für Wohlstand. Aber dann merkte ich, dass dieses Gönnenkönnen einfach zum guten Ton gehört. Beispielsweise auf dem samstäglichen Markt am Bioland-Stand:
Ein älteres Ehepaar: »Guten Morgen! Gehen Sie doch bitte vor!«

Ich: »Aber nein, Sie waren doch vor mir da.«
Sie: »Das macht doch nichts, wir haben Zeit.«
Ich: »Ich habe auch Zeit!«
Er: »Gehen Sie ruhig vor, Sie haben ja so viel auf dem Arm.«
Ich: »Danke!«

Nach ein paar Wochen gewöhnte ich mir an, Dialoge dieser Art von mir aus zu beginnen. Kürzlich bei Staples, wo ich immer meinen Bürobedarf decke:

Ich zu einer jungen Mutter, ihrem gerade schulpflichtig gewordenen Mädchen und einem Korb kleinteiliger Schul-Utensilien: »Sie können gerne vorgehen, wenn Sie möchten.«
Die Kleine: »Wir haben aber noch Zeit, die Schule fängt erst nächste Woche an!«
Ich, lachend: »Na denn!«

Und denke mir: Früh übt sich, was eine gelassene Hamburgerin werden will. Der Gipfel war übrigens neulich eine Schlange bei Penny, in der eine Dame am Ende – das muss eine Touristin gewesen sein – ungehalten die Öffnung einer zweiten Kasse anmahnte. Sie wurde von den acht Einkaufsparteien vor ihr direkt durchgelassen. Das war wie in einem imaginären Film mit dem Titel: »Wenn im Herbst jeder eine Schaufel Laub mehr wegräumte, als er müsste, dann gäbe es keine Kriege mehr.« Aber um wieder an den Bioland-Stand zurückzukehren. Es ist doch ohnehin viel schöner, nicht gleich dran zu sein. Je mehr Zeit ich mitbringe, desto klarer wird mir, dass ich heute mal einen großen Salat machen will. Das ist natürlich zeitintensiver als das Tiefkühl-Fischfilet. Aber ich hab ja Zeit! *(Ann-Christin Zilling)*

Weil wir den prominentesten Briefträger haben

Ich war gerade eingezogen, die Jungs von der Umzugsfirma hatten vielleicht geflucht. Kaum Parkplätze, fast hundert alte Treppenstufen, heiß war es auch. Aber nach der ersten Nacht im neuen Zuhause fiel das alles komplett von mir ab, als mein Briefträger vor meiner Tür stand und mich begrüßte: »Na, da ist ja mein neues Schäfchen!«

»Ich bin Ann-Christin«, sagte ich, aber das weiß der natürlich, schließlich bringt er meine Post.

»Das ist in Ordnung, ich bin Jochen!«

Zu diesem Zeitpunkt wusste ich noch nicht, dass der Briefträger Jochen Engel es bei aller Bescheidenheit weit über Blankenese hinaus zu einer erstaunlichen Berühmtheit gebracht hat. Mehrere Fernsehteams und Journalisten von Magazinen und Zeitungen haben ihn im Lauf seiner 36 Dienstjahre bereits begleitet. Selbst meine Oma, die in Bad Kissingen wohnt, also deutlich südlich der Elbe, kennt ihn aus ihrem dritten Programm. Warum ist das so?

Weil er in einer Gegend seinen Dienst versieht, zu der sich Briefträger nicht freiwillig melden. Denn dafür muss man geboren oder hart trainiert sein. Das Blankeneser Treppenviertel mit seinen 4864 Stufen, verteilt auf 58 einzelne Treppen, ist für Flaneure eine ebenso zauberhafte wie steile Sache. Wenn man dann noch eine vierzig Kilo schwere Posttasche bei sich hat, braucht man Durchhaltevermögen. Das hat er. Wenn man ihm auf einem von gefühlt sechzig Wegen zum Strand begegnet, kann es natürlich sein, dass man gleich seine eigene Post »to go« mitbekommt. Wobei die natürlich nicht mitgegeben, sondern überreicht wird. Als sei die Postkarte aus der Türkei die Eintrittskarte zum letzten ABBA-Konzert. Und sogar die Post vom Finanzamt ist gar nicht so schlimm, wenn sie von ihm kommt. Zumindest ist dann die möglicherweise anhaftende negative Energie weg.

Aber es gibt noch viel wichtigere Gründe, nämlich: weil Jochen nicht nur mich, sondern alle seine »Schäfchen« mindestens mit »Guten Morgen, mein Gold«, wenn nicht sogar mit »Hallo, meine Süße« und einem Küsschen begrüßt. Weil Jochen älteren Damen morgens mit der Post frische Brötchen mitbringt. Weil Jochen in die Bresche springt, wenn es darum geht, Einschreiben oder Päckchen anzunehmen. Weil Jochen auch bei echtem Superscheißwetter noch gut drauf ist, obwohl die Regenbekleidung der Post keine gute ist. Weil Jochen selbst bei Hochwasser, dann ohne Schuhe und Strümpfe, dafür mit hochgekrempelten Hosenbeinen, die Post an den Mann und an die Frau bringt.

Siebenhundert Haushalte werden von ihm beliefert, man möchte eigentlich lieber sagen: betreut. Wenn Jochen nicht da ist, fehlt was. Natürlich hat er wunderbare, pünktliche und freundliche Kollegen, die ihn in der Urlaubszeit vertreten. Aber der Engel fehlt. Viele nennen ihn sogar »mein Engel«. Ich glaube, er weiß ungefähr alles, kennt alle und findet auch immer die richtigen Worte. Sei es Liebeskummer, der Fleck auf der neuen Designerbluse, der Tod eines Freundes, man hat zugenommen, Ärger mit dem Chef, Strafzettel wegen zu schnellen Fahrens auf der Elbchaussee, ein verregneter Sommer – wenn der Engel kommt, lässt der Schmerz nach. Ach, Jochen, im nächsten Leben komme ich wieder als eines deiner Schäfchen auf die Welt! Du bist der Beste!

(Ann-Christin Zilling)

Weil die Hamburger sich nicht nur alle vier Jahre zu Wort melden

In Hamburg geht der Punk ab. Hier lässt man sich nichts gefallen. Nicht mehr. Die Folge: Zwei Hundertschaften laufen auf und besetzen das Gängeviertel. Doch nicht zwei Hundertschaften der Polizei, sondern circa zweihundert Mitglieder der Hamburger Künstlerszene. Große und kleine Namen. Die Künstler protestieren gegen die Pläne der Stadt und eines Investors, achtzig Prozent der ehrwürdigen Altbauten abzureißen oder zu entkernen. Die Widerständler protestierten mit wenig Krawall, aber mit umso mehr Kreativität: Konzerte und Lesungen statt Randale und Bambule. Pinsel und Gitarre statt »Molli« und Pflasterstein.

Ob es sich um den Protest gegen die Gentrifizierung des Gängeviertels handelt, die Zerstörung des Elbtreppenhäuser-Ensembles, eine realitätsfremde Schulreform oder was auch immer: Die Hamburger haben es satt, nur alle vier Jahre nach ihrer politischen Meinung gefragt zu werden. In der Hansestadt gibt es keine Politik-Verdrossenheit, wohl aber eine Verdrossenheit gegen Entscheidungen, die viele nicht mehr nachvollziehen können. Nein: Die Hamburger haben Bock auf Politik. Und formieren aktiven Widerstand. Das geht in Zeiten des Internet-Stammtisches schneller, als jede Demo genehmigt oder abgelehnt werden kann. Hamburg, die Stadt, die wirklich niemals schläft, schläft auch bei politischen Fragen nicht. Nirgendwo sonst gibt es so viele Bürgerbegehren gegen Entscheidungen »von oben« wie in Hamburg. Selten kippt das »Stimmvieh« so viele Beschlüsse auf Bezirksebene. Laut dem Hamburger Landesverband von Mehr Demokratie e.V. gab es seit der Einführung des Bürgerbegehrens knapp achtzig Proteste. Immerhin neun davon waren bis jetzt erfolgreich.

Hier geht es nicht darum, ob das im Einzelfall immer konstruktiv ist oder aber die »Modernisierung« blockiert, wie manche argwöhnen. Das wird erst die Zukunft zeigen. Es geht darum, dass es guttut, in einer Stadt zu leben, in der die Bürger nicht ständig jammernd alles hinnehmen, sondern die Ärmel hochkrempeln und handeln. Das ist schließlich das gute Recht des mündigen Bürgers, der brav seine Steuern zahlt. Es gab Zeiten, da war das anders in Deutschland. Gut, dass diese Zeiten vorbei sind. Und darin sind sich dann wohl wieder alle einig. *(Torsten Lindner)*

Weil es die Hamburger Tafel gibt

Das Kapitel passt nicht. Denn die Hamburger Tafel ist an sich überhaupt kein Grund, Hamburg zu lieben. Vielmehr ist sie ein Grund, erschüttert darüber nachzudenken, warum eine solche Einrichtung überhaupt notwendig ist. Warum also dieses Kapitel? Wegen der Frau, die die Hamburger Tafel gegründet hat.

Es geht um Annemarie Dose. Sie gründete 1994 die Hamburger Tafel, eine Einrichtung, die in Hamburg über 20.000 Bedürftige, unter anderem Obdachlose, Drogenabhängige und Arbeitslose, mit Lebensmitteln versorgt, die in der Wohlstandsgesellschaft, im Einzelhandel oder in der Gastronomie sonst keinen Abnehmer mehr finden. Es ist erschreckend zu wissen, dass zwanzig Prozent aller Lebensmittel unserer Millionenstadt im Abfall landen würden, gäbe es die Hamburger Tafel nicht. Diese Lebensmittel sind natürlich vollkommen in Ordnung. Aber sobald das Mindesthaltbarkeitsdatum in die Nähe rückt, neigt der Verbraucher nun mal dazu, der Milch aus der zweiten Reihe im Kühlregal den Vorzug zu geben. Und jetzt brauchen Sie nicht gleich betreten zu gucken. Es ist, wie es ist.

Warum Annemarie Dose sich nicht wohlfühlen würde, würde ihr Name in der Überschrift stehen? Weil sie viel zu bescheiden ist, und sobald sie das Bundesverdienstkreuz Erster Klasse, den Max-Brauer-Preis, den Hamburg-1-Ehrenpreis oder die Bundesverdienstmedaille zu Recht umgehängt bekommt, immer zuerst sagt: »Ich bin keine One-Woman-Show. Ich mache das nicht allein. Ohne meine hundert Helfer wäre die ›Tafel‹ gar nichts!« Aus Respekt und weil ich mir um nichts in der Welt ihren Zorn zuziehen will, heißt dieses Kapitel also, wie es heißt. Und ich verbeuge mich an dieser Stelle vor den Ehrenamtlichen, die hier jährlich laut Tafel-Website 16.000 unbezahlte und unbezahlbare Arbeitsstunden darin investieren, dass bedürftige Mütter lernen, wie man auch ohne viel Geld gesundes Essen für die Familie auf den Tisch stellt, dass Kinder, deren Eltern mit der Betreuung überfordert sind, vor der Schule ein Frühstück bekommen oder dass Arme gespeist werden können, ohne ihre Würde preisgeben zu müssen. Sie beliefern Obdachlosenasyle, Kinderbetreuungsstätten für Straßenkinder, Schulen und kirchliche Einrichtungen, in denen Familien betreut werden.

Was Annemarie Dose und ihr Team leisten, ist an erster Stelle die Linderung von Not. Davon profitieren aber nicht nur die Bedürftigen. Der Staat spart Geld, die Unternehmen sparen sich Entsorgungskosten, alle haben ein gutes Gewissen. Kinder, die betreut werden, lernen zu wirtschaften, und wuppen die nächste Generation. Und wir, die wir meistens mit dem eigenen Statussymbol-Auto, Garagen-geparkt, versteht sich, unterwegs sind und niemals in problematischen Gegenden verkehren, wir lernen unsere Stadt neu kennen, mit Gesichtern, die hässlich sind und die privilegierte Menschen selten zu sehen bekommen. Das rückt die eigenen Sorgen, oder besser »Sörgelchen«, zurecht.

Die Volksdorferin Annemarie Dose hat sich nach dem Tod ihres Mannes eine Aufgabe gesucht und, nach dem Besuch der ersten Tafel Deutschlands in Berlin, selbst gestellt. Beim Bäcker um die Ecke fing sie an, mit den Brötchen vom Vortag. Heute gibt es einen Fuhrpark, eine Stiftung und breite Unterstützung und Sympathie für ihr spätes Lebenswerk. Dieser Grande Dame möchte ich von Herzen sagen: Sie, liebe Annemarie Dose, und jeder Einzelne Ihrer engagierten Mitarbeiter, sind ein Grund, Hamburg zu lieben. Und ich wünsche Ihnen noch viele, viele gesunde und glückliche Lebensjahre! *(Ann-Christin Zilling)*

Weil geborene und gebürtige Hamburger sich gegenseitig gelten lassen

In Hamburg geboren zu sein betrachtete ich stets als Privileg, lange bevor ich das Glück hatte, hier leben zu dürfen. Als ich dann nach Hamburg kam, konfrontierten mich erste Begegnungen mit der vermeintlichen Tatsache, ich sei nur eine Hamburgerin zweiter Klasse. Immerhin nicht dritter Klasse. Dritter Klasse seien die sogenannten Quiddjes, die Zugereisten, die man unter anderem an fremden Dialekten erkennt. Zweiter Klasse, also ich, seien die quasi im Einzelschicksal aus Glück oder Zufall in Hamburg Geborenen, die man auch die gebürtigen Hamburger nennt. Erster-Klasse-Hamburger, die waschechten, sind nur die, die nicht nur in Hamburg geboren sind, sondern das schon in der mindestens zweiten Generation – die Eltern müssen zumindest gebürtige Hamburger gewesen sein. Erst mal habe ich geschluckt.

Dann aber habe ich mir gesagt: Niemand kann ein besserer Hamburger sein als ich. Niemand kann diese Stadt mehr lieben, niemand bereit sein, mehr darüber zu lernen, niemand euphorischer sein darin, das Schöne dieser Stadt in die Welt hinauszuposaunen! Okay, das hat mit hanseatischer Zurückhaltung nicht viel zu tun, aber man muss ja auch nicht alles annehmen, was die Stadt zu bieten hat. Und seitdem sammle ich Belege dafür, dass die gebürtigen den geborenen Hamburgern ebenbürtig sind, wenn nicht sogar die besseren, weil sie das Privileg ihrer Geburt wirklich zu schätzen wissen, anstatt es als selbstverständlich zu betrachten. Und ich heiße jeden Quiddje herzlich willkommen, wie es auch die Stadt tut, denn man kann nicht einerseits eine wachsende Stadt sein wollen und andererseits die Schotten dicht machen. Hamburg sagt nicht nur Willkommen, Welcome, Bienvenue, sondern auch »Grüß Gott«, »Tach« und »Ei Gude, wie«! Im »Hamburger Abendblatt« war im August 2010 zu lesen, dass 80.000 Menschen jährlich nach Hamburg ziehen, ein Viertel davon aus dem Ausland, aus 179 Nationen. Im Hamburger Handwerk habe fast jeder dritte Lehrling einen Migrationshintergrund. Im Kindergartenalter besitze fast die Hälfte aller Kinder interkulturelle Wurzeln (Hamburger Abendblatt, 12.08.2010). Um allen Zugereisten den Neustart in Hamburg glücklich zu gestalten, gibt es zum Beispiel das Hamburger Welcome Center, das in einem Flügel der Handelskammer am Alten Wall untergebracht ist. Hier ist jeder willkommen.

Willkommen sind wir Gebürtigen oder Zugereisten auch im Verein der Hamburger e.V. Dieser Verein wurde 1897 als Verein geborener Hamburger e.V. gegründet. Heute kann Mitglied werden, wer entweder in Hamburg geboren ist oder mindestens drei Jahre in der Stadt lebt. Ursprünglich war das ganz anders! Der Verein war seinerzeit zum Schutz städtischer Kultur vor Überfremdung durch Zugezogene gegründet worden. Heute gibt man sich offen. Die Hamburger Volkshochschule bietet Kurse für Plattdüütsch – eines meiner nächsten Projekte. Jeder, der will, kann Hamburger werden.

Es vergeht kaum ein Monat, in dem nicht irgendeiner meiner Freunde oder Bekannten aus früheren – Nicht-Hamburger – Zeiten in dieser Stadt andockt. Die wachsende Stadt ist spürbar. Das sind Menschen, die kommen ganz bewusst hierher. Die haben sich ganz bewusst gegen Düsseldorf oder Berlin entschieden. Für Hamburg. Quiddjes, die sich auf diese Stadt freuen und bereit sind, sie zu lieben. Früher sollen marineblaue Zweireiher mit Goldknöpfen und das Perlenkettchen zum Kaschmir-Twinset als sichtbar getragener Ausweis für hanseatische Zugehörigkeit gegolten haben. So einfach ist das nicht mehr. Individuelle Eleganz, wie man sie in Hamburg auf der Straße sehen kann, ist ja auch viel schöner und schwieriger, bedarf sie doch eines gewissen Selbstbewusstseins.

Zur Uniform sind vielleicht gerade die nicht mehr bereit, welche die Themen »wachsende Stadt« und »Tor zur Welt« leben – egal, ob man sie qua Geburt im Blut hat oder aus Begeisterung an den Tag legt. Quiddje, gebürtiger oder geborener Hamburger, egal. Wichtig ist, dass wir die Fahne mühelos, aus Begeisterung und Dankbarkeit hochhalten. (Ann-Christin Zilling)

Weil man in Hamburg an jeder Ecke Gutes tun kann

Willkommen, Welcome, Bienvenue in Hamburg, der schönsten Stadt der Welt, der Metropole zum Verlieben, dem Einkaufsparadies, dem Schlaraffenland Deutschlands, der Stadt der Superlative ... und der Stadt, in der es 4000 Obdach- und Wohnungslose gibt. Sie begegnen ihnen überall. Und ganz oft halten sie Ihnen mit einem aufmunternden Lächeln das Hamburger Straßenmagazin »Hinz&Kunzt« entgegen, in der Hoffnung, dass Sie es ihnen für 1,70 Euro abkaufen. Geben Sie ihm oder ihr zwei Euro, und Sie haben etwas wirklich Gutes getan!

Erstens: Sie erhalten mit Deutschlands größtem Straßenmagazin eine professionell gemachte, interessante Zeitschrift, in der es um Kultur, Politik, Soziales, Menschen und Hamburg geht. Der Name »Hinz&Kunzt« soll nämlich zweierlei verheißen: Dies ist ein Magazin mit Themen für jedermann, also auch für Sie; gleichzeitig gibt es einen Themenschwerpunkt Kultur – deshalb »Kunzt«, und zwar so aufgemacht, dass ihn jeder gern lesen mag.

Zweitens haben Sie gerade ein Geschäft mit einem Menschen abgeschlossen, der auf dem besten Weg ist, auch dank Ihrer Hilfe, seine prekäre Lage selbst zu verbessern. »Hinz&Kunzt«-Verkäufer kann man nämlich nur werden, wenn man zwar obdachlos oder allein oder verzweifelt oder alles zusammen ist, sich aber trotzdem nicht aufgegeben hat; wenn man bereit ist, sich einen Verkaufs-Stammplatz zu erarbeiten, an dem man regelmäßig als »Hinz&Kunzt«-Verkäufer tätig ist; indem man an diesem Arbeitsplatz weder alkoholisiert noch unter Drogen tätig ist, weder pöbelt noch bettelt. Ganz schön viel auf einmal. Ganz schön viel verlangt. Diese Menschen nutzen die Chance, als ehrbare

»Hinz&Kunzt«-Verkäufer Kunden zu gewinnen, mit anderen ins Gespräch zu kommen, Kontakte zu knüpfen, die ihnen den Weg in ein normales Leben ebnen können. Das erfordert Disziplin, die nicht selbstverständlich ist, und dafür zollen wir Hamburger den »Hinz&Kunzt«-Verkäufern mindestens Respekt.

Die Initiative Hinz&Kunzt gibt es bereits seit 1993, als Landespastor Dr. Stephan Reimers aus London die Idee der Straßenzeitung »The Big Issue« mitbrachte. Heute erscheint das Magazin »Hinz&Kunzt« in einer Auflage von durchschnittlich 60.000 Stück monatlich, die von über vierhundert Verkäufern im Stadtgebiet und im Speckgürtel von Hamburg verkauft werden. Hinzu kommen zahlreiche Hilfeleistungen, zum Beispiel im Umgang mit Behörden, oder Projekte, wie beispielsweise geführte Stadtrundgänge zu den »Nebenschauplätzen« – Obdachlosen-Anlaufstellen, die man natürlich nicht im Reiseführer findet.

Viele Wege führen in die Obdachlosigkeit, aber leider nur wenige hinaus. Von dem Verkauf einer Zeitschrift erhält der »Hinz&Kunzt«-Verkäufer neunzig Cent plus Trinkgeld. Und wenn's gut läuft, ein Lächeln und Respekt. Die rhetorische Frage zum guten Schluss: Von Ihnen auch? Danke! Und viel Freude bei der Lektüre! *(Ann-Christin Zilling)*

Weil: Lotto find ich gut!

Wie geil ist das denn!«, dachte ich mir, als der Auftrag für dieses Buch unter Dach und Fach war. »Jetzt komme ich an ihn ran!« Mein Plan: den großen Lotto King Karl, der mir schon bei den HSV-Heimspielen die Tränen in die Augen treibt, interviewen. Anrufen, das Buchprojekt ankündigen und ihn dann treffen. Er und ich. In einer schönen Bar. Den Mann, der mich im Stadtpark zum Hüpfen bringt, bis der Arzt kommt. Bis der Arzt kommt! Ich kann mein Glück kaum fassen, als ein Bekannter mir verspricht, das Treffen einzufädeln. Und tatsächlich: Es entspinnt sich ein E-Mail-Verkehr zwischen ihm und dem Management, der mich zuversichtlich bis euphorisch stimmt ... um dann im weichen Elbesand zu versiegen. Ich bin abgeprallt an Terminen und Prioritäten, oder einfach nur untergegangen als namenlose Autorin. Eine von vielen, die Lotto King Karl unter dem Vorwand eines Interviews einfach mal persönlich treffen wollen, um Danke zu sagen.

Wenn man sich 111 Gründe überlegt, Hamburg zu lieben, und einer der ersten zehn ist nicht zu sprechen, dann bleibt nur eins: ihm schreiben. Jetzt erst recht. Also, lieber Lotto King Karl: Zunächst mal finde ich überhaupt nicht, dass Du aussiehst wie Smudo von den Fanta4. Du siehst viel besser aus, und Deine schnarrende Stimme macht mir Gänsehaut. Wenn Du so unter Deiner HSV-Bettwäsche Deine Renate anflehst, Dir Deine Volkspark-Dauerkarte zurückzugeben, dann schmelze ich dahin, auch wenn ich zum Glück nicht Renate heiße. Überhaupt finde ich es gut, dass das Volkspark-Stadion bei Dir weiterhin das Volkspark-Stadion bleibt. Es ist so korrekt, dass Du HSV-Stadionsprecher sein kannst und Dir trotzdem diese marketingpolitische

Unkorrektheit leistest. Ich weiß natürlich, dass Du schon seit 15 Jahren Musik machst. Leider habe ich Dich für mich erst entdeckt, als »Das ist wie Fliegen« aus den Cabrios Hamburgs die Straßen vertonte. »Lotto King Karl? Wer ist das und wieso hat der so einen albernen Namen?«, habe ich mich gefragt. Dann habe ich das rausgefunden mit der Legende vom Gabelstaplerfahrer, der den Lotto-Jackpot knackte. Tolle Geschichte, die Du da mit Deiner ersten Single verbreitet hast. Daraufhin luden mich Freunde zu einem Deiner Konzerte im Stadtpark ein. Barmbek Dream Boys heißt Deine Band. Hej, ich bin ein Barmbek Dream Girl. Wenn ich ganz, ganz fleißig auf meinem Bandoneon übe, darf ich dann mal bei Dir mitspielen? Ich kenne die Stadtpark-Bühne jetzt wirklich gut, allerdings sehe ich immer nur von Weitem, wie Du mit Deinem Schellenkranz da vorne herumtobst und Tausende davor sind ganz bei Dir. Ich würde gern mal hinter Dir stehen. Nicht, weil ich die Bühne liebe, sondern weil ich den Zauberer backstage sehen will. Und spüren, wie es sich von da oben anfühlt, wenn man wieder in Ballbesitz ist.

Die HSV Hymne »Hamburg, meine Perle« gibt's auf Youtube in 35-facher Ausführung, ob aus der Nordkurve oder vom Flashmob auf dem Rathausmarkt. Ich persönlich bin ganz froh, dass es kein Video von der Version gibt, die meine Freunde und ich nach Deinem Konzert in der U3 angestimmt haben. Das war nach ein paar Bier und schon ziemlich spät. Die anderen Leute in der Bahn hielten uns sicher für ziemlich albern, bestimmt waren auch ein paar Bremer dabei, vielleicht auch einige, die gerade aus dem Bus von Chemnitz gestiegen sind. Aber wir haben uns großartig gefühlt. Und unheimlich zu Hause. »Hamburg, meine Perle, du wunderschöne Stadt. Du bist mein Zuhaus, du bist mein Leben, du bist die Stadt, auf die ich kann.« Du hast den Nerv getroffen, lieber Lotto King Karl. Danke!   (Ann-Christin Zilling)

KAPITEL 10

FEUCHTE
AUGEN

Weil Hamburg eine Heimat ist, auf die man stolz sein kann

Wenn man in Hamburg lebt, bietet es sich an, in Hamburg Urlaub zu machen. Schließlich gibt es immer, immer, immer wieder Neues zu entdecken, und am Elbestrand ... aber das ist ein anderes Thema (siehe Gründe Nr. 66 und 71). Wenn man doch mal woanders urlaubt, dann bekommt man jede Menge Bestätigung dafür, dass es zu Hause am schönsten ist. Dabei ist es egal, ob man am türkischen Badestrand, in den Weinregionen Australiens oder auf einer mexikanischen Maya-Pyramide unterwegs ist: Kommt man mit anderen Touristen ins Gespräch, ist die Frage absehbar, woher man denn komme. Wenn man sich jetzt als Hamburger zu erkennen gibt, steigt man sofort im Ansehen und hat seinem Gegenüber willkommenen Gesprächsstoff geliefert. Er oder sie ...

1) ... war schon mal in Hamburg und
   → hat da ein Musical besucht,
   → hat da eine Hafenrundfahrt gemacht,
   → ist auf der Reeperbahn versackt und hat daran nur die allerbesten Erinnerungen.

2) ... kennt jemanden, der schon mal in Hamburg war und da
   → ein Musical besucht hat,
   → eine Hafenrundfahrt gemacht hat,
   → auf der Reeperbahn versackt ist und dann sein Hotel nicht wieder gefunden hat.

3) ... plant, endlich auch mal nach Hamburg zu fahren,
   → wenn die Elbphilharmonie fertig ist,

→ für ein verlängertes Wochenende, wenn man mal mehr Zeit hat,

→ zum Shoppen, wenn man mal mehr Geld hat.

Auf jeden Fall ist klar, dass unser Gegenüber Hamburg selbst, vom Hörensagen oder als künftiges Ziel interessant findet. Andere Städte, die hier nicht genannt werden, haben da weniger Glück. Seine Heimat mit einem mitleidigen »Oh Gott, wo ist das denn?« oder mit einem »Ach herrje, aber das Umland soll ja ganz nett sein ...« kommentiert zu bekommen, macht weniger glücklich. Da hilft dann vielleicht Humor. So ein enthusiastisches »Oh, wie wunderschön! Da haben Sie aber großes Glück!« macht hingegen stolz. Und wenn man dann die Heimreise antritt, ist wieder mal klar, dass man lebt, wo andere Urlaub machen. Ich freu mich jedes Mal auf zu Hause. *(Ann-Christin Zilling)*

Weil diese Stadt ihre Heimkehrer glanzvoll empfängt

Das Schönste am Verreisen ist das Heimkommen. Bei manch einem stellt sich dieses Gefühl ein, sobald er den Duft seines Leibgerichtes erkennt, das die Mutter gerade für ihn kocht. Andere überkommt es erst, wenn sie endlich wieder in ihrem eigenen Bett liegen und sich über den vertrauten Klecks der toten Mücke an der Wand freuen. Endlich zu Hause!

Bei mir entsteht dieses Gefühl schon, wenn ich nach Hamburg reinfahre, also praktisch durch das »Tor zur Welt« eintrete. Das passiert meistens in zwei Varianten. Variante 1 (über die Alster): Ich komme nach mehrstündiger Fahrt mit der Bahn zurück. Der Zug war überfüllt. Die Reservierung hat nicht geklappt. Die Klos waren defekt oder versaut. Und die Klimaanlage, die für Temperaturen über dreißig Grad im Schatten nicht vorgesehen ist, hatte einen Totalausfall. Eben eine ganz normale Bahnfahrt. »Genießen Sie das Leben in vollen Zügen!« Gut, das ist jetzt unfair. »No Buddi is pörfäckt«, wie der Zugsprecher sagen würde. Und die Deutsche Bahn steht ja im internationalen Vergleich immer noch gut da. Im Vergleich zu Bahngesellschaften in Botswana, Kalkutta und Tadschikistan etwa.

Pünktlich mit dreißig Minuten Verspätung fährt der Zug vom Hauptbahnhof Hamburg Richtung Endstation Altona. Jetzt ist der Waggon leer und ich komme in den Genuss eines Fensterplatzes. Wir rollen – leider nicht langsam genug – über die Lombardsbrücke und mir geht das Herz auf. Zur Rechten die Außenalster, auf der im Sommer sich die Schiffe ein Tänzchen liefern. Man kann hier und da die noblen Villen um die Alster herum erkennen. Und zur Linken die Binnenalster mit dem Hotel Vier Jahreszeiten, dem Alsterhaus und dem Hapag-Gebäude am Ballindamm. Wie zur Begrüßung sprudelt aus der Binnenalster eine Wasserfontäne in die Höhe. Was für ein Willkommenssignal! In der Weihnachtszeit strahlt ein riesiger Weihnachtsbaum mit seinen Hunderten von Lämpchen. Rings um die Alster funkeln die tausend Lichter der festlich geschmückten Prachtbauten und spiegeln sich im Wasser. Alles glänzt und glitzert. Eine Weltstadt empfängt ihre Heimkehrer. Und ich weiß jetzt: Gleich ist meine Reise zu Ende. Gleich bin ich zu Hause.

Variante 2 (unter der Elbe her): Es ist schon dunkel. Ich fahre mit meinem Auto über die A7 Richtung Flensburg. Vor mir liegt der Elbtunnel. Hinter mir liegen vier bis fünf Stunden Autobahnfahrt mit Dränglern, notorischen Linksfahrern, Lkw-Kutschern aus den Beitrittsländern, die seit 48 Stunden nicht geschlafen haben, und Wohnmobilen mit gelben Kennzeichen. Dazu noch die Baustelle. Die von Bremen bis Hamburg.

Doch dann werde ich schließlich für alles entschädigt. Die A7 macht in Altenwerder an der Abfahrt Waltershof eine Kurve und vor mir tut sich ein Panorama auf, das es so kein zweites Mal auf der Welt gibt: Unzählige Kräne und Container-Brücken des Hamburger Hafens strahlen um die Wette. Die beleuchteten Ausleger ragen hoch in den Nachthimmel wie Fackeln zum Spalier. Die Luft schimmert goldgelb. Zigtausend bunte Container aus allen Ecken der Welt türmen sich wie Legosteine übereinander. Ich drossele automatisch mein Tempo und genieße diese Szenerie. Am Burchardkai thront ein Ozeanriese mit über 10.000 TEU Ladekapazität. Vollgestapelt und bereit zur Abfahrt nach Shanghai oder Werweißwohin. Das ist schon ein bisschen was anderes, als wenn man nach Radevormwald reinfährt und die örtliche Tankstelle gerade eine neue Lieferung Benzin bekommt. Das müssen selbst die knapp 23.000 Einwohner in Radevormwald zugeben. Leider kann ich auf der A7 nicht anhalten und ein Foto von diesem spektakulären Anblick machen. Warum nicht? Weil gerade ausnahmsweise mal kein Stau vorm Elbtunnel ist. Falsche Uhrzeit. Und so tauche ich mit meinem Gefährt ein in die Tunnelröhre. Nächste Ausfahrt Othmarschen.

Was muss das erst für ein Gefühl sein für die Seeleute, die monatelang fern der Heimat waren und jetzt endlich Stück für Stück die Elbe hinauffahren, bis sie schließlich wohlbehalten in den Hamburger Hafen einlaufen! Wo sonst auf dieser Welt gibt es so etwas? *(Torsten Lindner)*

Weil mit Möwen im Garten
jeder Tag ein Urlaubstag ist

Alle Amseln in allen Gärten, die ich in meinem Leben besaß oder wenigstens bewohnte, hießen und heißen Paul. In meinem Garten steht ein kleiner Wassertrog, Pauls Strandbad. Mit diesem bin ich schon mehrfach umgezogen. Zeitweise aufgewachsen in der süddeutschen Provinz, habe ich ein Faible für die Natur und ihre Lebewesen. Überraschend war es, als einmal die soeben flügge gewordenen Meisen meinen Kopf als Landeplatz entdeckten. Traurig war es, als ein Hausrotschwänzchen junior in der Wassertonne ertrank. Immer wieder witzig ist es, wenn Paul fröhlich in seinem Strandbad planscht; und das Ringeltaubenpärchen sitzt so einträchtig auf der Douglasie wie ein altes Ehepaar, glücklich gurrend. Gu-guu-gu-guru-gu-guu.

Urlaub. Das war für mich von jeher Sonne, Strand und Seevögel, und zwar in Schweden. Nein, ich kann die Silbermöwen, die Lachmöwen, die Heringsmöwen, die Sturmmöwen und die Mantelmöwen nicht voneinander unterscheiden. Aber für mich sind Möwen seit jeher mit Urlaub, Sonne und guten Gefühlen verbunden, egal, welche Möwen. An dem Tag, an dem ich nach langen Jahren des ungewollten, nicht besser gewussten Exils endlich wieder in Hamburg heimisch werden durfte, war es die Möwe, die mich als Erste begrüßte. Die Möbelpacker hatten alles an einem Tag geschafft, bis in die Nacht hinein hatten wir geräumt und waren dann auch geschafft. Es war ein sonniger Julimorgen, als ich im Schlafanzug mit einem großen Becher Kaffee in den noch reichlich tristen, aber immerhin vorhandenen kleinen Garten des Reihenhauses trat. Die Sonne stand schon relativ hoch am Himmel und es duftete nach frisch gewaschener Wiese, die feucht war unter meinen Zehen. Ich schaue nach oben. Und da kreist sie über mir. Genau über mir. »Klii-jaa! Klii-jaa!«, ruft sie mir zu. Was sicher so viel heißt wie »Willkommen, du liebe neu zugezogene Hamburgerin, ich wünsche dir immer eine Handbreit Wasser unterm Kiel und alles Gute in der schönsten Stadt der Welt!«. In dem Moment trifft mich ihr Frühstück am Ärmel. »Danke!«, rufe ich zurück und denke mir: Möwen wissen, dass nach jeder Ebbe wieder eine Flut kommt. Bisher kannte ich sie nur aus dem Urlaub. Möwe = Urlaub, Hamburg = Möwe, Urlaub = Hamburg. Das sind ja schöne Aussichten. Als Hamburgerin habe ich quasi Dauerurlaub. Seitdem freue ich mich, wenn die Möwe oder einer ihrer Möwen-Kumpels bei mir vorbeischauen und kontrollieren, ob es mir bestimmt auch gut geht und ich mich weiterhin wohlfühle.

Wenn ich dann gelegentlich im Urlaub bin, an einem sonnigen Strand Schwedens, dann freue ich mich über die Möwen und denke gern an zu Hause. Viele Hamburger sagen ja, wer in Hamburg lebt, braucht keinen Urlaub. Ich sehe das grundsätzlich auch so, finde jedoch, dass man sich ja auch mal andere Möwen ansehen kann. Immerhin gibt es nach »Brehms Tierleben« sechs Gattungen und 55 Arten. Etwa die Rosenmöwe, die Elfenbeinmöwe oder die Polarmöwe. Insgesamt stimme ich mit meinem Favoriten, der Lachmöwe, überein: »Kweerr-Kweerr!« Was so viel heißt wie »Carpe diem, ob im Urlaub oder zu Hause!«.   *(Ann-Christin Zilling)*

Weil die Sonne hier wonnige Schauer auslöst

Sonnenuntergang an der Elbe!!! Zack – Kapitel fertig. Da hat jeder Hamburger gleich ein klares Bild vor Augen. Was soll ich da noch lange schwafeln (der Hamburger sagt in diesem Falle »sabbeln«)?

Jetzt meint Vera aber, etwas mehr Atmosphäre würde diesem Kapitel guttun. Vera ist unsere Lektorinagentintextoptimiererin und sie lebt in München. Sie kann also gar nicht so richtig nachvollziehen, was die vier Worte »Sonnenuntergang an der Elbe« bei den Hamburgern auslösen. Da bleibt mir nur, in den sauren Apfel aus dem Alten Land zu beißen und zu versuchen, dieses Naturereignis in Worte zu kleiden: Wenn bei Capri die rote Sonne im Meer versinkt, dann – ja dann – geht sie in der Elbe baden. Wenn sie so den ganzen Tag am Himmel geschienen hat, ist sie nämlich abends krückenkaputt. Und nach einem heißen Sommertag dazu auch noch klatschnass geschwitzt. Da muss die Gute erst einmal ein Bad nehmen. Und das tut sie mit Vorliebe in der Elbe. Irgendwo hinter Wedel, so scheint es. Auf dem langen Weg ins Wasser veranstaltet sie noch ein gehöriges Spektakel. Da greift sie noch mal gewaltig in die Farbpalette und mischt alle möglichen Farben an, die ihr in den Sinn kommen, um den Abendhimmel über Hamburg möglichst bunt zu malen. Wenn ein Maler das wirklich in all den Farbtönen malen würde, die unsere liebe Sonne dafür verwendet, würde das garantiert kitschig wirken. Blau, grün, türkis, violett, leuchtorange, petrol, lila, gelb. So leuchtet der Abendhimmel in den unterschiedlichsten Nuancen. Die Wolken erstrahlen dazu je nach Lust und Laune in Rosa, Aprikot, Babyblau oder Grafitsilber. Sollten Sie mal ein Foto von einem Sonnenuntergang über der Elbe sehen, bei dem Sie der Verdacht beschleicht, dass da jemand ordentlich dran rumretuschiert hat, dann ist das Foto sehr wahrscheinlich echt. So phantasievoll kann kein Mensch den Himmel gestalten. Das kann nur die Natur selbst. Und deshalb ist auch der Versuch aussichtslos, diese Art von Sonnenuntergang (der Engländer hat dafür das viel schönere Wort »sunset«) mit Worten zu beschreiben. Man muss ihn einfach selbst gesehen haben.

Jaja ... Sonnenuntergang an der Elbe ... erste Liebe, erstes Rendezvous, erster Kuss, erster Backfisch. Das ist Romantik!

(Torsten Lindner)

Weil diese Stadt sich regelmäßig duscht

Es soll ja tatsächlich Menschen geben, die keinen Regen mögen. Verkäufer von Sonnenbrillen zum Beispiel. Bestimmt auch den ein oder anderen Strandkorbvermieter. Zu behaupten, dass Hautärzte keinen Regen mögen, fände ich dagegen zynisch. Wie dem auch sei, ich gestehe an dieser Stelle, dass ich Regenwetter mag. Auch, wenn mir das bei der nächsten Regenperiode bitterböse Briefe oder wütende Nachrichten auf dem Anrufbeantworter beschert. So nach dem Motto: »Na? Sind Sie jetzt endlich zufrieden, Sie Arschloch?« Ich muss dazu sagen, dass mein Einfluss auf das tatsächliche Wetter sehr begrenzt ist. Ich entschuldige mich trotzdem schon jetzt bei allen Sonnenbrillenverkäufern, Strandkorbvermietern und Dermatologen, falls es ihnen demnächst mal wieder das Geschäft verregnen sollte.

Dabei regnet es in Hamburg allen Vorurteilen zum Trotz auch nicht öfter oder gar mehr als in anderen deutschen Städten. So zählt der Deutsche Wetterdienst für Hamburg durchschnittlich 133 Regentage im Jahr. Genauso viel wie in München! In München regnet es jährlich sogar noch zweihundert Liter mehr pro Quadratmeter als in Hamburg. Trotzdem scheint das Regenwetter genauso eine typische Hamburger Spezialität zu sein wie Labskaus und Ohnsorg-Theater. Und als solches ist es für mich auch ein Grund mehr, Hamburg zu lieben. Das hat verschiedene Ursachen: Erstens muss man bei Regenwetter draußen nicht gießen. Da werden Sie mir ja wohl zustimmen. Zweitens kann man gerade so einen Regentag richtig genießen, wenn man weiß wie. Als Paar zum Beispiel kann man den ganzen Tag im Bett bleiben und sich endlich einmal wieder intensiv miteinander beschäftigen. Mit ein bisschen gutem Willen, Glück und Geduld ist man dann vielleicht sogar bald zu dritt und kann eine Skatrunde aufmachen.

Doch auch dem mehr oder weniger überzeugten Single bietet so ein Regentag ungeahnte Möglichkeiten. Er kann sich zum Beispiel eine Miles-Davis-CD anhören (eine Schallplatte wäre noch besser), dazu das passende Getränk einschenken, auf dem Sofa Platz nehmen, aus dem Fenster schauen und sich dann so richtig in seiner Melancholie suhlen. Herrlich. Regen tut gut.

Wem der Sinn an einem solchen Tag auch nicht nach der traurigsten Musik steht, der kann sich ein Blatt Papier nehmen und ein paar nette Zeilen an einen lieben Menschen schreiben. Von Hand versteht sich. Der glückliche Empfänger des Briefes wird vor freudiger Überraschung garantiert den Regenschirm aus der Hand fallen lassen.

Das Schönste aber ist es für mich an einem Regentag, irgendwo in einem Eck-Café mit großen Fenstern zu sitzen. Ich habe sicherheitshalber ein gutes Buch bei mir, von dem ich bei Bedarf Gebrauch machen kann. Ansonsten beobachte ich, wie der Regen vor die Fenster prasselt. Das Scheinwerferlicht der vorbeifahrenden Autos spiegelt sich auf dem nassen Pflaster. Irgendwo aus dem Radio tönt leise unaufdringliche Musik. Vielleicht sogar Jazz. Und dann macht ein Gast die Tür auf und herein strömt dieser Regenduft. Der Duft von frisch gewaschener Luft und Regen auf staubigem Straßenbelag. Das ist besonders dann ein Genuss, wenn es wochenlang nur trocken war und die Luft förmlich stand in der Stadt. Der Regen ist dann wie eine Dusche, welche das verstaubte und verklebte Hamburg erst einmal richtig ordentlich abbraust. Danach duftet alles wieder wie neu. Und ich bestelle mir noch einmal etwas zu trinken. So lange bis der Regen aufhört. Das kann gerne noch etwas dauern.

(Torsten Lindner)

Weil es in Hamburg immer
etwas zu flaggen gibt

Seit der Fußball-WM 2006 darf man in Deutschland wieder Flagge zeigen. Endlich. Es ist schön, wenn man zeigen darf, wohin man gehört und unter welcher Flagge man sich zu Hause fühlt. Hamburg war in dieser Frage seiner Zeit schon immer voraus. Bereits um 1270 bestimmte unsere Flaggenverordnung, dass »jeglicher unserer Bürger eine rote Flagge führen soll«. Das gilt bis heute, zumindest sieht es so aus, denn in Hamburg wird viel und gern geflaggt. Als Zeichen der Verbundenheit und in einer bunten Vielfalt.

Das fängt schon freitags an, wenn ein Heimspiel-Wochenende bevorsteht. Die Flaggen des HSV, die berühmte Raute des Bundesliga-Dinos, weht elegant an Tausenden gediegener Aluminiummasten in gepflegten Vorgärten rund ums Volkspark-Stadion – egal, wie das gerade heißt; wenn's noch mehr Gefühl sein darf, in der Version »Meine Perle«, in Anlehnung an die Stadion-Hymne von Lotto King Karl (siehe Grund Nr. 90). Das Totenkopf-Emblem des Kultvereins St. Pauli hängt dafür gerne als Flagge von Balkons in Altona – oder als »Fähnchen« an hübschen blonden Mädchen. Zum Christopher Street Day, der Schwulen- und Lesbenparade, weht vom Rathaus liberal die bunte Regenbogenflagge. In den vielen Kleingärten sieht man das Hamburger Wappen mit einem grünen Spaten. Jeder Segelclub lässt uns wissen, woher der Wind weht, es gibt eine Hamburger Hafenflagge und eine Altona-Fahne, vor allem aber die schönste von allen: unsere Hamburger Wappenflagge. Die omnipräsente. Und das nicht nur an öffentlichen Gebäuden, sondern sehr gern auch ganz privat, vom Elbufer bis nach Duvenstedt.

Hand aufs Herz: Wer kann wie aus der Pistole geschossen erklären, wie das Wappen des eigenen Bundeslandes aussieht und was die Symbole darauf bedeuten? Ertappt? In Hamburg ist das ganz leicht: Die Farben Rot und Weiß stehen für die Zugehörigkeit zur Hanse. Wenn man mal nachschaut, haben die anderen Hansestädte von Bremen bis Wismar auch Rot und Weiß im Wappen. Die Burg geht auf ein altes städtisches Siegel aus dem 12. Jahrhundert zurück. Der mittlere Turm mit dem Kreuz soll den mittelalterlichen Dom zeigen, die Sterne gelten als »Mariensterne« – nach der Schutzpatronin Hamburgs. Die Burgdarstellung hat sich im Lauf der Zeit immer wieder verändert: mit geschlossenen Flügeltüren, mit heruntergelassenem Fallgitter, mal rote Burg auf weißem Grund, seit Mitte des 18. Jahrhunderts umgekehrt, die weiße Burg auf rotem Grund.

Ein stabiler Mast, ein strahlend blauer Himmel, ein fröhlicher Hamburger Wind dazu, Flagge hissen und fertig ist das Feiertagsgefühl. Derart schön und plakativ findet Hamburg überall statt. Nicht nur zu Fest- und Feiertagen. Man liebt ja auch nicht nur sonntags! *(Ann-Christin Zilling)*

Weil Hamburg seinen eigenen Schwanensee hat

Olaf Nieß hat für viele Hamburger den wichtigsten Posten der Hansestadt. Noch vor dem Bürgermeister: Olaf Nieß ist der offizielle »Schwanenaufseher« der Alsterschwäne. Diese Planstelle gibt es schon seit 1674. Die Alsterschwäne haben schließlich als Wahrzeichen eine jahrhundertealte Tradition in Hamburg. 1664 stellte der Rat die Tiere bereits unter seinen besonderen Schutz. Seitdem ist es bei Strafe verboten, die Schwäne zu beleidigen oder ihnen Schlimmeres zuzufügen. So ein Schwanenaufseher – die Hamburger nennen ihn liebevoll »Schwanenvater« – hat also alle Hände voll zu tun. Immerhin fallen rund 120 Wahrzeichen in seinen Zuständigkeitsbereich. So viele Alsterschwäne gibt es nämlich zurzeit. Hinzu gesellen sich noch all die Enten und Gänse auf der Alster und ihren Kanälen (siehe Grund Nr. 35). Der Posten des Schwanenaufsehers ist wichtiger und aufregender, als man auf den ersten Blick denken mag. So kommt es vor, dass die hoch empfindlichen Tiere mit Altöl verschmutzt werden. Oder die Köder von unvorsichtigen Anglern reißen die Speiseröhre auf. Es kann auch schon mal passieren, dass ein Schwan über das Ziel hinausschießt und auf einer Straße oder gar Autobahn landet. Erst neulich musste deshalb die A7 gesperrt werden. Dann ist der Schwanenaufseher besonders gefragt. Seine Aufgabe ist es, die Tiere zu retten und zu pflegen, bis es ihnen wieder gut geht. Außerdem müssen die Alsterschwäne jedes Jahr in ihr Winterquartier, den beheizten Eppendorfer Mühlenteich, gebracht werden.

Einen biologischen Nutzen erfüllen die Alsterschwäne allerdings nicht. Sie ernähren sich rein pflanzlich von dem, was das Gewässer so hergibt. Es ist also nicht ihr Mandat, die Alster und die umliegenden Kanäle etwa von kranken Fischen zu reinigen.

Die Aufgabe eines Alsterschwanes ist es lediglich, einfach nur schön zu sein. Vom Bismarck-Denkmal erwartet schließlich auch niemand, dass es den Park sauber hält. Die Alsterschwäne machen Hamburg noch einen Hauch schöner und erfreuen die Menschen. Alteingesessene Hamburger genauso wie die Besucher. Wobei – eine wichtige Aufgabe kommt den Alsterschwänen doch noch zu: Sie kündigen den Frühling an. Denn der beginnt in Hamburg, anders als in Restdeutschland, erst, wenn die Schwäne wieder auf der Alster schwimmen. Der Hamburger Schwanenaufseher wird dafür sorgen, dass sie dann wieder bestens in Form sind.

(Torsten Lindner)

Weil Hamburger ihre Bäume
zu schätzen wissen

Hamburg ist eine ganz besonders grüne Stadt. Die Natur zu genießen, die Farbe Grün als solche, Bäume zu umarmen, durch Parks zu flanieren und im Herbst bunte Blätter zu sammeln gehört aufs Natürlichste zum Hamburger Leben. Und das muss auch so bleiben. »Die Hamburger Bäume sind das Tafelsilber der Stadt«, sagt der Autor Harald Vieth. Sein drittes Buch »Hamburger Sehenswürdigkeiten: Bäume« ist nicht zuletzt ein Appell gegen das Abholzen aus fragwürdigen Beweggründen. In der wachsenden Stadt Hamburg passiert es nämlich schon mal, dass jahrhundertealte Eichen illegal von Auswärtigen gefällt werden, damit noble Eigentumswohnungen mit dem Argument »freier Blick auf die Elbe« einige Scheinchen teurer verkauft werden können. Zum Glück gehen die aufmerksamen Hamburger gegen Aktionen dieser Art laufend auf die Barrikaden. Wir Hamburger wissen nämlich: Unsere 225.000 Straßenbäume und über eine Million Bäume in Gärten, Wäldern, Grünanlagen und Parks haben nicht nur ihre Aufgabe als Luftverbesserer und Vor-Lärm-Schützer, sondern sie sind Wohlfühl-Faktor und Lebensraum.

Unwillkürlich packt mich Ehrfurcht angesichts des ältesten Baums Hamburgs, einer Eibe am Neuländer Deich, die laut Experte Harald Vieth an die 850 Jahre alt ist. Oder am meistfotografierten Baum, einem 230 Jahre alten Bergahorn im Hirschpark. Hamburg hat eine vielfältige Baumgeschichte: In den Jahren 1871 und 1898 wurden Friedenseichen gepflanzt. Bevor der Ulmensplintkäfer hier in den Zwanzigern des vorigen Jahrhunderts einfiel, war Hamburg eine Ulmenstadt. Heute haben wir ein Ulmenbüro, das sich für den Erhalt und die Verbreitung dieses schönen Baums einsetzt. Unsere älteste Flatterulme ist 450, die älteste Exeterulme an die zweihundert Jahre alt. Die japanische Gemeinde Hamburgs schenkte der Stadt einst 5000 japanische Zierkirschen, die Hamburg zum Beispiel rund um die Alster oder in Teufelsbrück jeden Frühling in Rosa tauchen. Hamburg hat auch eine vielfältige Baumgegenwart: Von Exoten wie dem Taschentuchbaum, dem Papiermaulbeerbaum und dem chinesischen Blauglockenbaum findet man im Stadtgebiet stattliche Exemplare. Kastanienalleen in Weiß und Rot, Spitzahorn und Magnolien – irgendetwas grünt und blüht immer. Und wer hier mit der Säge ran will, der muss mit Widerstand rechnen (siehe Grund Nr. 86). Gut so! Denn, das rechnet Harald Vieth mir vor: Um eine einhundert Jahre alte Buche in puncto Sauerstoffabgabe und CO_2-Verarbeitung für den Moment zu ersetzen, muss man 1000 kleine Bäumchen pflanzen. Der Gärtner sagt, man könne damit rechnen, dass jeder fünfte anwächst, und man kann auch nicht wissen, wie alt so ein Bäumchen heute noch wird. Ganz ehrlich: Ich habe etwas Angst um unsere Stadt, weil die neue Generation der Städteplaner es liebt, riesige Plätze zu versiegeln. Deshalb bin ich dabei, wenn's darum geht, Bäume vor dem Abholzen zu retten. Warum das jetzt ein Grund ist, Hamburg zu lieben? Weil ich nicht die Einzige bin, sondern viele Tausend Hamburger mit mir sich dafür einsetzen, dass möglichst viele Bäume möglichst alt werden dürfen. Denn die Freude, die unsere Bäume vermitteln, ist unbezahlbar. Nicht nur die Freude, auch andere Gefühle, wie sie beispielsweise das Gedicht von Rainer Maria Rilke, »Herbsttag«, weckt. Bestimmt hatte er eine Allee wie unsere Lindenallee im Hirschpark im Sinn, als er das schrieb. Denn um so etwas Schönes zu schreiben, muss man so etwas Schönes vor Augen haben. (Ann-Christin Zilling)

Weil das Potenzial für zwei Fußball-Bundesligavereine reicht

Heute ist Sonntag, der 19. September 2010: ein guter Tag für den Hamburger Fußball. Mindestens zwei Punkte werden heute auf jeden Fall in Hamburg bleiben. Da bin ich sicher. Schließlich findet heute das lang ersehnte Lokalderby statt. Der FC St. Pauli (im Folgenden »St. Pauli« oder auch »Pauli«) empfängt den Hamburger Sport-Verein (im Folgenden »HSV«) am Millerntor. Hamburg ist zur Zeit die einzige Stadt in Deutschland mit zwei Vereinen, die in der Ersten Bundesliga spielen. Das sportliche Potenzial der Hamburger reicht also für zwei. Das gibt es nicht mal in München und in der Hauptstadt schon gar nicht. Dabei könnten die Hamburger Vereine kaum unterschiedlicher sein. Der HSV ist der große Erfolgsclub der Hansestadt: sechsmal Deutscher Meister, dreimal DFB-Pokalsieger, Europapokal der Pokalsieger und Europapokal der Landesmeister. HSV – das sind Uwe Seeler, Kevin Keegan, Felix Magath, Günther Netzer und Franz Beckenbauer.

St. Pauli hat dagegen im Vereinswappen das Motto: »Non established since 1910«. Das sagt vieles. Hier wird Fußball hart erarbeitet. Man findet über den Kampf zum Spiel. Ich zahle an dieser Stelle gerne drei Euro ins Phrasenschwein.

Pauli gegen HSV: Das ist ein Spiel Klein gegen Groß. Nicht-so-reich gegen Reich. Cool gegen Schick. Kiez gegen Kommerz. Helden gegen Stars. Totenkopf gegen Raute. Ist das wirklich noch ein Spiel? Nicht für weniger belesene Zeitgenossen. Da gehen schon mal die Nerven durch. Das bedeutet Überstunden für die Fan-Beauftragten beider Vereine und für die Wasserwerfer der Polizei.

Das ist also die Ausgangssituation, als ich meine voll besetzte Stammkneipe betrete, um mir das Spiel in geselliger Runde anzusehen. Jeder Sitzplatz ist hier schon seit Wochen reserviert. Ich quetsche mich irgendwo dazwischen. Volles Lokal! Ob daher der Begriff »Lokalderby« kommt? Ich hätte mir natürlich auch schon vorher meinen Platz an der Theke reservieren können, will aber als Zugereister keinem Ureinwohner seinen Hocker wegnehmen. Um 15.28 Uhr ertönt dann die Willkommensmusik im Stadion. St. Pauli empfängt den HSV mit dem Lied »Hell's Bells« von AC/DC. Wie jeden Gast. Um 15.30 Uhr ist dann Anstoß und alle fußballinteressierten Köpfe in Hamburg schauen in eine Richtung: auf den Rasen vom Millerntor-Stadion.

Pauli hat seine Chancen und der HSV hat seine Chancen. Ich befinde mich glücklicherweise im Kreis von Experten und werde Zeuge einer (un)gewöhnlichen Fachsimpelei. O-Ton Zuschauer 1: »Den hätte meine Oma versenkt! Und die ist schon seit 15 Jahren tot.« O-Ton Fan 2: »Und zwar durch den geschlossenen Sargdeckel!« Ich übersetze an dieser Stelle für Menschen, die nicht so mit den Redewendungen des Fußballs vertraut sind: »Dieses war eine Torgelegenheit, die auch ein Spieler von unterdurchschnittlichem Talent durchaus zu einem erfolgreichen Abschluss hätte führen müssen.«

Vier Bier später ist das Lokalderby Geschichte. An den Spielverlauf werden sich in zehn Jahren nur noch Historiker erinnern. Das Spiel endet letztlich schiedlich-friedlich 1:1. Hätte aber dem Spielverlauf nach auch genauso gut umgekehrt ausgehen können, wie mein Vater immer zu sagen pflegt. Egal. Hauptsache, zwei Punkte bleiben in Hamburg! Zwei Vereine – in jedem Fall ein Grund, Hamburg zu lieben. *(Torsten Lindner)*

Weil in Hamburg nach Hause zu kommen eine Wucht ist

Es gibt ja so eine Redensart, dass Hamburger, die es irgendwohin verschlagen hat, immer wieder nach Hause streben. Und zu was? Zu Recht. Aber das wissen Sie ja mittlerweile, schließlich lesen Sie schon seit geraumer Zeit in diesem Buch.

Nach rund zwanzig Jahren in einer anderen Stadt machte ich mich mit vierzig auf zu neuen Ufern. Das soll angeblich typisch sein für Frauen in dem Alter. Noch einmal etwas Neues wagen. Für mich waren es erstens die Selbstständigkeit und zweitens Hamburg, meine Geburtsstadt. Nach Monaten der Vorbereitung war der Tag gekommen. Der Umzugswagen hatte alles eingesammelt und war unterwegs. Die letzte Bude war geputzt, ich im Pkw auf dem Weg nach Hamburg. Allein; noch nicht mal ein Fahrzeit verkürzendes Hörspiel dabei. Diese Strecke wollte ich ganz bewusst hinter mich bringen. Ich weiß nicht, ob Sie sich das so vorstellen können: Nach zwanzig Jahren gab ich Freunde, sicheren Job, mein ganzes Lebensabschnitts-Zuhause auf für eine ungewisse Zukunft an der Elbe. Warum? Ich wollte nach Hause, echt, endlich ankommen. Und ich wollte es noch einmal wissen.

Auf der A7 in den Kasseler Bergen bekam ich einen Heulkrampf. Einfach so. War das die richtige Entscheidung? Oder sollten die vielen Bedenkenträger recht behalten? Würde ich scheitern? Überhaupt: Hamburg! Dauer-Nieselregen, Closed Shop Hanseaticus und kein Anschluss unter dieser Nummer? Ich kannte da nur meine beste Freundin Vera, sonst niemanden.

Kurz vor Nörten-Hardenberg überholte mich ein Ford Fiesta mit dem amtlichen Kennzeichen HH-AC, die Zahl danach habe ich nicht mehr im Kopf. Hansestadt Hamburg – Ann-Christin. Ein

Zeichen. In diesem Moment musste ich laut lachen, Tränen in den Augen, und die ganze, wie sich wenig später herausstellen sollte, völlig unbegründete Angst war für einen Moment vergessen. Natürlich war ich auf dem richtigen Weg! Natürlich würde ich in meiner Geburtsstadt mit offenen Armen empfangen werden! Natürlich würde ich Erfolg haben, wenn nicht hier, wo denn?

Die erste Maßnahme, um mein neues Hamburg-Gefühl auch nach außen kundzutun, war eine E-Mail-Adresse mit der Endung @hamburg.de. Seitdem ging es immer nur aufwärts. Geschäftlich, emotional, in jeder Hinsicht. Ich kaufte mir auf dem Fischmarkt ein Fischerhemd. Mein erstes Mal beim HSV war natürlich ein Heimsieg. Und so ging es weiter. Ich bin angekommen. Mit voller Wucht, Liebe, Lust und Leidenschaft. Endlich zu Hause.

(Ann-Christin Zilling)

KAPITEL 11

TOR ZUR WELT

Weil Hamburg den feinen Duft in die gute Stube bringt

Hamburg ist Europas Kaffee-Mühle. Vielleicht hat Wien mehr Kaffeehäuser und Rom mehr Café-Bars. Das interessiert aber in Hamburg nicht die (noch) grüne Bohne. Und die geht auf ihrer Reise nach Europa zuallererst einmal im Hamburger Hafen an Land. Ob sie nun aus Java kommt, aus Guatemala, Brasilien, Kolumbien, Jamaika oder Äthiopien. In Hamburg wird der Kaffee aus allen Anbaugebieten der Welt umgeschlagen. Zwischen 650.000 und 680.000 Tonnen im Jahr. Hamburg ist damit der zweitgrößte Kaffee-Hafen der Welt hinter New York. Und seit mehr als einem Jahrhundert der wichtigste europäische Hafen für den Import von Rohkaffee. Mehr als drei Dutzend Röstereien der Hansestadt produzieren und veredeln Kaffee, direkt für den Sofortgenuss im angeschlossenen Café oder für die Großabnehmer. Vor der Industrialisierung des Kaffeeröstens in den sechziger Jahren gab es sogar mal über dreihundert Hamburger Röstereien. Das Speicherstadtmuseum veranschaulicht in einem alten Lagerhaus eindrucksvoll, wie in Hamburg einst Kaffee gelagert und bemustert wurde (siehe Grund Nr. 34).

Inzwischen wächst aber wieder die Anzahl der kleinen Röstereien, die den Kaffee noch auf die traditionelle Art und Weise rösten. Deren Betreiber sind meistens Idealisten, die sich nicht zufrieden geben wollen mit Discount-Ware, deren Aroma oft künstlich aufgepeppt wurde. Einer der kleinen Hamburger Edelröster ist Thomas Kliefoth. Für ihn ist Kaffee das »Gold der Elbe«. Deshalb nennt er seinen Kaffee auch »Elbgold«. In der neuen Kaffeerösterei im Schanzenviertel kann man die edlen Kaffees gleich vor Ort probieren. Kliefoth hat seinen ersten Kaffee mit 13 oder 14

Jahren getrunken. Das weiß er nicht mehr so genau. Was er dagegen genau weiß, ist, dass es ein Cappuccino war. Seitdem hat er so ziemlich alles gelernt, was man über Kaffee wissen muss, um selbst welchen herzustellen. Seine neueste Errungenschaft ist ein alter Trommelröster der Firma Probat von 1937. Im Gegensatz zum modernen Industrieröster ist das alte Schätzchen aus Guss und hält dadurch besser die Wärme. Die Bohnen werden langsamer, schonender und gleichmäßiger durchgeröstet. Dadurch entfalten sie ihr Aroma besser. Das Ergebnis kann sich schmecken lassen: Der Unterschied zwischen einem traditionell gerösteten Kaffee aus Jamaica-Blue-Mountain-Edelbohnen und einem Kaffee aus dem Supermarkt ist ungefähr so groß wie der zwischen einer handgedrehten Havanna und einer Filterzigarette aus dem Automaten.

Ich bekomme noch einen Tipp brühheiß mit auf den Weg: den Papierfilter daheim vor dem Befüllen feucht abwaschen. Dann schmeckt der Kaffee auch nach Kaffee und nicht nach Filter. Das wird natürlich zu Hause gleich ausprobiert. Und es stimmt. So macht Hamburg aus Kaffee-Trinkern Kaffee-Genießer.

(Torsten Lindner)

Weil Hamburgs Kontorhäuser mehr zu bieten haben als andere Büroadressen

Geschichten, Schönheit und originale Relikte aus früheren Zeiten zum Beispiel. Und Paternoster natürlich! Ich springe hinein und verstehe, warum er so heißt. Man möchte beten, dass man heil wieder rauskommt, insbesondere ganz oben, wo die Kabine … nein, sie wird nicht auf den Kopf gestellt. Vielmehr wird sie mit oder ohne den neugierigen Fahrgast auf die andere Seite umgesetzt. In Hamburg gibt es noch etwa dreißig dieser »Personen-Umlaufaufzüge«. Viele davon im berühmten Kontorhausviertel, das einen Besuch wert ist, insbesondere, wenn man sich traut, einfach in die Häuser hineinzugehen. Ja, das geht! Allerdings nur wochentags, es sind ja schließlich Büros.

Die Kontorhäuser boten seit 1885, als der Dovenhof als Erstes gebaut wurde, insbesondere kleineren Firmen repräsentative Büroadressen. Schon die Namen erzählen Geschichten. Mit welchem Kontinent handelte wohl der Investor, der das Asiahaus errichten ließ? Am Afrikahaus deutet ein Palmwedel auf den Handel mit Palmöl hin, den die hier ansässige Reederei Woermann betrieb. Fangfrage: Die großen Elefanten am Portal, sind das wohl indische oder afrikanische Elefanten? Am Laeiszhof fällt eine Pudelfigur auf dem Dach auf. Der Reeder nannte seine Frau zärtlich »Pudel«, in Anspielung auf ihre Frisur. Alle Schiffe der Reederei erhielten – wohl aus Liebe – ein P als Anfangsbuchstaben, was der Flotte den Namen »Flying P-Line« einbrachte.

Zu den späteren Kontorhäusern, die zu Beginn des 20. Jahrhunderts entstanden, gehört der Meßberghof, der ursprünglich Ballinhaus hieß. Die Nazis ließen das Haus umbenennen, weil der Reeder Albert Ballin Jude war. Figuren an der Hausfront zeigen die Temperamente sowie Fabelwesen, die böse Geister abhalten sollten. Einfach hineingehen und in den Keller schauen, wo die wind- und wettergegerbten Originale aufbewahrt werden, dann im expressionistischen Treppenhaus die Echse streicheln, und adieu.

Gleich nebenan: das Chilehaus, aufgrund seiner architektonischen Schönheit eines der Wahrzeichen Hamburgs. Warum Chile? Der Auftraggeber Henry B. Sloman betrieb mit Chile Salpeterhandel. Ich streichle auch hier die Schildkröte und die Echse am Fuß der Treppe. Symbole für den langsamen, stetigen, mühevollen Aufstieg. Noch größer als das Chilehaus ist der Sprinkenhof nebenan. Die Fassade mit dem rautenförmigen Klinkermuster und den Symbolen von Handel und Handwerk, auch als »Häkeldeckchenfassade« verspottet – meine letzte Station auf dem Kontorhausviertel-Rundgang. Es gibt noch viel mehr Kontorhäuser, aber jetzt wird es dunkel, Zeit für mein Fazit: Hamburg hat seit über hundert Jahren die feinsten und interessantesten Büroadressen. Bei dem Charme, den dieses Ambiente ausstrahlt, würde sogar ich Überstunden machen. Kein Wunder also, dass der Laden hier läuft! *(Ann-Christin Zilling)*

Weil Hamburg sein Image
nicht dem Zufall überlässt

Wir Hamburger kennen das: Wenn man in Norditalien, also jenseits der Elbe, in Phoenix (Arizona), in Kapstadt oder am anderen Ende der Welt gefragt wird, wo man denn lebe, und dann stolz und deutlich »Hamburg« sagt, bekommt man immer positive Resonanz (siehe Grund Nr. 91). Denn – manche mögen das erstaunlich finden, ich nicht – jeder Mensch verbindet mit Hamburg etwas, und in der Regel ist es etwas Schönes. Selbst Menschen, die noch nie in Hamburg oder in Deutschland waren, finden Hamburg gut. Meistens, weil sie jemanden kennen, der schon mal da war. Und was soll der auch anderes sagen, als dass Hamburg DIE CITY schlechthin ist. Jetzt könnte man ja meinen, das muss so sein, denn Hamburg ist nun einmal eine besonders pittoreske und interessante Stadt. Das reicht uns aber nicht. Wir zeigen nicht nur, was wir haben. In Hamburg wird dem guten Image, das aufgrund der Geschichte, des Hafens und der Hamburger schlechthin schon immer gut war, zusätzlich auf professionelle Weise auf die Sprünge geholfen. Hamburg ist eine gepflegte Stadt. Auch als Marke!

Bei der Hamburg Marketing GmbH wird das sogenannte Erfolgsmuster der Marke Hamburg ermittelt. Das geschieht auf der Basis repräsentativer Umfragen im In- und Ausland und nach allen Regeln der Marketing-Kunst. Das ist gut, denn wenn man so etwas Schönes und Dynamisches hat, dann sollte man die Darstellung nicht dem Zufall überlassen. Wenn Sie dieses Buch bis hierher gelesen haben, dann werden Sie nicht überrascht sein, wenn Sie erfahren, wie dieses Erfolgsmuster der Marke Hamburg aussieht. Hamburg gilt nämlich als lebenswerte Metropole am Wasser. Der

Handel prägt die Stadt, ob als Shopping-Paradies oder als Drehscheibe für den Handel mit China. Die Entwicklung der neuen HafenCity wird im In- und Ausland mit großem Interesse verfolgt. Außerdem steht Hamburg für Wachstum und Umweltfreundlichkeit. Diese Verbindung von Wachstum und Wirtschaftskraft mit hoher Umwelt- und Lebensqualität – das ist ein Spagat, den Hamburg schafft. Bei ausländischen Touristen schneidet Hamburg in der aktuellen Befragung von 2009 besser ab als Barcelona, Wien, Kopenhagen oder Mailand. Für Arbeitnehmer hat Hamburg Anziehungskraft als Kreativ-Hochburg Deutschlands. Insgesamt geben zehn Bausteine der Stadt Hamburg ihr Erfolgsprofil.

Alles sehr schön und ausgesprochen gut. Und was macht man jetzt bei Hamburg Marketing aus einem solchen Status quo? Ganz einfach: Die Stärken werden gestärkt, die Stadt wird professionell vermarktet. Über Veranstaltungen, Lobbying weltweit, fokussierte Kommunikation. Hamburg ist die Bühne, auf der sich alles abspielt. Hamburg Marketing ist hier die koordinierende Stelle, aber dahinter steht ganz Hamburg: Landkreise der Metropolregion und städtische Partner von der Wirtschaftsförderung bis zum Flughafen gehören dazu. Außerdem tragen die sogenannten »HamburgAmbassadors« den guten Ruf Hamburgs in die ganze Welt. Das ist ein Netzwerk etwa vierzig ehrenamtlicher Botschafter, die sich für die Belange Hamburgs einsetzen. Sie sind Hamburger und wollen auch Botschafter werden? Das ist ja wieder typisch. Leider gibt es hier strenge Kriterien, nach denen dieser illustre Kreis ausgewählt wird. Aber wissen Sie was: Werden Sie doch einfach trotzdem Botschafter und tragen Sie die Schönheit und Liebenswürdigkeit dieser Stadt in die Welt. Wie bitte? Sie tun das bereits? Ja, klar, was denn auch sonst. Typisch Hamburger!

(Ann-Christin Zilling)

Weil Hamburg ein Turbo für Unternehmensgründer ist

Als ich vierzig Jahre alt wurde, schenkte ich mir zu meinem Geburtstag die Selbstständigkeit. Bis dato ewig Angestellte und vierhundert Kilometer weiter südlich stationiert, war das ein Sprung ins kalte Wasser. Klar war ich aufgeregt. Aber was mir mein Freund Peeder Opecta prognostizierte, ist eingetroffen: Du kommst vor Lachen nicht mehr in den Schlaf! Recht hat er. Und woran mache ich das fest? Ja, ich habe Glück gehabt, gute Voraussetzungen, die richtigen Freunde und: Hamburg. Hamburg ist ein Magnet und ein Nährboden für kreative Unternehmer, die es schaffen wollen.

Wie diese Stadt das macht, dafür hat jeder Unternehmer seine eigene Erklärung. Für Kay Schöning, Inhaberin des 2008 in Hamburg gegründeten Taschen- und Accessoires-Labels Camouflage Deluxe, ist es zum Beispiel die Hamburger Klientel, die Neuem gegenüber aufgeschlossen ist und exquisite Kreation zu schätzen weiß. Benjamin Adrion, Gründer der Trinkwasserinitiative Viva con Agua de Sankt Pauli, schätzt das kreative Umfeld auf St. Pauli und die kurzen Wege: »Die Kraft dieses Umfelds ist einzigartig in Deutschland. Unser Fußballverein (St. Pauli) und dieses Stadtviertel haben unsere Initiative erst ermöglicht.« Beispiele für derlei durchstartende Unternehmensgründungen gibt es in Hamburg jede Menge. Dazu gehört auch fritz-kola, deren erste Unternehmensadresse ein Studentenwohnheim in Hamburg-Othmarschen war. Oder Samova, die Hamburger Tee-Company, auf deren Fahnen steht »We believe in friendship and tasty hot water«. Gründerin und Geschäftsführerin Esin Rager startete mit ihrem Kompagnon Stefan Müller 2002 und gilt heute mit ihren unkonventionellen

Teespezialitäten als Trendsetter. »Hamburg ist für uns Europas Teehauptstadt, Treffpunkt der Kulturen und Spielwiese«, sagt sie. Die neuesten Entwicklungen sind Tee-basierte Cocktails, die den guten alten Tee ins Nachtleben stürzen. Im Nachtleben schon zu Hause sind Shatler's Cocktails, die ihren Ursprung in der legendären Havanna Bar haben. Shatler's Cocktails basieren auf der guten Idee, fertig gemixte Cocktails in Barqualität in der Dose anzubieten. Für Geschäftsführer Rüdiger Bartholatus ist Hamburg als Arbeitsmarkt unschlagbar: »Hamburg ist attraktiv für qualifizierte, kreative Menschen. Und genau die brauchen wir für unser wachsendes Unternehmen.«

Und dann ist da noch Franziska Glück. Der Name ist Programm, dachte ich mir, als diese strahlende junge Frau bei einer Networking-Veranstaltung mit ihrer Kamera vor mir stand. Die Fotografin kommt eigentlich aus Thüringen und entschied sich aus einem unbefriedigenden Angestelltenverhältnis heraus spontan für den Wechsel in die Stadt, die sie vorher gar nicht kannte. »Ich war von der ersten Woche an happy!« Heute fotografiert sie Menschen, Reportagen und Veranstaltungen und profitiert von der Hamburger Netzwerk-Kultur: »Die Menschen sind offen, Netzwerken ist hier einfach.« Auch so ein Grund, in Hamburg ein Unternehmen zu gründen. Und da wandle ich jetzt mal diesen Werbespruch einer Versicherung ab: Es gibt 82 Millionen Gründe für einen Start in Hamburg. Ich freue mich auf Ihren!

(Ann-Christin Zilling)

Weil ein Hamburger Bankier
nicht nur Aktien-Werte kennt

Das ›i‹ macht den Unterschied«, antwortet Herr Wehmeier auf die Frage, was denn einen hanseatischen Bankier von anderen unterscheide. Dieses »i«, das den kleinen, aber entscheidenden Unterschied zwischen »Banker« und »Bankier« bildet. Karsten Wehmeier leitet die Unternehmenskommunikation der Hamburger Berenberg Bank und kennt die Geschichte des Bankhauses wie seine Westentasche. Die Berenberg Bank ist Deutschlands ältestes unabhängiges Privatbankhaus. Ihre Geschäfte lassen sich bis ins Jahr 1590 zurückverfolgen. Geduldig verdeutlicht mir Herr Wehmeier den Unterschied zwischen Banker und Bankier auch noch inhaltlich: Ein Gesellschafter der Berenberg Bank haftet auch noch über seine Amtszeit hinaus mit seinem Privatvermögen für seine Entscheidungen. Das schützt die Bank und ihre Kunden vor einer gewissen (oder auch gewissenlosen) Zocker-Mentalität, die heutzutage bei einzelnen Bankern diagnostiziert werden kann.

Der Vorteil dieses gewissenhaften Umgangs mit dem anvertrauten Vermögen ist recht einfach: Eine Bank wie Berenberg muss auch in Finanzkrisen die eigenen Risikostrategien nicht ändern, was wiederum dem Unternehmensprinzip der »Kontinuität« entspricht. Diese Beständigkeit hat sich für die Berenberg Bank stets ausgezahlt. Von ehemals knapp 1400 privat geführten Geldhäusern ist sie eine der letzten bestehenden Privatbanken in Deutschland.

Eine der wenigen anderen ist die Hamburger Bank M.M. Warburg & Co. Der jüdischen Familie Warburg gelang dabei so etwas wie ein Wunder: Neben der Bewahrung der guten alten hanseatischen Bankiers-Tugenden schafften es die Warburgs auch noch, die Verbrechen der Nazi-Zeit in Form von Diskriminierung, Arisierung, Diebstahl und einem Zwangsverkauf, welcher einer Enteignung gleichkam, zu überleben. Während des Zweiten Weltkrieges musste das Bankhaus, dem Hamburg und Deutschland so viel zu verdanken hatten, unter anderem Namen weiterfirmieren. Erst 1956 leitete Eric Warburg wieder als Gesellschafter die Bank seiner Vorfahren mit. 1969 wurde der Name Warburg dann wieder in die Firmierung aufgenommen. Ein Bankiers-Name ist schließlich nicht nur ein Name, sondern auch ein Gütesiegel. Im Falle von Warburg und Berenberg steht er für Seriosität, Beständigkeit, Kompetenz und Augenmaß. Sollte ich also einmal in die Verlegenheit geraten, eine Million krisensicher anlegen zu müssen, sind meine Moneten bei einer unabhängigen Hamburger Privatbank in den besten Händen.

Dabei liefert die Berenberg Bank auch wieder ein gutes Beispiel dafür, was es heißt, als Bank nicht nur finanziell, sondern auch moralisch unabhängig zu sein: Ende des 19. Jahrhunderts kämpfte John Berenberg-Gossler im Gegensatz zu vielen seiner Standesgenossen energisch für den Zollanschluss Hamburgs an das Deutsche Reich, was aus rein wirtschaftlicher Sicht sicher eine weitsichtige Entscheidung war. Denn dafür bekam Hamburg den Freihafen. Zum Dank wurde John Berenberg-Gossler 1889 in den preußischen Adelsstand erhoben, worauf die Hamburger mit gedämpfter Euphorie reagierten, um es vorsichtig auszudrücken. Schließlich vertrat der damalige Bürgermeister Burchard die Auffassung: »Ein Hamburger Kaufmann kann überhaupt nicht erhoben werden.« Ja, sogar Behrenbergs Schwester Susanne war jetzt bestürzt: »Aber John, unser guter Name!«

Na ja – ist ja noch mal gut gegangen.   *(Torsten Lindner)*

Weil Hamburg inspiriert und schlau macht

Mann, war das wieder ein spannender Abend! Ich bin total beglückt. Dabei hatte ich eigentlich gar keine Lust, mich so spät noch auf den langen Weg zu machen. In die City Süd ist es, wenn man aus dem Westen kommt, schon ein langer Ritt. Ich hab mich dann trotzdem aufgerafft. Die Einladung war einfach zu vielversprechend: »Das Leuchten in den Augen« – ein Vortrag von Dominic Veken. Der Abend hat alles Versprochene gehalten. Meine Bilanz: fünf Seiten voller kluger Gedanken mitgeschrieben und dazu drei Buchempfehlungen, die ich noch am selben Abend bei Amazon umsetze. Tage später zitiere ich noch von diesem philosophischen Abend in der Texterschmiede. Mein Lieblingsfazit (von insgesamt neun): Man kann nur glücklich werden, wenn man sein Selbst kultiviert.

Der Nachmittag zuvor war auch schon so interessant. Da habe ich zwar nicht mein Selbst kultiviert, dafür aber alles über eine umfassende Journalisten-Datenbank gelernt, die das Hamburger Unternehmen news aktuell auf die Beine gestellt hat. Mitgenommen habe ich das Wissen um ein tolles Tool, das mir ab sofort bei meiner Arbeit jede Menge Zeit und blöde Routinearbeit spart. Da habe ich dann wieder Zeit, mein Selbst zu kultivieren. Zum Beispiel mal darüber nachzudenken, woran ich eigentlich glaube. Auch so ein Denkanstoß von Dominic Veken. Weg von der Außenorientierung – was denken die anderen über mich – hin zur Innenorientierung: Was will ich wirklich?

Es gibt ja auch wirklich genügend spannende Themen, bei denen man das Leuchten in den Augen bekommt. Social Media ist für mich als PR-Frau so eines. Gerade Anfang dieser Woche war ich abends bei einer Veranstaltung des Social Media Clubs.

Es ging um Greenpeace, wie die das eigentlich im sogenannten »Mitmach-Web« so machen und warum. Das ist zwar nicht meine Branche, aber dieser Blick über den Tellerrand hat Spaß gemacht.

Montag, Dienstag, Mittwoch unterwegs … wenn ich das so lese, denke ich mir: Donnerwetter, Hamburg macht ganz schön schlau! Im Prinzip könnte ich an jedem Tag der Woche einer anderen Schlaumacher-Einladung folgen, die mich weiterbringt oder mein berufliches Handwerkszeug updatet. Und das Beste: Es kostet fast nie etwas, das S-Bahn-Ticket mal ausgenommen. Einmal in den richtigen Netzwerken verankert, flattern mir die Einladungen ins E-Mail-Postfach und ich habe die Wahl: Soll ich mir in der Bucerius Law School eine Diskussion über die Zukunft des Printjournalismus geben oder lieber beim PR-Club herausfinden, was das Erfolgsgeheimnis der »BILD« ist? Beim lockeren Netzwerken das neue Bistro Carls an der Elbphilharmonie (und jede Menge interessante neue Menschen) kennenlernen oder bei einer großen PR-Agentur erfahren, wie der Otto-Versand mit Bloggern umgeht? Bei Dominic Veken habe ich auch mitgenommen, dass ich kein Getriebener bin, sondern ein Treiber. So sitze ich genüsslich am Rechner und picke mir die Rosinen aus der Aus-, Fort- und Weiterbildungs-Kuchenvitrine, die Hamburg jeden Tag neu für mich bestückt. In meinem Yogi-Tee stand heute morgen ganz passend: Alles, was du brauchst, wird dir zur rechten Zeit enthüllt. Da ruft meine Freundin an: Ich soll unbedingt mal in die Veddeler Fischgaststätte, da gäbe es den besten Backfisch mit Kartoffelsalat. Hach! Auch das kommt gerade rechtzeitig!

(Ann-Christin Zilling)

Weil in Hamburg jeden Tag
ein mediales Feuerwerk hochgeht

Zack, das Frühstücksei ist geköpft und dazu ziehe ich mir erst mal die »Hamburger Morgenpost« rein. Wenn mein Hirn warmgelaufen ist, gibt es die »Financial Times Deutschland«. »Lecker«, ja, meine liebste Kochzeitschrift, die gibt's dann um elf zum Kaffee. Die Antwort auf die Frage »Was gibt's heute?« finde ich hier. Welche Schiffe werden heute erwartet? Das steht im »Hamburger Abendblatt«. Was machen die da oben? Dafür ist »Der Spiegel« da. Die neueste Diät finde ich in »Brigitte« und den neuesten Klönschnack im »Klönschnack«. Ja, der heißt wirklich so. Und was haben all diese Printerzeugnisse gemeinsam? Sie sind echte Hamburger.

Hamburg war schon früher eine Medienhauptstadt. Nachrichtenblätter boten den Kaufleuten im 18. Jahrhundert zuverlässige Informationen aus den Ländern ihrer Handelspartner. Heute kann man in Hamburg schöner wohnen, essen & trinken, die Zeit genießen, Capital anhäufen und sich fit for fun machen, alles natürlich auch online. Deutschlands größte Nachrichtenagentur ist hier zu Hause, die »Tagesschau«, die »Tagesthemen« und das »Nachtmagazin« kommen aus Hamburg und wo soll der Norddeutsche Rundfunk denn auch sitzen, wenn nicht in Hamburg. Und obwohl die »BILD« nach Berlin abgewandert ist, kann man im Verlagshaus noch die Warnung an der Tür ignorieren: »Wer hier reinkommt, steht in BILD«, und die Lokalredaktion besuchen. Dank »BILD« sind wir immerhin Papst. Bravo! Die kommt natürlich auch aus Hamburg. Und es ist ja auch überhaupt kein Wunder, dass hier so viel spannende Lektüre entsteht. Inspirierender als am Stubbenhuk 10 (Gruner+Jahr), am Meßberg 1 (Bauer Verlag) oder am Speersort 1 (Die Zeit, brand eins) kann man nicht residieren. Diese drei Verlagshäuser liegen übrigens im Dreieck keine zehn Minuten voneinander entfernt. Wenn Sie also mit Ihrem Lieblingslesestoff auf Tuchfühlung gehen wollen, machen Sie einen kleinen Spaziergang!

1948 hat der Verleger Axel Springer unsere Tageszeitung, das »Hamburger Abendblatt«, gegründet. Seine erste donnernde Blattkritik schlug mächtig ein und hallt bis heute nach: Hamburgischer sollte die Zeitung werden, Lokales gehöre nach vorn! Seitdem erscheint die Zeitung entsprechend ihrem Motto: Mit der Heimat im Herzen die Welt umfassen. Übrigens ein Zitat des in Finkenwerder geborenen Schriftstellers Gorch Fock, nach dem zwei Schiffe benannt wurden. In diesem Fall stimmt jedoch nicht das dem »Spiegel«-Gründer Rudolf Augstein zugeschriebene Zitat »Wer zitiert, hat selbst nichts zu sagen«. Die Zeitung hat viel, was andere nicht haben. Zum Beispiel eine Rubrik »Hamburg von außen«, in der Zugezogene einen unverbrauchten Blick auf die Stadt werfen (montags); oder den umfangreichsten Wetterbericht aller Tageszeitungen. Dafür gab es sogar schon mal den Medienpreis für Meteorologie. Kein Wunder, schließlich ist das Wetter bei uns ein großes Thema, insbesondere das auf Sylt, und auch dafür ist genug Platz. Das »Hamburger Abendblatt« ist auf jeden Fall mitverantwortlich dafür, dass Hamburg für viele Menschen die schönste Stadt der Welt ist. Denn es scheint fast so, als trete die Redaktion jeden Tag aufs Neue an, dies unter Beweis zu stellen. In vielen lebendigen Berichten über Sehenswertes in der Stadt, die uns Hamburger dazu einladen, alles, was Hamburg zu bieten hat, nach und nach selbst zu erkunden. Dank »Hamburger Abendblatt« wird man zwangsläufig freiwillig zum Hamburg-Insider, was dazu führt, dass man erst recht und noch dazu fundiert Hamburg zur schönsten Stadt der Welt erklärt. Man kann einfach gar nicht anders. *(Ann-Christin Zilling)*

Weil die Hamburger sogar Werbung erträglich machen

Sie wartet auf ihn. Sie trägt ihr rotes Abendkleid. Er lässt sie warten. Sie schaut auf die Uhr. Sie wälzt sich vor Unruhe und Sorgen in dem Abendkleid auf dem Bett. Und dann kommt er endlich. Er hat auch eine Erklärung für seine Verspätung. Leider die falsche: »Es tut mir leid, aber ich hatte eine Panne.« Das ist dumm. Der Mann fährt nämlich einen Mercedes. Und laut ADAC-Pannenstatistik hat ein Mercedes erst nach über einer Million Kilometer eine Panne (der Film ist schon Anfang der Neunziger entstanden). Das weiß auch seine Frau und wittert Betrug. Patsch!!! Schon hat der verlogene Typ eine kleben. So macht Werbung Spaß. Also mir zumindest. Schadenfreude funktioniert immer. Der Werbespot, der uns diese nette kleine Geschichte erzählt, kommt aus Hamburg. Er stammt von einer Agentur, die es leider nicht mehr gibt. Das ist deshalb schade, weil sie immer für ein paar unterhaltsame Werbefilme gut war. Filmchen, die uns den ansonsten langweiligen Fernsehabend aufgepeppt haben oder zumindest nicht allzu unangenehm auffielen, wenn sie gerade eine Sendung unterbrachen, die ausnahmsweise mal spannend war.

Aber zum Glück hat Hamburg noch ein paar andere Werbeagenturen. So um die 3000 Stück. Die meisten der deutschen Werbefilme, die ich auch nach Jahren noch mag, kommen aus diesen Agenturen. Viele davon stammen aus den neunziger Jahren. Zum Beispiel die Flensburger-Spots, die immer wieder mit trockenem Humor lustige Geschichten zum flüssigen Produkt erzählen. Oder der Spot für den Audi A6 TDI, der zeigte, dass auch der schlaueste Audi-Fahrer nicht unbedingt wissen muss, wo an seinem Auto der Tank ist, wenn er gerade mal alle 1300 Kilometer an die Zapfsäule muss. Heute sind solch mutigen Werbefilme leider eher die Ausnahme. Das hat verschiedene Gründe, auf die ich hier nicht näher eingehen will. Sonst rege ich mich gleich wieder auf. Umso mehr freue ich mich, wenn es hier und da doch noch einen Werbespot gibt, der meine Mundwinkel nach oben zieht. So wie einer der vielen unterhaltsamen Filme für ein schwedisches Möbelhaus. Sie: »Ewald, kannst du noch den Müll rausbringen?« Er: »Klar, Schatz!« Daraufhin reißt der gehorsame Mann die scheußlichen Gardinen von der Stange und die alten Teppichböden vom Estrich. Die Botschaft: »Frisch dein Leben auf! Mit vielen neuen Textilien …«

Gute Werbung aus Hamburg muss nicht immer lustig sein. Sie ist es aber häufig. Das mag zum Teil daran liegen, dass viele der Hamburger Werber, die ich kenne, einen gesunden Sinn für Humor haben und sich nicht dem Kontakt zur Normalbevölkerung verweigern. Bis zu einer gewissen Gehaltsstufe führt man eben doch das Leben eines Durchschnittsbürgers. Ohne Golfplatz-Geprotze, Geschäftsessen in Sterne-Restaurants, Luxus-Urlaubsreisen und Designerklamotten. Stattdessen fährt man mit dem Fahrrad oder der Bahn zur Arbeit und verbringt die kurzen Feierabende mit Freunden in bodenständigen Kneipen und den Samstag auf der Stehplatztribüne. So weiß man, was tatsächlich bei den Menschen ankommt. Und wenn man sich in den bunten Hamburger Alltag stürzt, kann man die Geschichten erleben, die man später in Form von Werbung weitererzählen kann.

Was für die Musikszene gilt, trifft dabei auch auf die Werbeszene zu: Hamburg übt mit seinen vielen Verlockungen der boomenden Großstadt eine starke Anziehungskraft auf lustige Vögel und kreative Talente aus aller Welt aus. Die weltläufige und urbane Atmosphäre übertrumpft dabei sogar Städte wie Düsseldorf, München oder Frankfurt. Diese Städte locken die Werber mit Geld. Hamburg tut es mit seinen Perspektiven und mit seinem Charme. Deshalb arbeiten in Hamburg die Cracks der Werbeszene schon für deutlich weniger Honorar. Und diese Vielfalt an Ideen-Entwicklern tut wiederum dem Medien-Standort Hamburg gut.

Ich kenne sogar eine gebildete Frau, die behauptet steif und fest, dass die Werbefuzzis mit ihren alten Trainingsjacken und den Nana-Mouskouri-Brillen das Hamburger Stadtbild bereichern. Diesen Gedanken finde ich interessant. Denn das würde bedeuten, dass selbst Menschen, die so gar nichts mit »Reklame« am Trilby-Hut haben, der Anhäufung von Werbern in Hamburg etwas Positives abgewinnen können. Zumindest so lange, bis sie sich mit einem unterhalten.

Vor vielen Jahren habe ich mal als angehender Werbefuzzi für meine Agentur in Bochum folgenden Satz formuliert: »Gute Werbung entsteht nicht in Hamburg, Berlin oder London, sondern im Kopf.« Mittlerweile lebe und arbeite ich selbst in Hamburg – in der Stadt, deren Werbetexter einst meine Vorbilder waren. Und heute muss ich an dieser Stelle meinen Satz von damals ergänzen: ... Eine Stadt wie Hamburg hat aber immerhin die Möglichkeiten, den Hohlraum in unseren Köpfen mit Bildern und Erlebnissen zu füllen. Und manchmal sogar mit einem richtig guten Gedanken. *(Torsten Lindner)*

Weil die Hamburger das Trostpflaster erfunden haben

Der kleine Torsten weint. Seine Tränen verschmieren die dicken Plastikgläser seiner Brille. Eigentlich wollte er nur seiner Mama berichten, dass die Mannschaft von Thomas gerade ein Tor geschossen hat. Thomas ist sein Bruder und Torstens Mama hilft im Imbiss am Fußballplatz aus. Jetzt ist der kleine Torsten mit seinem Kopf vor die Klapptheke gerannt. Das Blut tropft von seiner Stirn auf den Boden. Das Erste, was Torstens Mama tut: Sie reißt wütend die Thekenklappe mit dem Klavierband ab. Dabei kann die blöde Klappe ja eigentlich gar nichts dafür. Als Zweites sieht sich die Mama Torstens Stirn an. Sie muss nicht genäht werden. Es ist zum Glück nur eine kleine Platzwunde. Die Mama schneidet ein Stück Pflaster ab und klebt es zärtlich über den blutenden Riss. Das Stück ist natürlich extragroß, damit der kleine Torsten ordentlich stolz drauf ist und mit dem Pflaster angeben kann. Allmählich kann der Kleine auch wieder durch seine Brille gucken.

Der 28. März 1882 kann in die Kalendarien eingetragen werden als der Feiertag der Eltern, Klassenlehrer und Kochlehrlinge. An diesem Tag meldete der Hamburger Apotheker Paul Carl Beiersdorf ein neuartiges Verfahren zur Herstellung von medizinischen Pflastern zum Patent an, das er gemeinsam mit dem bekannten Hautarzt Paul Gerson Unna entwickelt hatte. Spätestens seit der Einführung von Hansaplast im Jahr 1922 ist das Klebepflaster aus keiner gut sortierten Hausapotheke mehr wegzudenken. Blutende Wunden können überall sofort verarztet werden. Untröstliche Kinderseelen im Eilverfahren getröstet werden.

Inzwischen gibt es sogenannte »Wundschnellverbände« in allen möglichen Ausführungen: angefangen von vorgeschnittenen Pflastern über wasserfeste Pflaster für alle Hauttypen bis hin zu Kinderpflastern mit Micky-Mouse-Motiven. Dabei liegt die Heilkraft des Pflasters in vielen Fällen nicht allein in seiner antibakteriellen und blutstillenden Wirkung. Ein frisches schickes Pflaster – am besten noch mit coolen Motiven – signalisiert gleich: Schaut her! Ich bin ein Unfallopfer. Und? Weine ich noch? Naa-ein! Ich ertrage tapfer meinen Schmerz. Ja, das Pflaster macht Helden. Und die Hamburger machen das Pflaster. Dafür ist der große Torsten den Hamburgern heute noch dankbar. *(Torsten Lindner)*

Weil Hamburg nachweislich super ist

Wer will das nicht: das Beste vom Feinsten, den Größten und die Schönste. Mit dieser Einstellung kommt man in Hamburg am weitesten. Denn Hamburg ist eine Stadt der Superlative. Nicht nur als die schönste Stadt der Welt, was ja, zugegebenermaßen, ziemlich subjektiv ist, auch wenn's natürlich stimmt!

Zu den bekanntesten Rekorden gehört, dass Hamburg Europas Brückenhauptstadt ist. Auf 2653 Brücken kann man hier Flüsse, Fleete und Gleise überqueren. Zum Vergleich: Venedig hat 450. Wer sich über Hamburg und den Rest der Welt einen spektakulären Überblick verschaffen will, der besucht das Miniatur-Wunderland in der Speicherstadt mit der größten Modelleisenbahn der Welt. Wenn es sich vermeiden lässt, sollte man jedoch nicht am Wochenende hingehen, denn dann hält dieses Highlight auch den Rekord für das größte Gedrängel Hamburgs. Wenn die Schlange doch zu lang ist, lässt sich die Zeit in der direkten Nachbarschaft, in den Hamburg Dungeons, überbrücken. Da gruselt es sich am schönsten und nebenbei erfährt man viel über Hamburgs Geschichte, Piraten, Feuer und die Pest.

Gar nicht weit von hier liegt Deutschlands einzige schwimmende Kirche, die Flussschifferkirche, vor Anker. Wenn man schon mal in der Ecke ist, warum nicht Europas größtes innerstädtisches Stadtentwicklungsprojekt, die HafenCity, besuchen. Auf 155 Hektar entsteht hier ein neuer Stadtteil. Wie der Name schon vermuten lässt, ist es von dort auch nicht weit in den größten Hafen Deutschlands mit dem modernsten Containerumschlag der Welt. Damit man die Zeit nicht vergisst, kann man sich von überall aus an Deutschlands größter Turmuhr orientieren. Diese befindet sich an der Hauptkirche St. Michaelis, unserem Michel, und hat einen

Durchmesser von acht Metern. Wer den Michel betritt, steht im bedeutendsten protestantischen Barockbau Deutschlands (siehe Grund Nr. 3).

Von hier bietet es sich an, das – zwischen Kirche und Kiez – am spannendsten gelegene Groß-Denkmal Deutschlands zu besuchen. Die Bismarck-Skulptur bei den Landungsbrücken misst 14,75 Meter. Zum Vergleich: Die Statue der Germania in Rüdesheim ist 12,5 Meter hoch. Wer jetzt keine Lust hat, die Reeperbahn – Deutschlands sündigste Meile – abzuschreiten, der nimmt die U-Bahn entweder bis zum Eppendorfer Baum oder Hoheluftbrücke, den jeweiligen Endpunkten des Isemarkts (siehe Grund Nr. 40). Dieser ist mit 970 Metern der längste Freiluftmarkt Europas. Nach einem Imbiss an einem der Köstlichkeiten-Verkaufsständen könnte man jetzt gemütlich ausruhen, zum Beispiel bei einer Alster-Fahrt auf Deutschlands ältestem Dampfschiff, der St. Georg, oder einen ausgedehnten Spaziergang durch Europas größten Stadtfriedhof, den mit 391 Hektar weltweit größten Parkfriedhof in Hamburg-Ohlsdorf, machen. Den Abend dann vielleicht im Deutschen Schauspielhaus, mit 1200 Plätzen im Zuschauerraum Deutschlands größte Sprechbühne, ausklingen lassen, oder im Sommer auch abends den ersten Tierpark der Welt, 1907 von Carl Hagenbeck gegründet, besuchen. Wenn Heimspiel-Wochenende ist, könnte man dem einzigen Sportverein zujubeln, der seit Bestehen der Fußball-Bundesliga in der Ersten Bundesliga spielt, dem HSV. Und mit etwas Glück ist es ein Derby, weil St. Pauli mitspielt. Dann freuen wir uns, die einzige deutsche Stadt mit zwei erstklassigen Fußballclubs zu sein (siehe Grund Nr. 99). In Hamburg findet jeder seinen Superlativ. Wenn Sie dieses Buch gelesen haben, kennen Sie einige. Aber keine Sorge, es sind noch so viele da, die Sie selbst entdecken können! *(Ann-Christin Zilling)*

Weil der Flughafen an der Alster liegt und nicht am Po der Welt

Natürlich gibt es mehr als 111 Gründe, Hamburg zu lieben. Jeder helle Kopf, der in dieser Stadt lebt, wird auf Anhieb seine ganz eigene Top-111-Liste finden. Die Auswahl in diesem Buch kann natürlich nur subjektiv sein und erhebt auch gar nicht den Anspruch auf Vollständigkeit. Dieses Buch zeigt aber in jedem Fall Besuchern, warum Hamburg immer eine Reise wert ist. Frisch Zugezogene erfahren, was es in der neuen Stadt zu entdecken gibt. Alt-Hamburgern wird wieder klar, warum sie Glückspilze sind. Und die lieben Berliner verstehen endlich, warum ihr Hauptstadt-Komplex zum Teil berechtigt ist.

Wenn Sie dieses Buch gelesen haben, wissen Sie mehr. Zum Beispiel, wo Sie sich glücklich kaufen können. Sie wissen jetzt, wo Sie Ihren Leib und Ihre Seele am besten zusammenhalten können. Sie haben gesehen, warum Hamburg eher grün als blau-weiß ist. Sie können sich denken, warum man im Fahrstuhl am liebsten mit Hamburgern stecken bleibt, und haben überhaupt eine genauere Vorstellung davon, was Hamburg eben zu Hamburg macht.

Wie dem auch sei. Wer es in Hamburg partout nicht aushält (vielleicht weil er eine Glücksallergie hat), dem ist zu helfen: Der Flughafen Fuhlsbüttel – oder auch »Hamburg Airport« – liegt nur acht Kilometer vom Stadtkern entfernt. Er ist damit schneller erreichbar als die Flughäfen in den meisten anderen europäischen Metropolen. Selbst mit dem Auto. Und die S-Bahn-Linie 1 bringt den Fernweh-Geplagten direkt unter den Abflug-Terminal. Da kann man dann den dicken Mantel für die norddeutschen Tage an der flughafeneigenen Garderobe abgeben und irgendwohin fliegen, wo es ja »auch ganz nett« sein soll.

In einer Stunde ist man dann zum Beispiel in Kopenhagen oder Amsterdam. In zwei in Paris oder London. Und in drei in Rom, St. Petersburg, Dublin oder Palma de Mallorca. Außerdem gibt es derzeit Direktflüge nach Dubai und New York. Und von dort aus geht es flugs dahin, wo die Moskitos stechen, der Pfeffer wächst und man Wasser auf keinen Fall aus der Leitung trinken sollte. Und das Beste daran: Genauso schnell ist man auch wieder zurück. Zurück in dieser liebenswerten und liebevollen Stadt an der Elbe. *(Torsten Lindner)*